Gaby Wiegran/Gregor Harter

Kunden-Feedback im Internet

Gaby Wiegran/Gregor Harter

Kunden-Feedback im Internet

Strukturiert erfassen,
schnell beantworten,
systematisch auswerten

GABLER

Die Deutsche Bibliothek – CIP-Einheitsaufnahme
Ein Titeldatensatz für diese Publikation ist bei
Der Deutschen Bibliothek erhältlich

1. Auflage, März 2002

Lektorat: Margit Schlomski

Der Gabler Verlag ist ein Unternehmen der Fachverlagsgruppe BertelsmannSpringer.

www.gabler.de

Umschlaggestaltung: Schrimpf und Partner, Wiesbaden
Satz: Publishing Service R.-E. Schulz, Dreieich
Druck und Bindung: Wilhelm & Adam, Heusenstamm

Gedruckt auf säurefreiem und chlorfrei gebleichtem Papier.

Printed in Germany

ISBN 3-409-11921-3

Danksagung

Die Autoren sind einer Vielzahl von Personen zu Dank verpflichtet. Insbesondere wäre dieses Buch und die darin enthaltenen Auswertungen nicht möglich gewesen, wenn nicht Tausende von Personen ihre persönlichen Erfahrungen und Probleme mit deutschen Unternehmen auf den Internetseiten von *www.vocatus.de* eingegeben hätten.

Unser ganz besonderer Dank gilt jedoch Dr. Florian Bauer, der vor allem im Bereich Marktforschung das Buch durch seine innovativen Ideen und Konzepte in erheblicher Weise beeinflusst und geprägt hat.

Vorwort

Kunden-Feedback via Internet wird immer selbstverständlicher. Zumindest für Kunden. Aber auch für Unternehmen? Die gelegentlich zu hörende These „Kundenbindung durch Beschwerden“ klingt zunächst paradox. Und dennoch: Kundenbindung und professionelles Beschwerdemanagement sind eng miteinander verknüpft. Aus Beschwerden – gerade aus diesen – erfahren Unternehmen von den Problemen ihrer Kunden, lernen daraus und können diese durch eingeleitete Optimierungsmaßnahmen dauerhaft an sich binden.

Durch die Veröffentlichung von Kundenproblemen im Internet gewinnt das Thema Beschwerdemanagement für Unternehmen an zusätzlicher Brisanz: Mit einem Knopfdruck erfährt plötzlich ein viel größerer Personenkreis von einzelnen Problemen und wird dadurch in seiner Kaufentscheidung beeinflusst. Andererseits ergeben sich auch Vorteile: Vorstrukturiert können Kundenanliegen online erhoben werden. So stehen effizientere Möglichkeiten zur Beantwortung und Auswertung bereit.

Das vorliegende Buch beschäftigt sich damit, wie Kundenbindung und Beschwerdemanagement durch das neue Medium Internet beeinflusst und verändert werden. (Kapitel 1: Die Bedeutung von CRM für Unternehmen)

Viele Unternehmen – große ebenso wie kleinere – lassen die Chance zur strukturierten Erhebung von Kundenanliegen noch immer ungenutzt. Dementsprechend finden Bearbeitungs- und Auswertungsmöglichkeiten nur eingeschränkte Anwendung. Eine aktuelle Studie belegt einen offensichtlichen Missstand: Nur 28 Prozent aller Online-Kundenbeschwerden werden derzeit in Deutschland von Unternehmen tatsächlich beantwortet. Erfolgt jedoch eine Antwort, dann wird diese in der Regel innerhalb weniger Tage versandt – und die Kunden sind mit diesem Feedback meistens hochzufrieden. (Kapitel 2: Wo stehen deutsche Unternehmen heute?)

Damit Unternehmen überhaupt von Bedürfnissen und Problemen ihrer Zielgruppen erfahren, müssen Kunden einen einfachen und möglichst kostenfreien Kommunikationskanal nutzen können. Beim Kontakt via Internet ist es besonders wichtig, Kundenanliegen und -beschwerden in strukturierter Form über Drop-down-Menüs in unternehmensspezifischen Eingabemasken zu erheben. Das erleichtert die Beantwortung und vor allem die systematische Auswertung der Kundenanliegen deutlich. (Kapitel 3: Beschwerden erfassen)

Es gilt, Kundenanliegen möglichst schnell und professionell zu beantworten. Eine Analyse der Daten spiegelt jedoch eine andere Realität wider. Probleme bestehen weder in der Qualität des Feedbacks noch in den Antwortzeiten, auch bei einer hier deutlich gestiegenen Erwartungshaltung. Der Zündstoff dagegen: Über zwei Drittel der Kundenbeschwerden werden derzeit von Unternehmen überhaupt nicht beantwortet. Die Herausforderung liegt also für die meisten Unternehmen darin, einen CRM-Prozess mit entsprechenden Service-Level und Controllinginstrumenten überhaupt erst zu implementieren – und nicht darin, etwas bereits Existierendes zu optimieren. (Kapitel 4: Beschwerden beantworten)

Einer der größten Vorteile der strukturierten Erhebung von Online-Beschwerden liegt in der vielfältigen Auswertbarkeit. Jede Beschwerde birgt eine doppelte Chance: Zum einen, diesen Kunden zu einem zufriedenen, überzeugten Kunden zu machen. Zum anderen, auf Basis der Vielzahl von Beschwerden Verbesserungspotenziale im Unternehmen zu erkennen und zu nutzen. Die Auswertung der eigenen Beschwerden im Rahmen der reaktiven Marktforschung sowie das Benchmarking mit den Beschwerden der Wettbewerber, die im Internet offen zugänglich sind, erlaubt detaillierte Analysen. Diese sind für die zukünftige strategische Unternehmenspositionierung von entscheidender Bedeutung. (Kapitel 5: Beschwerden auswerten)

Durch Kundenbeschwerden wird Unternehmen der Spiegel vorgehalten. Es bleibt jedem Unternehmen selbst überlassen, ob es in diesen Spiegel hineinschauen will und welche Konsequenzen es daraus ableitet.

Gaby Wiegran und Gregor Harter

Inhalt

1. Die Bedeutung von CRM für Unternehmen

Das Internet zeichnet sich durch extrem schnelle und zielgerichtete Information und Kommunikation aus. Es bietet Unternehmen völlig neue Möglichkeiten, mit ihren Kunden in Kontakt zu treten. Von vielen Unternehmen wird dieser Vorteil auch zunehmend genutzt. Aber es bietet auch den Kunden völlig neue Möglichkeiten, mit den Unternehmen in Kontakt zu treten. Und doch gibt das Internet sowohl Kunden als auch Unternehmen eigentlich nur die Kommunikationsmöglichkeiten zurück, die es vor der Zeit der Industrialisierung längst gab.

Zu jener Zeit, als es noch keine Massenproduktion gab, wurde jedes Produkt individuell nach den Bedürfnissen der Kunden produziert. Der Schneider nahm Maß, der Kunde wählte den Stoff aus und der Anzug wurde nach den Wünschen und Maßen des Kunden hergestellt. Und wenn es später Probleme gab, weil der Stoff nach dem Reinigen nicht mehr in Form blieb oder sich bereits nach vier Wochen die ersten Knöpfe ablösten, bekam der Schneider das hautnah zu spüren, weil nämlich der unzufriedene Kunde vor ihm in seinem Laden stand und sich beschwerte. Und selbstverständlich nähte der Schneider die Knöpfe kostenlos wieder an. Und selbstverständlich lernte der Schneider aus der Erfahrung und empfahl dem nächsten Kunden gleich einen qualitativ besseren Stoff.

Doch alles was in diesem kleinen Beispiel so selbstverständlich scheint, ist es heute nicht mehr. In der Zeit der Industrialisierung und Massenproduktion ist die direkte Kommunikation zwischen Kunde und Unternehmen mehrfach unterbrochen. Durch die Massenproduktion wurde es notwendig, Produkte zu standardisieren, um sie in großen Auflagen kostengünstig herstellen zu können. Es wurde auch notwendig, durchschnittliche Bedürfnisse einer großen Gruppe von Personen zu ermitteln, weil es genau nicht mehr möglich war, auf die Bedürfnisse jedes Einzelnen einzugehen. Um die große Masse an hergestellten Gütern zu vertreiben, reichte es nicht mehr aus, die Kunden in dem entsprechenden Ort zu bedienen, sondern es wurde erforderlich, landesweite oder sogar weltweite Märkte zu erschließen. Dadurch etablierte sich eine ganze Reihe von Großhändlern, Zwischenhändlern und Einzelhändlern, um die produzierte Ware schließlich zum Endkunden zu bringen.

Mehrere Effekte waren die Folge: Die direkte Kommunikation zwischen Hersteller und Kunde wurde unterbrochen, weil verschiedene Handelsunternehmen zwischen Hersteller und Kunde stehen. Die Bedeutung der Produktkonzeption und des Produktdesigns stieg, weil ein bestimmtes standardisiertes Produkt den Bedürfnissen von möglichst vielen Kunden entsprechen musste. Da direktes Kunden-Feedback nicht mehr möglich war, wurde die Marktforschung entwickelt, um die Kundenbedürfnisse möglichst rechtzeitig in das Produkt- oder Dienstleistungsdesign einfließen zu lassen.

Dadurch entfernte sich das Unternehmen von seinen Kunden. Das ist kein bewusster oder geplanter Prozess, sondern es ergab sich vielmehr über den Lauf der Jahre aus der Organisation der Prozesse und Strukturen. Heute ist es für den einzelnen Kunden gar nicht so einfach, mit dem Unternehmen Kontakt aufzunehmen, denn mehrere Stufen von Einzelhändlern und Großhändlern sind dazwischengeschaltet. Häufig kommt deshalb weder eine Beschwerde noch ein möglicher Verbesserungsvorschlag jemals beim Unternehmen an. Der Kunde hat sich beispielsweise bereits über das Produkt geärgert, jetzt will er sich nicht noch weiter aufregen, indem er versucht, mit dem Unternehmen in Kontakt zu treten und schluckt deshalb oftmals seinen Ärger einfach runter. Wertvolle Feedback-Informationen kommen so nie beim Unternehmen an.

Doch selbst wenn der Kunde direkt bis zum Hersteller vordringt, handelt es sich in der Regel um Großunternehmen mit Tausenden von Mitarbeitern, die in vielen verschiedenen Abteilungen und Niederlassungen gegliedert sind und bei denen Informationen zwischen Abteilungen manchmal nur sehr zähflüssig fließen. Und wenn die Beschwerde irgendwann einmal bei dem zuständigen Mitarbeiter ankommt, hat sie auf dem langen Weg viel an Aussagekraft verloren.

Es ist eben ein großer Unterschied, ob ein unzufriedener Kunde mit hochrotem Kopf persönlich vor dem Schneider steht und mit der Faust auf den Tisch haut und sich über die schlechte Verarbeitungsqualität beschwert, oder ob der Entwicklungsingenieur in der Forschungsabteilung von seinem Vorgesetzten erfährt, dass es im Customer-Care-Bereich zahlreiche Beschwerden zu einem neuen Produkt gibt und die Mitarbeiter dort deshalb unter häufigen Anfragen leiden. Der Handlungsdruck ist nicht derselbe.

Doch auch abgesehen vom Handlungsdruck gehen viele wertvolle Informationen verloren. Da in heutigen Unternehmen der Entwickler, Hersteller und Kundenbetreuer eben nicht mehr ein und dieselbe Person sind wie im Beispiel des Schneiders, müssen Informationen über Beschwerden und Probleme von einem Mitarbeiter zum nächsten weitergegeben werden. Wird die Beschwerde per Telefon entgegengenommen, liegt nichts vor, um es schriftlich weiterzugeben und es besteht die Gefahr, dass die Information gar nicht weitergegeben wird. Die Mitarbeiter im Customer Care sind in vielen Unternehmen überlastet und haben einfach keine Zeit, auch noch Informationen an andere Bereiche im Haus weiterzuleiten. Selbst wenn die Beschwerde in schriftlicher Form dokumentiert ist, weil sie beispielsweise per Brief oder Fax eingegangen ist, erleichtert das nicht unbedingt die unternehmensinterne Kommunikation. Der Entwicklungsingenieur hat oftmals weder Zeit noch Lust, einige hundert Beschwerdebriefe durchzulesen.

Gerade diese bestehenden Lücken in der Kommunikation zwischen Kunde und Unternehmen und auch zwischen verschiedenen Abteilungen des Unternehmens verdeutlichen die wachsende Bedeutung von Customer Relationship Management (CRM) für das Unternehmen. Doch was hat es mit CRM auf sich? Was genau ist es? Eine Vision? Ein Prozess? Eine Managementmethode? Eine Softwarelösung? Wie bei fast jedem neuen Schlagwort in der Managementliteratur sind die Definitionen sehr vielfältig und vor allem sehr unterschiedlich. Der Deutsche Direktmarketing Verband versteht unter CRM-Konzepten beispielsweise „Vorkehrungen zur permanenten Verbesserung der Kundenprozesse und zu lebenslangem Lernen der Mitarbeiter". Die Veranstalter der CRM-Messe (www.crm-messe.com) definieren CRM als einen „ganzheitlichen Ansatz zur Unternehmensführung, der abteilungsübergreifend alle kundenbezogenen Prozesse in Marketing, Vertrieb, Kundendienst sowie Forschung & Entwicklung integriert und optimiert."

CRM-Konzept zur Gestaltung von Kundenbeziehungen

Im Rahmen dieses Buches haben wir eine etwas engere Definition von CRM gewählt, die sich direkt auf das Management der Kundenbeziehung stützt. *CRM* wird von uns aufgefasst als ein *Konzept zur Gestaltung von Beziehungen zwischen einem Unternehmen und seinen Kunden und Kundensegmenten. CRM umfasst dabei die systematische Aufrechterhaltung und Intensivierung langfristiger Beziehungen, wobei eine hohe Kundenzufriedenheit angestrebt wird.* Doch auch diese Definition umfasst noch einen sehr weiten Bereich, der nur sehr schwer innerhalb eines Buches umfassend abgedeckt werden kann. Auf Grund der wachsenden Bedeutung des Internet als Kommunikationsmittel mit dem Kunden befasst sich dieses Buch ausschließlich mit den *Veränderungen im CRM-Bereich, die durch die Nutzung des Mediums Internet* entstehen. Der besondere *Fokus* liegt dabei im Bereich der *Kundenbeschwerden*, da sie als wichtigstes Instrument zur Erhöhung der Kundenzufriedenheit verstanden werden.

Häufig wurde in den letzten Jahren dafür auch der Begriff eCRM verwendet. Wofür das „e“ steht, ist jedoch nicht immer eindeutig, aber meistens handelt es sich um „elektronisches Customer Relationship Management“. Unter diesem Begriff werden dann häufig alle Möglichkeiten verstanden, den Kontakt mit dem Kunden durch verschiedenste Software-Lösungen zu verarbeiten. Die Beschäftigung mit diesen Programmen ist nicht Ziel dieses Buches. Zunächst hat sich an den Möglichkeiten der Bearbeitung von Kundenanliegen innerhalb des Unternehmens durch das Internet nichts fundamental geändert. Außerdem liegt der Fokus dieser CRM-Lösungen weniger im Kundendienst als vielmehr in der Vertriebsunterstützung und im Direktmarketing. Dies geht jedoch an dem eigentlichen Ziel von CRM vorbei.

CRM-Software-Lösungen können außerdem auch schnell eine gewisse Eigendynamik entwickeln. Anstatt zuerst einmal die Frage zu stellen, was das Unternehmen im CRM-Bereich eigentlich erreichen will und die Ziele dann auf einzelne Maßnahmen herunterzubrechen und diese Maßnahmen dann mit Budgets, Zeitplänen und schließlich auch IT-Lösungen zu versehen, steht oft die Software im Vordergrund, und die Ziele werden den Möglichkeiten der Software angepasst. Grundsätzlich muss natürlich jede Strategie auch die Implementierung berücksichtigen. Und selbstverständlich nützt es nichts, eine hervorragende CRM-

Strategie zu entwickeln, die sich später IT-technisch nicht umsetzen lässt. Dennoch sollte sich die Strategie auch nicht zu sehr von den technischen Möglichkeiten verschiedener Produkte lenken lassen. Wenn die Entwicklung einer CRM-Strategie damit beginnt, die Funktionalitäten der verschiedenen CRM-Software-Lösungen zu vergleichen, werden möglicherweise ganze Bereiche des CRM, die für dieses spezielle Unternehmen sehr wichtig sein können, übersehen, weil sie in keinem der Softwarepakete enthalten sind.

Grundsätzlich haben sich durch die Existenz des Mediums Internet für die Unternehmen im CRM-Bereich primär zwei Dinge verändert: Einerseits können Kundenanliegen durch die Interaktivität des Mediums strukturiert und zielgenau erfasst werden, wodurch weitere Bearbeitungsschritte und Auswertungen deutlich vereinfacht werden (vgl. Abschnitt „Strukturierte Erfassung der Beschwerden", S. 102). Andererseits ist zumindest ein Teil der Kundenanliegen jetzt einer breiteren Öffentlichkeit zugänglich. Dabei sind grundsätzlich Meinungsplattformen und Feedbackplattformen zu unterscheiden.

Meinungsplattformen

Bei einer Meinungsplattform handelt es sich um eine öffentliche Plattform im Internet, auf der sich Konsumenten mit anderen Konsumenten austauschen. Ein Nutzer hat beispielsweise ein bestimmtes Handy gekauft und schlechte Erfahrungen mit der Bedienbarkeit gemacht. Er schreibt dazu auf einer öffentlichen Meinungsplattform seine Erfahrung und sein Urteil, die dann von anderen Konsumenten gelesen werden können. Die Customer-to-Customer-Kommunikation (C2C) wird von vielen Konsumenten genutzt, um sich vor dem Kauf eines Produktes über die verschiedenen Anbieter und Produkte zu informieren. Plattformen wie *www.epinions.com, www.ciao.com* und *www.dooyoo.de* bieten auch Rankings der einzelnen Produkte auf Basis von Tausenden von Konsumentenmeinungen an, die den Überblick erleichtern. Bei diesen Plattformen gibt es auch eine benutzergestützte Qualitätssicherung. Meinungen, die von vielen anderen Nutzern als hilfreich bewertet wurden, werden höher bewertet und damit auch häufiger gelesen als Meinungen, die von den anderen Nutzern als nicht hilfreich bewertet wurden. Im Durchschnitt findet der Konsument auf diesen Plattformen gut formulierte und häufig auch sehr positive Meinungen über einzelne

Produkte, die ihm bei seiner Kaufentscheidung helfen. Im Gegensatz dazu stehen Plattformen wie beispielsweise *www.sucks500.com*, die negative Meinungen zu den Top 500 amerikanischen Unternehmen sammeln und veröffentlichen. Der Tenor ist hier ganz eindeutig negativ und kommt bereits einer „Firmen-Hass-Seite" sehr nahe. Eine Qualitätskontrolle der Meinungen findet nicht statt und auf diesen Seiten finden sich auch nur wenige qualifizierte Äußerungen.

Feedbackplattformen

Davon zu unterscheiden sind die Feedbackplattformen im Internet. Auch hierbei handelt es sich um öffentliche Plattformen, auf denen Konsumenten ihre Meinung veröffentlichen können. Ziel ist jedoch nicht die Kommunikation mit anderen Konsumenten, sondern die Kommunikation mit dem Unternehmen, auch Customer-to-Business (C2B) genannt. Ein Konsument hat also beispielsweise eine neues Handy gekauft und stellt jetzt fest, dass auf seiner ersten monatlichen Abrechung eine Anschlussgebühr von 50 Euro berechnet wurde, die eigentlich laut Angebot des Unternehmens nicht hätte berechnet werden dürfen. Der Konsument wendet sich an das Unternehmen, um das Problem zu lösen. Dabei kann er sich nun direkt an das Unternehmen oder an eine der öffentlichen Plattformen wie *www.ecomplaints.com*, *www.planetfeedback.com* oder *www.vocatus.de* wenden. Diese Plattformen erfassen die Beschwerde des Konsumenten in strukturierter Form, veröffentlichen sie im Internet und leiten sie an das betreffende Unternehmen weiter. Auch diese Plattformbetreiber haben in der Regel einen Qualitätsmechanismus implementiert. Bei *www.vocatus.de* werden beispielsweise Meinungen, die unqualifizierte Beschimpfungen enthalten, vom Plattformbetreiber direkt abgelehnt und nicht an die Unternehmen weitergeleitet.

Während also Meinungsplattformen die Kommunikation von Konsumenten mit Konsumenten zum Ziel haben, fördern Feedbackplattformen die Kommunikation zwischen Konsumenten und Unternehmen. Da aber beide Plattformtypen alle Meinungen auch gleichzeitig im Internet veröffentlichen, haben beide natürlich eine Informationswirkung für potenzielle Kunden und somit auch Einfluss auf die Kaufentscheidung zukünftiger Kunden.

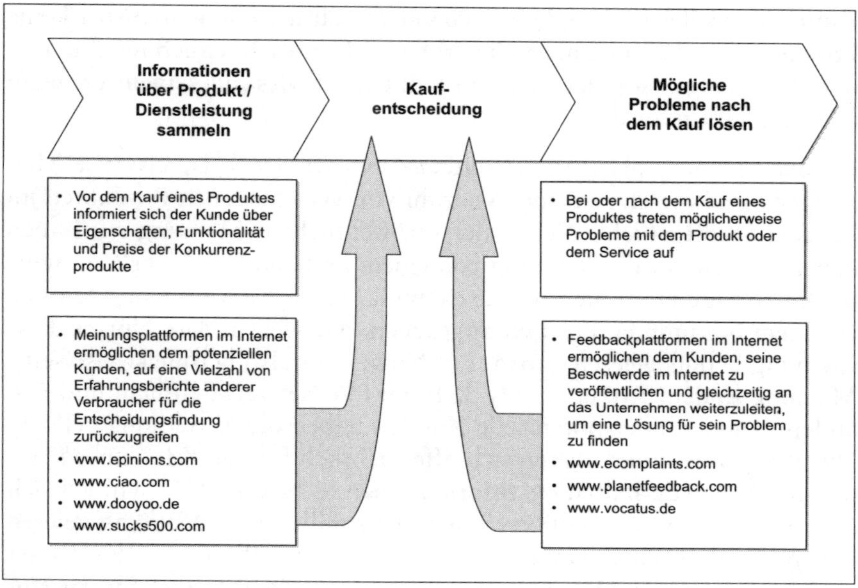

Abbildung 1: Öffentliche Meinungsäußerungen von Kunden und potenziellen Kunden im Internet haben Einfluss auf die Kaufentscheidung.
Quelle: Booz Allen Hamilton 2002

Angenommen bei einem Handelsunternehmen haben normalerweise durchschnittlich zwei Prozent der Kunden pro Jahr ein Problem mit den Dienstleistungen des Unternehmens. Nehmen wir weiter an, das Unternehmen würde sich um diese Kunden nicht kümmern. Mit großer Wahrscheinlichkeit würden dann also zwei Prozent der Kunden im nächsten Jahr nicht mehr wiederkommen. Mittelfristig ist das sicherlich ein Problem. Zunächst wird die Bedeutung durch die geringe Anzahl von Kunden relativiert. Im Zeitalter des Internet jedoch sieht dies anders aus. Es haben ebenfalls zwei Prozent der Kunden ein Problem mit dem Unternehmen. Ein gewisser Teil davon beschwert sich aber nicht nur direkt beim Unternehmen, sondern gibt das Problem über eine öffentliche Plattform im Internet an das Unternehmen weiter. Nun können auch die anderen 98 Prozent der Kunden von diesem Sachverhalt Kenntnis erhalten. Ein gewisser Prozentsatz davon wird sich dadurch in zukünftigen Kaufentscheidungen beeinflussen lassen. Denn wenn man weiß, dass ein Unternehmen vor Beschwerden die Augen verschließt, kauft man vielleicht doch lieber woanders, selbst wenn man bisher keine Probleme mit diesem Unternehmen hatte. Denn schließlich möchte niemand derjenige sein, der dann im Fall eines Falles mit seinem Problem alleine gelassen wird.

Bei der Meinungsplattform *www.ciao.com* werden beispielsweise Meinungen von Nutzern zu einer Vielzahl von verschiedenen Produkten im Internet veröffentlicht. Neben der veröffentlichten Meinung wird auch angezeigt, wie oft die Meinung von einem anderen Nutzer gelesen wurde. In Abbildung 2 unten wurde exemplarisch für jeweils eine Meinung zu einem bestimmten Produkt angegeben, wie viele andere Nutzer diese Meinung bereits gelesen haben. Ein Nutzer hat also beispielsweise seine Meinung zu dem Nokia-Handy 3310 im Internet veröffentlicht und 988 andere Kunden oder potenzielle Kunden haben diese Meinung gelesen. Die 988 Nutzer interessieren sich offensichtlich für den Kauf eines Handys und haben deshalb diese Informationen recherchiert. Es handelt sich also nicht um knapp 1000 Personen, die zufällig diese Meinung gelesen haben, sondern eher handelt es sich hierbei um Personen, die derzeit ganz konkret vor der Kaufentscheidung stehen. Da macht es für das Unternehmen schon einen erheblichen Unterschied, ob die veröffentlichte Meinung über das Produkt positiv oder negativ ausfällt, denn der Multiplikator-Effekt wirkt auf eine Zielkundengruppe.

Im Internet veröffentlichte Meinung zu einem Produkt	Anzahl Lesungen durch andere Nutzer
Nokia 3310 Handy	988
Sony DSC-P1 Digitalkamera	774
Palm V Organizer	369
BMW Z3	313
E-Plus Mobilfunkanbieter	237

Abbildung 2: Die Meinungen von Kunden, die im Internet veröffentlicht sind, werden von vielen Hundert Nutzern gelesen und haben so direkten Einfluss auf das Kaufverhalten derzeitiger und zukünftiger Kunden.
Quelle: Ciao 2001

Die Relevanz des Customer Relationship Managements für das Unternehmen ist nun natürlich viel größer. Denn jetzt sind nicht nur die zwei Prozent der Kunden, die ein Problem haben, abwanderungsgefährdet, sondern auch ein guter Teil der Kunden, die eigentlich bisher mit dem Unternehmen zufrieden waren. Außerdem besteht auch ein deutlicher Einfluss auf die Neukundengewinnung bzw. auf den Absatz. Dies ist eine nicht unerhebliche Änderung im Wettbewerbsumfeld, auf die sich die Unternehmen auf Grund der Existenz des Internet einstellen müssen.

Doch jede Veränderung im Wettbewerbsumfeld birgt natürlich auch Chancen. Die Unternehmen, die ein professionelles und kundenorientiertes Customer Relationship Management betreiben oder gerade implementieren, werden dadurch einen viel größeren Wettbewerbsvorteil genießen als in der Vergangenheit. Denn sie haben nicht nur die Chance, die Kunden mit Problemen zu halten, sondern sie können auch noch die anderen Kunden enger an das Unternehmen binden. Durch die Veröffentlichung der Meinungen werden Service- und Qualitätsprobleme von einzelnen Unternehmen öffentlich dargestellt und plötzlich zu einem Kriterium für eine Kaufentscheidung. Für Unternehmen, die Qualität und Service bisher eher niedrig priorisiert haben, stellt die bessere Information der Kunden sicherlich eine gewisse Gefahr dar. Unternehmen, die in diesem Bereich jedoch Vorreiter sind, werden von der besseren Information der Kunden eher profitieren.

Gleichzeitig bietet das Internet natürlich nicht nur den Kunden die Möglichkeit, sich über Qualitäts- und Serviceprobleme der verschiedenen Anbieter zu informieren, sondern auch den Anbietern selbst. Die meisten Unternehmen sind zwar über ihre eigenen Probleme informiert, aber nicht über Qualitäts- und Serviceprobleme ihrer Konkurrenzunternehmen. Auch diese Informationen sind nun für jedermann zugänglich im Internet verfügbar und sicherlich für viele Unternehmen sehr interessant. (Vgl. Abschnitt: „Benchmarking: Kunden-Beschwerden der Wettbewerber“, S. 187)

Ziel: Möglichst wenig Beschwerden erhalten?

Ziel jedes Unternehmen ist es, zufriedene Kunden zu haben, die sich möglichst wenig beschweren und die möglichst häufig wiederkommen und sich so zu Stammkunden des Unternehmens entwickeln. Die Frage ist nur, wie man dieses Ziel erreicht. Grundsätzlich gibt es zwei Wege, um die Beschwerdenquote zu senken:

Wenn ein Unternehmen kurzfristig weniger Beschwerden haben möchte, kann es einfach die Kommunikation für den Kunden erschweren. Auf der Website gibt es keine E-Mail-Adresse, an die man sich wenden kann, Faxnummern für Beschwerden werden nicht veröffentlicht, und die Telefonhotline ist ständig besetzt.

Diese Möglichkeit wird von einigen Unternehmen unbewusst verwendet, indem einfach keine Kommunikationswege für den Kunden eröffnet werden. Andere Unternehmen managen den Prozess sehr bewusst, indem die telefonische Hotline gezielt mit einer zu geringen Personalausstattung hinterlegt wird. So sind Wartezeiten von mehreren Minuten an der Tagesordnung und bei einigen Unternehmen ist die telefonische Hotline de facto überhaupt nicht zu erreichen, selbst wenn man als Kunde tage- und wochenlang geduldig dieselbe Nummer anruft.

> ***„Und so versuchte ich zwei Tage vergeblich einen Mitarbeiter meiner Direktbank zu erreichen. Am dritten Tag, welch Wunder, meldete sich eine Stimme, ich sei in einer Warteschleife und würde schnellstmöglich verbunden. Dieses schnellstmöglich dauerte sage und schreibe 25 Minuten, natürlich gebührenpflichtig."***
>
> Herr H. O. aus Wald-Michelbach, Beschwerde bei einer Direktbank

So vergeht jedem Kunden die Motivation, mit dem Unternehmen Kontakt aufzunehmen. Denn wenn sich der Kunde bereits geärgert hat, will er sich nicht noch mehr aufregen, indem er stundenlang in Warteschleifen verweilt. Aber auch wenn der Kunde einen Mitarbeiter des Unternehmens erreicht, heißt das nicht, dass sein Ärger ein Ende hat. Häufig sind Mitarbeiter im Umgang mit Beschwerden nicht ausreichend geschult und fühlen sich durch die Beschwerde persönlich angegriffen. Entsprechend unfreundlich ist die Reaktion. Die meisten Kunden haben diese oder ähnliche Erlebnisse mit verschiedenen Unternehmen bereits gemacht und haben deshalb selbst Beschwerden gegenüber eine negative Grundhaltung. Lieber nehmen sie ihren Ärger hin, als sich über das Unternehmen noch weiter zu ärgern. Kurzfristig sinkt dadurch natürlich erst einmal die Anzahl der Beschwerden.

„Ich bin vor zwei Jahren umgezogen und habe mich aus Versehen ein zweites Mal bei der GEZ angemeldet mit meinen gleichen persönlichen Daten. Darauf hin hat mir die GEZ eine zweite Gebühren/Re.Nr. zu gewiesen. Somit hat alles angefangen. Jetzt soll ich für den gleichen Zeitraum und die gleiche Wohnung doppelte Gebühren bezahlen. Eine Re.Nr. bezahlte ich, für die zweite hat mir die GEZ einen Gerichtsvollzieher geschickt. Die GEZ ist trotz mehrmaliger Telefonate und Offenlegung meiner Wohnorte der letzten fünf Jahre mit Re.Nr. und An- und Abmeldungen des Einwohnermeldeamtes nicht dazu bereit, mir nur eine Re.Nr. zuzuweisen. Im Gegenteil, es kommen immer wieder neue Rechnungen mit aktuellem Datum. Laut telefonischer Aussage sei der Vordruck der GEZ ein rechtlicher Vertrag und könne nicht einfach gekündigt werden. Obwohl es in meinem Fall offensichtlich ist, dass ich für ein TV und Radiogerät für den gleichen Zeitraum und Wohnort doppelt bezahlen soll."

Frau A. H. aus Iggelheim, Beschwerde zur Gebühreneinzugszentrale

Und mit der sinkenden Anzahl der Beschwerden sinkt auch die Anzahl der wiederkehrenden Kunden. Zunächst einmal ist dieser spezielle Kunde verärgert, aber das Unternehmen hat gar keine Möglichkeit, ihn zu halten, weil es gar nicht erst von dem Problem erfährt. Außerdem handelt es sich möglicherweise um ein Problem, das viele Kunden mit diesem Unternehmen haben. Aus Unkenntnis bzw. durch das Ignorieren können auch die Ursachen nicht behoben werden. Es ist abzusehen, dass weitere Kunden dasselbe Problem mit dem Unternehmen haben werden und dass das Unternehmen dadurch weitere Kunden verliert. Langfristig kann das keine empfehlenswerte Strategie sein.

Um die Beschwerdenquote langfristig zu senken, muss das Unternehmen erst einmal alle Kommunikationskanäle für den Kunden öffnen. Dazu gehören Hotlines, bei denen der Kunde tatsächlich jemanden erreichen kann und Websites mit Beschwerdemöglichkeit. Die Anliegen müssen schnell und professionell bearbeitet werden, um das Problem des Kunden zu lösen und ihn wieder für das Unternehmen zu gewinnen. Aber mindestens genauso wichtig ist es, die Masse der Beschwerden detailliert zu analysieren, um die zu Grunde liegenden Probleme erkennen und lösen zu können. Denn nur dadurch werden zukünftig Beschwerden reduziert und die Kunden an das Unternehmen gebunden.

Durch professionelles Beschwerdemanagement können Kunden in zweifacher Weise an das Unternehmen gebunden werden. Bearbeitet das Unternehmen ein Kundenanliegen schnell, professionell und zur Zufriedenheit des Kunden, wird der Kunde davon ausgehen, dass dies auch beim nächsten Mal so sein wird, falls er wieder einmal Grund zur Beschwerde hat. Das ist eine sehr wichtige Information, die der Kunde nun über dieses Unternehmen hat.

Bei einem Wettbewerber weiß der Kunde hingegen nicht, was im Fall einer möglichen Beschwerde passiert. Und deshalb wird er im Zweifel wieder zu dem Unternehmen zurückkehren, bei dem er schon einmal positive Erfahrungen gemacht hat.

Ein Beispiel mit unterschiedlichen Szenarien soll dies verdeutlichen: Der Kunde ist seit drei Jahren Kunde eines Kreditkartenunternehmens und hatte noch nie eine andere Kreditkarte.

Szenario 1

Der Kunde hatte noch nie Probleme mit der Kreditkartengesellschaft. Alles wurde immer ordnungsgemäß abgebucht.

Szenario 2

Nach einem längeren Auslandsurlaub stellt der Kunde fest, dass einige Ausgaben im Ausland doppelt von der Kreditkarte abgebucht worden sind. Er ruft die Kreditkartengesellschaft an und verbringt zunächst einmal zehn Minuten in einer telefonischen Warteschlange. Als er schließlich jemanden an der Leitung hat, ist niemand für das Problem zuständig. Er wird gebeten, sein Problem schriftlich vorzutragen. Danach erhält er wochenlang keine Rückmeldung bezüglich des Status, und nach Monaten sind die doppelten Abbuchungen nicht zurückerstattet worden. Das Girokonto ist deshalb seit mehreren Monaten überzogen und die Hausbank verlangt Überziehungszinsen. Nach vier

Monaten erstattet die Kreditkartengesellschaft schließlich kommentarlos das Geld.

Szenario 3

Nach einem längeren Auslandsurlaub stellt der Kunde fest, dass einige Ausgaben im Ausland doppelt von der Kreditkarte abgebucht wurden. Der Kunde ruft bei seiner Kreditkartengesellschaft an. Der Anruf wird nach dem zweiten Klingeln angenommen und die Person am anderen Ende der Leitung ist direkt für den Sachverhalt zuständig. Der Kunde erklärt sein Problem. Der Sachbearbeiter nimmt die Daten auf und verspricht einen Rückruf, nachdem er den Sachverhalt geklärt hat. Am nächsten Morgen wird der Kunde von dem Sachbearbeiter zurückgerufen, der sich für den Fehler entschuldigt und bestätigt, dass das Geld bereits auf das Girokonto des Kunden zurücküberwiesen wurde.

Nehmen wir nun an, dieser Kunde wird eine Woche später bei einer Dienstreise am Flughafen von einer Werbemannschaft eines anderen Kreditkartenunternehmens angesprochen. Wie wird er sich verhalten?

In Szenario 1 hat der Kunde bisher weder negative noch wirklich positive Erfahrungen mit seiner bisherigen Kreditkartengesellschaft gemacht. Die Jahresgebühr erscheint ihm allerdings etwas hoch, aber immerhin gab es bisher mit der Kreditkartengesellschaft noch nie Probleme. Wenn nun eine andere Kreditkartengesellschaft mit dem Angebot einer kostenlosen Kreditkarte wirbt, ist dieser Kunde sicherlich gefährdet, die Kreditkartenfirma zu wechseln. Zwar gab es bisher keine negativen Erfahrungen, aber es gab eben auch keine wirklich positiven Erlebnisse.

In Szenario 2 dürfte der Kunde gegenüber dem Angebot einer anderen Kreditkartengesellschaft sehr aufgeschlossen sein. Die Ursache dafür liegt allerdings weniger in der Fehlbuchung, als vielmehr in dem sehr unprofessionellen Umgang mit dem Problem. In diesem Fall kann von einer hohen Wechselbereitschaft des Kunden ausgegangen werden.

In Szenario 3 hingegen wird es einem Konkurrenzunternehmen eher schwer fallen, den Kunden abzuwerben. Zwar ist mit der bisherigen Kreditkartengesellschaft ein Problem aufgetreten, aber es wurde sehr schnell, professionell und zur Zufriedenheit des Kunden bearbeitet. Der Kunde hat nun also über seine Kreditkartengesellschaft eine Information (nämlich, dass sie bei Problemen sehr schnell und zuvorkommend reagiert), die er über das neue Kreditkartenunternehmen nicht hat. Und im Zweifelsfall wird er aus Erfahrung davon ausgehen, dass das neue Unternehmen die Sache nicht so professionell gemanagt hätte.

Insofern hat die professionelle Reaktion des Unternehmens auf die Beschwerde die persönliche Bindung an das Unternehmen eher erhöht. Deshalb kann es sein, dass ein Kunde, der mit einem Unternehmen ein Problem hatte und dessen Problem professionell behoben wurde, eine höhere Kundenbindung aufweist als ein Kunde, der nie ein Problem hatte.

Auch wenn Beschwerden nicht zufrieden stellend bearbeitet werden, lässt allein die Möglichkeit der Äußerung des Problems die Wiederkaufswahrscheinlichkeit steigen. Effektives Beschwerdemanagement verbessert daher die Kundenbindung und damit auch die Wiederkaufswahrscheinlichkeit.

Kein Unternehmen wird ernsthaft bewusst den Weg wählen, die Anzahl der Beschwerden zu reduzieren, indem es dem Kunden schwer gemacht wird, sich zu beschweren. Ganz im Gegenteil. Je mehr Beschwerden und Kundenanliegen das Unternehmen erhält, umso mehr Kunden können an das Unternehmen gebunden werden und umso mehr Probleme können gelöst werden, so dass sich zukünftige Kunden nicht damit ärgern müssen.

> ***„Am 6. Mai 2001 versuchte ich wegen falsch gelieferter Ware bei dem Unternehmen anzurufen. Nach einigen Versuchen, die mich nur das Besetztzeichen hören ließen, war ich froh, endlich eine Computerstimme zu hören, die mich um ein wenig Geduld bat, da leider im Moment alle Leitungen belegt sind. Nach ca. 3 Minuten wollten die Leute meine Geduld offenbar nicht noch mehr strapazieren und ich wurde aus der Leitung geschmissen. Meine nächster und übernächster Anruf verliefen auf die gleiche Weise: Zunächst 3 Minuten Warteschleife mit nervtötender Musik und der um Geduld bittenden Stimme, dann nur noch ‚piep, piep, piep …'. Danach wagte ich noch drei oder vier Versuche, aber die Leitung war ständig besetzt. Ich war natürlich sauer, aber wie soll man denn jemandem die Meinung sagen, wenn man noch nicht mal telefonisch durchkommt?"***
>
> Frau D. E. aus Dresden, Beschwerde zu einem Drogeriemarkt

Beschwerdemanagement und Kundenbindung

„Kundenbindung durch Beschwerden" erscheint zunächst wie ein Widerspruch. Ein Kunde, der mit einem Unternehmen unzufrieden ist und sich über das Unternehmen beschwert, ist schließlich genau das Gegenteil eines zufriedenen und treuen Kunden. Und doch ist es für das Unternehmen in der Regel einfacher und kostengünstiger, aus einem unzufriedenen Kunden wieder einen zufriedenen Kunden zu machen, als einen unzufriedenen Kunden zu verlieren und dafür einen neuen Kunden gewinnen zu müssen.

Untersuchungen belegen, dass Kunden je nach Verhalten, Einkaufsgewohnheiten, dem verfügbaren Budget und ihrer Kundentreue jeweils einen ganz unterschiedlichen Wert für das Unternehmen haben. Das unten dargestellte Beispiel einer europäischen Filialbank zeigt, dass nur 5 Prozent der Kunden für insgesamt 98 Prozent des Unternehmensgewinns verantwortlich sind. Vordringliche Aufgabe des Customer Relationship Managements ist es, diese Kunden zu identifizieren und entsprechend zu pfle-

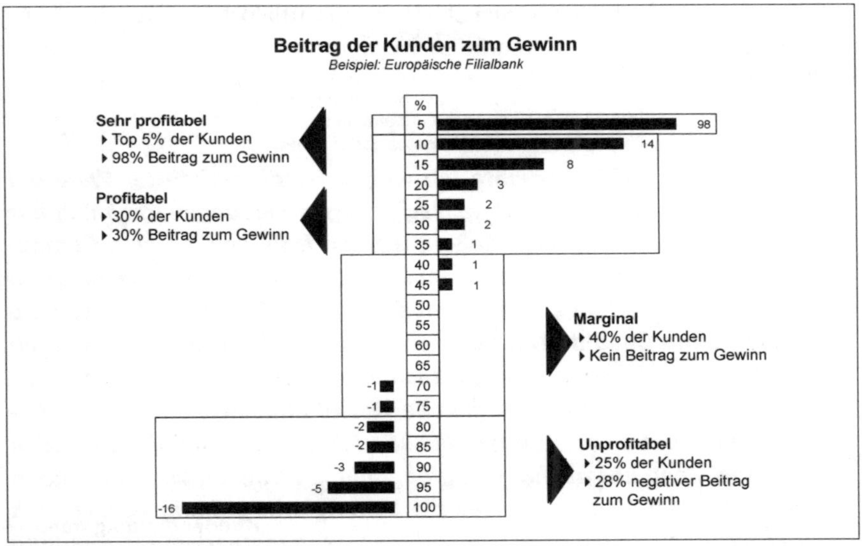

Abbildung 3: Das Beispiel dieser europäischen Filialbank zeigt, dass verschiedene Kundensegmente einen sehr unterschiedlichen Beitrag zum Gesamtgewinn des Unternehmens leisten.
Quelle: Booz Allen Hamilton 2001

gen, da sie die Basis für die wirtschaftliche Existenz des Unternehmens bilden.

Bei der Identifikation dieser hochprofitablen Kunden erkennt man schnell die Bedeutung und den Zusammenhang zwischen Customer Life Cycle und Kundenbindung. Untersuchungen zeigen, dass typischerweise ein langjähriger Kunde für ein Unternehmen einen sehr viel höheren Wert besitzt als ein neu gewonnener Kunde. Ein treuer Kunde kehrt immer wieder zu dem Unternehmen zurück, um Produkte oder Dienstleistungen zu kaufen. Die Auswirkungen auf die Wirtschaftlichkeit des Unternehmens sind erheblich. So führt die Erhöhung der Kundenbindung um nur 5 Prozent bei einem Mobilfunkanbieter durchschnittlich zu einer Erhöhung der Profitabilität des Unternehmens um 21 Prozent.

Die Gründe dafür liegen auf der Hand. Treue Kunden bedürfen keiner zusätzlichen Investition in den Bereichen Erstwerbung oder Marketing

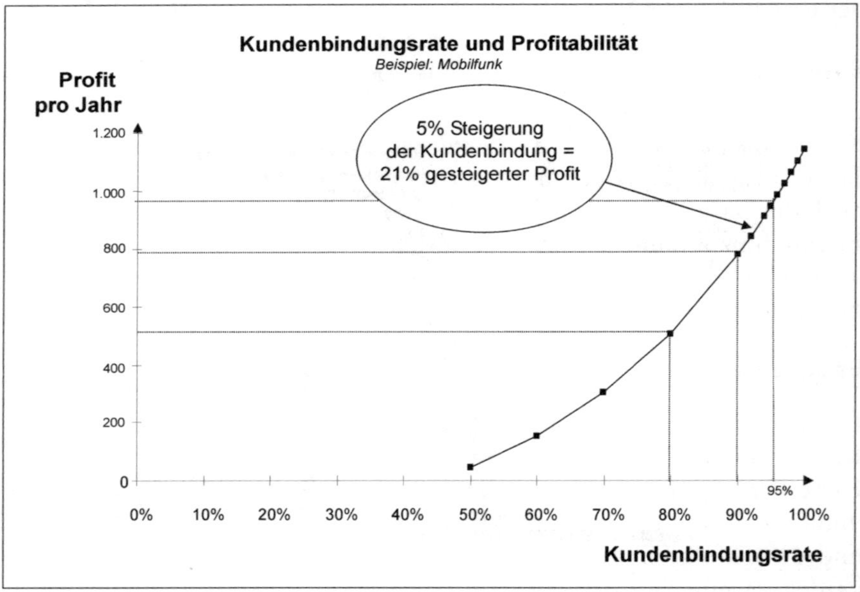

Abbildung 4: Die Kundenbindungsrate im Mobilfunk hat signifikante Auswirkungen auf die Profitabilität von Unternehmen.
Quelle: Booz Allen Hamilton 2001

und generieren generell über die Jahre einen höheren Umsatz pro Jahr. Sie sind weniger preissensitiv und empfehlen das Unternehmen auch an neue Kunden weiter. Kundentreue ist besonders wichtig, wenn die Wechselkosten zwischen verschiedenen Unternehmen relativ niedrig, die Marketingkosten für die Gewinnung eines neuen Kunden jedoch sehr hoch sind. Im Einzelnen lassen sich die Gewinnpotenziale des langjährigen Kunden wie folgt darstellen:

Akquisitionskosten

Ein Unternehmen muss in der Regel zunächst einmal investieren, um einen neuen Kunden zu gewinnen. Dabei handelt es sich vor allem um Marketingausgaben und Vertriebsausgaben. Diese Kosten können von etwa 20 bis 30 Euro bei Internetunternehmen bis hin zu mehreren hundert Euro bei Banken oder Autoherstellern gehen. In der Regel sind die Unternehmen bereit, mehr Geld für einen neuen Kunden auszugeben, wenn ein teueres Produkt mit einer hohen Marge verkauft wird wie beispielsweise ein Luxusauto oder wenn der Kunde dem Unternehmen in der Regel für einen längeren Zeitraum treu bleibt wie im Falle der Bank.

Basisprofit

Der Basisprofit ergibt sich aus dem durchschnittlichen Einkauf eines Kunden, ohne dass weitere Effekte wie eine Umsatzzunahme über die Jahre oder ein Preis-Premium berücksichtigt werden. Natürlich wird auch der Basisprofit jährlich erwirtschaftet. Selbst wenn keine weiteren Effekte hinzukommen würden, würden sich die Akquisitionskosten alleine schon dadurch, dass der Kunde dem Unternehmen jahrelang treu bleibt, immer mehr rechnen.

Umsatzzunahme

Ein großer Vorteil der Kundenbindung besteht darin, dass langjährige Kunden ihren Umsatz mit einem Unternehmen in der Regel erhöhen. Diese Umsatzzunahme wird primär dadurch verursacht, dass Kunden immer mehr mit der Produktpalette des Unternehmens vertraut werden und demzufolge immer mehr Produkte bei diesem Unternehmen einkaufen – wenn sie zufrieden sind. Einer der Effekte liegt sicherlich auch darin begründet, dass Leute mit zunehmendem Alter typischerweise mehr Geld zur Verfügung haben und sich mit den Jahren auch generell ihr Ausgabeverhalten steigert.

Einsparungen

Im Zeitablauf lernen die Kunden die Produkte des Unternehmens immer besser kennen und benötigen weniger häufig die Unterstützung des Verkaufspersonals. Mit der zunehmenden Kenntnis des Unternehmens selbst passen sie in gewisser Weise auch ihre Bedürfnisse an die Leistungen des Unternehmens an. So benötigt beispielsweise ein erstmaliger Gast in einem Hotel deutlich mehr Aufmerksamkeit durch das Personal als ein Stammgast. Der Stammgast weiß bereits, bis um wie viel Uhr der Swimmingpool geöffnet hat und wie er bei der Telefonanlage Nachrichten abfragt.

Empfehlungen

Ein Stammkunde des Unternehmens empfiehlt das Unternehmen häufig an Freunde und Bekannte weiter. Dadurch kann das Unternehmen wiederum die Akquisitionskosten für neue Kunden deutlich senken und bekommt noch dazu Kunden, die dem Unternehmen gegenüber bereits positiv eingestellt sind.

Preis-Premium

Treue Kunden sind in der Regel nicht so preissensitiv wie neue Kunden. Sie kennen das Unternehmen bereits seit langem, sind mit allen Produkten und Dienstleistungen und zum Teil sogar mit dem Personal vertraut und werden nicht vorschnell den Anbieter wechseln, nur weil ein Konkurrent ein billiges Einstiegsangebot macht.

Das heißt also, dass es für das Unternehmen ökonomisch Sinn macht, Kunden an das Unternehmen zu binden. Wichtige Instrumentarien dafür sind ein funktionierendes Customer Relationship Management und damit die professionelle Behandlung von Kundenanliegen und Beschwerden.

Denn jede Beschwerde ist immer auch eine Chance, einen unzufriedenen Kunden zu einem treuen Kunden zu machen. Jeder Kunde weiß, dass nicht immer alles perfekt funktionieren kann. Jeder Kunde weiß, dass es bei einem Produkt oder einer Dienstleistung immer einmal zu Problemen kommen kann. Menschen machen Fehler. Und dies ist auch nicht der Grund, warum der Kunde dem Unternehmen den Rücken kehrt.

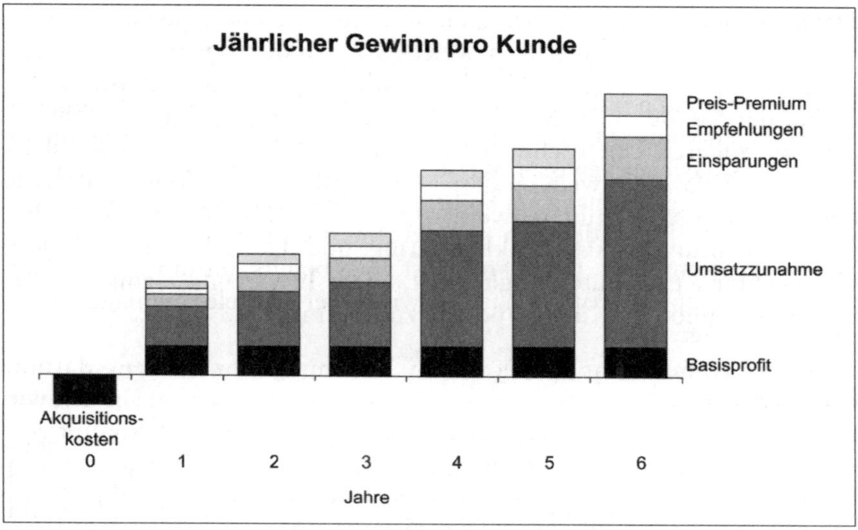

Abbildung 5: Kunden werden für das Unternehmen umso profitabler, je länger sie bei dem Unternehmen Kunde sind.
Quelle: Loyalty Effekt, Reichheld 1996

Richtig verärgert ist der Kunde erst, wenn er sich mit seinem Problem an das Unternehmen wendet und das Problem nicht gelöst wird. Das Unternehmen hat einen Fehler gemacht, weil ein Produkt oder eine Dienstleistung nicht den Wünschen des Kunden entsprach. Und jetzt liegt es am Unternehmen, diesen Fehler zu beheben. Es handelt sich für das Unternehmen um eine Bringschuld und nicht um eine Holschuld für den Kunden. Aber die Realität in den Unternehmen sieht häufig anders aus. Keiner weiß, wohin sich der Kunde wenden soll. Niemand ist für das Problem zuständig. Der Kunde stört eigentlich nur den normalen Arbeitsablauf, wird sich dessen auch bewusst. Erst dann läuft das Unternehmen Gefahr, den Kunden dauerhaft zu verlieren.

„... das hat mir gezeigt, dass ich schreiben konnte was ich will, es wird so bearbeitet, wie es ins Schema passt und nicht, wie der Kunde es wünscht. Das Konto werde ich wie gewünscht ausgleichen und zu einem anderen Institut wechseln."

Herr T. S. aus Rauschwitz, Beschwerde zu einer Bank

Dabei ist doch gerade der Umgang mit einer Beschwerde eine hervorragende Möglichkeit, sich vom Wettbewerb zu differenzieren und auch die Erwartungshaltung des Kunden zu übertreffen. Bei einer Beschwerde hat der Kunde in der Regel auf Grund vorausgegangener Erfahrungen mit anderen Unternehmen keine besonders hohe Erwartungshaltung. Aus Erfahrung weiß er, dass er sich auf einen mühsamen Prozess einstellen muss, der nur teilweise zum Erfolg führen wird. Seine Erwartungshaltung ist also denkbar gering, und dadurch bietet sich dem Unternehmen eine gute Möglichkeit, diese Erwartung signifikant zu übertreffen und den Kunden positiv zu überraschen.

Zunächst einmal geht es bei jedem Beziehungsmanagement darum, dem Kunden die Kommunikation mit dem Unternehmen so einfach wie möglich zu machen. Nur dann erfährt das Unternehmen überhaupt von einem Kunden, der ein Problem hat, und erhält damit die Chance, den Kunden zu binden. Nur dann erhält das Unternehmen wertvolles Feedback über seine Produkte und Dienstleistungen.

Das Schlimmste, was einem Kunden widerfahren kann, ist ihn einfach zu ignorieren. Selbst wenn man ihm widerspricht, muss man sich zumindest mit dem auseinander gesetzt haben, was er gesagt hat. Auch um zu widersprechen muss man ihn zunächst einmal ernst nehmen. Die Realität zeigt jedoch, dass viele Unternehmen ihre Kunden *nicht* ernst nehmen, wenn es um Probleme oder Beschwerden geht. Es gibt zahlreiche Beispiele von Websites, auf denen der Kunde keine Möglichkeit findet, sich zu beschweren. Und auch telefonische Beschwerde-Hotlines sind keineswegs die Regel. Vorhandene Hotlines sind häufig so überlastet, dass sie eher dazu beitragen, den Kunden durch lange Wartezeiten noch mehr zu verärgern, anstatt sein Problem zu lösen.

In den Unternehmen werden Beschwerden häufig nicht als Chance, sondern als ignorierbares Übel betrachtet. Dies äußert sich auch in der mangelnden organisatorischen Verankerung des Beschwerdemanagements. Das Ergebnis ist alarmierend: Über alle Branchen betrachtet beschweren sich nur zwei Prozent der unzufriedenen Kunden tatsächlich bei dem Unternehmen. Vor allem in wettbewerbsintensiven Märkten reagiert der Kunde bei Problemen lieber mit Abwanderung zu einem Konkurrenzunternehmen. Diese „Abstimmung mit den Füßen" gibt dem Unternehmen aber gar nicht erst die Chance auf ein professionelles Beschwerdemanagement. Der Kunde spart sich lieber den vermuteten Ärger und geht gleich zum Konkurrenzunternehmen.

Oberstes Ziel eines professionellen Customer Relationship Managements muss also zunächst einmal sein, dem Kunden die Kontaktaufnahme so einfach wie möglich zu machen. Erst in einem zweiten Schritt muss dann sichergestellt werden, dass mit der Beschwerde professionell und kundenorientiert umgegangen wird. Wenn aber der erste Schritt fehlt und sich der Kunde gar nicht erst an das Unternehmen wenden kann, läuft jedes noch so professionelle Beschwerdemanagement ins Leere.

Obwohl die meisten Unternehmen der Meinung sind, dass Beschwerdemanagement sehr positive Effekte haben kann, ist es dennoch faktisch für den Kunden meistens eher schwierig, seine Probleme an das Unternehmen zu kommunizieren. Eine Studie von Töpfer/Greff (Forschungsgruppe Management und Marketing, Universität Kassel) stellte bei den Unternehmen bemerkenswerte Defizite fest: Bei Beschwerden weigerten sich die Hälfte der Unternehmensmitarbeiter, am Telefon ihren Namen zu nennen. Der erste Ansprechpartner des Kunden ist oft selbst Teil der Beschwerde und somit kaum motiviert, diese aufzunehmen oder gar weiterzugeben. Kunden wurden bis zu 18-mal von einem Mitarbeiter zum anderen weiterverbunden, bis sie schließlich zum richtigen Ansprechpartner gelangen. Und teilweise mussten die Anrufer Wartezeiten von bis zu sieben Minuten in Kauf nehmen, bevor sie überhaupt erst mit einem Kundenbetreuer verbunden wurden. Knapp ein Viertel der Anrufer schließlich erreichte den gewünschten Gesprächspartner überhaupt nicht.

> ***„Meine Bitte, mit dem Gruppenleiter sprechen zu können, wurde mit vier Minuten Musik und dann mit der Aussage beschieden, man werde mich zurückrufen. Auf die nochmalige Bitte, den Gruppenleiter sprechen zu können, wiederholte die Sachbearbeiterin den Text wie eine Maschine. Den Namen des Gruppenleiters, der nicht mit mir sprechen wollte, konnte ich dann nach nochmals drei Minuten Musik erfahren."***
>
> Frau M. G. aus Augsburg, Beschwerde bei einem Versandhändler

Gerade in der viel zitierten Servicewüste Deutschland müssen Unternehmen, die einen überdurchschnittlichen Service bieten, dies allerdings erst einmal publik machen. Auch bei Unternehmen, die ein hervorragendes Customer Relationship Management etabliert haben, weiß der Kunde im Normalfall nichts von seinen Möglichkeiten und wird häufig eine Beschwerde lieber unterlassen als den vermeintlichen Kampf mit der Bürokratie aufnehmen. Das Unternehmen muss also nicht nur alle Kommunikationskanäle für den Kunden öffnen, sondern auch aktiv darauf hinweisen, dass es an Feedback und Beschwerden interessiert ist. Nur dann kann die auf negativen Erfahrungen mit anderen Unternehmen basierende Grundhaltung vieler Kunden ausgehebelt werden.

Neue Möglichkeiten und Vorteile durch das Internet

Das Internet öffnet für den Kunden völlig neue Kommunikationskanäle. Neben einer geringeren Hemmschwelle für den Kunden und einem einheitlichen Zugangskanal ermöglicht das Internet auch eine vereinfachte Weiterleitung und eine schnellere Bearbeitung der Kundenanliegen. Durch die strukturierte Erfassung von Beschwerden schließlich vereinfacht sich auch die Erstellung von Statistiken zu Auswertungszwecken. Diese verschiedenen Vorteile werden im Folgenden im einzelnen beleuchtet.

Geringere Hemmschwelle

Zunächst einmal vereinfacht das Internet für den Kunden den Beschwerdevorgang, weil die Hemmschwelle gesenkt wird. Es ist sehr einfach, eine Beschwerde auf einem vorgefertigten Formular an das Unternehmen zu schicken, ohne erst die Postadresse raussuchen zu müssen, den Brief auszudrucken, in einen Briefumschlag zu stecken und zum Briefkasten zu tragen. Auch im Vergleich zum Call Center verringert das Internet die Hemmschwelle. Zunächst ergeben sich bei einer Abgabe der Beschwerde per Internet keine Wartezeiten, während im Call Center Warteschleifen eher an der Tagesordnung sind. Noch viel wichtiger ist: Durch das Internet wird die direkte Konfrontation mit dem Mitarbeiter des Unternehmens vermieden. Dadurch wird die Hemmschwelle für den Kunden entscheidend gesenkt. Sicherlich ist der präferierte Weg immer abhängig von der Persönlichkeit des Kunden.

Manch einer möchte sich lieber mit einem Mitarbeiter direkt auseinander setzen, wenn er sich geärgert hat. Ein anderer möchte seine Beschwerde zwar vorbringen, scheut aber die direkte Konfrontation. Prinzipiell gilt, dass dem Kunden beide Möglichkeiten zum Kontakt mit dem Unternehmen zur Verfügung stehen sollten.

Einheitlicher Zugangskanal

Das Internet bietet Unternehmen die Möglichkeit, ihren Kunden einen einheitlichen Zugangskanal zur Verfügung zu stellen. Dadurch kann der Kunde seine Beschwerde an einer zentralen Stelle loswerden und muss sich nicht selbst durch die Organisationsstruktur des Unternehmens durchtelefonieren, um dann irgendwann beim richtigen Ansprechpartner zu landen. Auch werden verschiedene Zwischenstufen im Groß- und Einzelhandel übersprungen und der Kunde kann sich direkt an den Hersteller wenden. Dadurch wird zunächst einmal die Wahrscheinlichkeit, dass die Beschwerde eines unzufriedenen Kunden beim Unternehmen ankommt, erhöht (vgl. Abschnitt. „Zugangskanäle für den Kunden", S. 81 ff.).

Strukturierte Erfassung

Die Beschwerden können via Internet und eigens dafür aufbereitete Websites in strukturierter Form erfasst werden. Zwar bieten viele Internetseiten im Bereich „Kontakt" nur ein großes Eingabefeld, in das der Kunde seine Beschwerde oder sein Anliegen eingeben kann. Damit ist immerhin schon einmal eine Kontaktmöglichkeit für den Kunden und ein einheitlicher Zugangskanal gewährleistet. Doch in dieser Form bleiben die Kundenanliegen weiterhin völlig unstrukturiert. Der große Vorteil des Internet besteht nun gerade darin, dass Kundenanliegen mit vorstrukturierten „Formularen" gleich in strukturierter Form erfasst werden können. Dies erleichtert einerseits die Bearbeitung, andererseits aber auch die Auswertung (vgl. Abschnitt „Strukturierte Erfassung der Beschwerden", S. 102 ff.).

Vereinfachte Weiterleitung

Auf Grund der strukturierten Erfassung des Kundenanliegens kann die Beschwerde automatisiert an die richtige Stelle weitergeleitet werden. Und selbst wenn der Kunde aus Versehen die falsche Option ausgewählt hat und die Mail daher an den falschen Bearbeiter weitergeleitet wird, kann das Kundenanliegen unternehmensintern per Mail sehr schnell von einem Bearbeiter zum nächsten weitergegeben werden. Der Prozess der Weiterleitung ist sowohl von der tatsächlichen Bearbeitungszeit als auch von der gesamten Durchlaufzeit deutlich effizienter als ein Fax, ein Brief oder ein Telefonat, die von einem Mitarbeiter zum nächsten weitergeleitet werden müssen.

> ***„Im Jahre 1999 habe ich die Versicherung zum ersten Mal schriftlich gekündigt für das Jahr 2000. Im Mai vorigen Jahres kündigte ich schriftlich für das Jahr 2001. Dies können Sie auch nochmals der beigefügten Kopie entnehmen. Auf keines der Schreiben wurde reagiert, wobei ich die Kündigungsfristen mehr als eingehalten habe. Dabei wollte ich nur eine Bestätigung über die Kündigung erhalten. Als auf meine erste Kündigung im Jahr 2000 nicht reagiert wurde, sondern ein gerichtlicher Mahnbescheid kam, habe ich ihn nach einigem Zögern beglichen. In der Hoffnung, dass sich die Sache damit erledigt hat. Aber leider scheinen Sie auf meine durchgängige Naivität zu hoffen und nun jedes Jahr aufs Neue meine Kündigungen zu ignorieren. Schon wieder erhielt ich im Juni 2001 eine gerichtliche Abmahnung und noch immer keine Bestätigung, dass die Versicherung endlich mal gekündigt ist. In Ihren Schreiben haben Sie mehrfach gedroht, dass die Versicherung auch von Ihrer Seite gekündigt werden kann, wenn die Beiträge nicht gezahlt werden. Deshalb habe ich gehofft, Sie dadurch loszuwerden, doch auch hier Fehlanzeige. Ich habe mehrfach versucht, das Gespräch in der Angelegenheit mit Ihnen zu suchen. Ich habe angerufen, Faxe geschickt und E-Mails versendet. In keinster Weise wurde jemals darauf reagiert."***
>
> Herr J. K. aus Halle, Beschwerde zu einer Versicherung

Schnellere Bearbeitung

Kundenanliegen, die in strukturierter Form per E-Mail im Unternehmen ankommen, können deutlich schneller bearbeitet werden als Briefe oder Faxe. Durch die Unterstützung einer entsprechenden Software können Standardtexte mit individuellen Textblöcken kombiniert werden und so schnell passende Antworten generiert werden. Auch ist der

Versand eines E-Mails deutlich schneller und kostengünstiger als der Versand eines Briefes. Ein weiterer Vorteil von internetbasiertem CRM im Vergleich zu den häufig verwendeten Call Centern liegt auch in der asynchronen Bearbeitung von Kundenanliegen. Während im Call Center immer eine bestimmte Kapazität vorgehalten werden muss, um die Kundenanliegen in Echtzeit zu bearbeiten, können Kundenanliegen per Internet auch zeitversetzt bearbeitet werden. Das hat den Vorteil, dass vom Unternehmen weniger Pufferkapazitäten vorgehalten werden müssen und somit Kosten gespart werden können (vgl. Abschnitt „Beschwerden beantworten", S. 121 ff.).

Vereinfachte Erstellung von Statistiken

Der fundamentale Unterschied eines Beschwerdemanagements per Internet liegt vor allem darin, dass auf Basis der strukturierten Erfassung von Kundenanliegen sehr einfach statistische Auswertungen erstellt werden können. So lässt sich erheben, welche Typen von Kunden welche Arten von Anliegen haben. Beschweren sich die besonders profitablen Kunden vor allem über die Wartezeiten im Call Center oder über die Produktqualität? Warum gibt es unzufriedene Kunden, die trotzdem wieder kaufen und zufriedene Kunden, die zur Konkurrenz gehen? Solche Statistiken können wichtige Aufschlüsse für die strategische Positionierung des Unternehmens geben. Wo heute teure und langwierige Marktforschung und aufwendige Analysen erforderlich sind, um vergleichbare Daten zu erheben, lassen sich solche Auswertungen auf der Basis von strukturiert erhobenen Kundenanliegen ganz einfach erstellen (vgl. Abschnitt „Beschwerden auswerten", S. 149 ff.).

Gleichzeitig gewinnt das Internet nicht nur als Medium für die Kommunikation mit dem Unternehmen sondern auch als Medium zur Meinungsbildung eine ganz neue Bedeutung. Denn im Netz kann jeder Kunde sein Problem mit dem Unternehmen gleichzeitig auch für alle öffentlich zugänglich machen.

Neue Untersuchungen zeigen, dass die Kunden den öffentlichen Meinungsäußerungen im Internet eine erhebliche Bedeutung beimessen. Über 90 Prozent der Nutzer haben Vertrauen in die Meinungen anderer Konsumenten, die sie im Internet lesen. Als Motiv für das Schreiben von Meinungen wird von einem Großteil der Nutzer angegeben, dass sie andere Nutzer vor Fehlkäufen warnen wollen.

Insofern ist es für die Unternehmen von großer Bedeutung, wenn Beschwerden über das eigene Unternehmen im Internet veröffentlicht werden, weil sich die derzeitigen und potenziellen Kunden des Unternehmens von solchen Beiträgen in ihrem Kaufverhalten deutlich beeinflussen lassen. Auch für die Mundpropaganda haben die Meinungen im Internet eine erhebliche Bedeutung. Immerhin 75 Prozent der Befragten erzählen im Freundeskreis von Beschwerden, Lob oder Verbesserungsvorschlägen, die sie im Internet gelesen haben.

Die Bedeutung der Meinungsbeiträge für die Unternehmen wird besonders klar, wenn man ihren Einfluss auf das Kaufverhalten analysiert. Fast 84 Prozent der Befragten gaben an, dass sie zumindest manchmal auf den Kauf eines Produktes oder einer Dienstleistung verzichten, wenn sie eine negative Meinungsäußerung oder eine Beschwerde im Internet zu diesem Produkt gelesen haben.

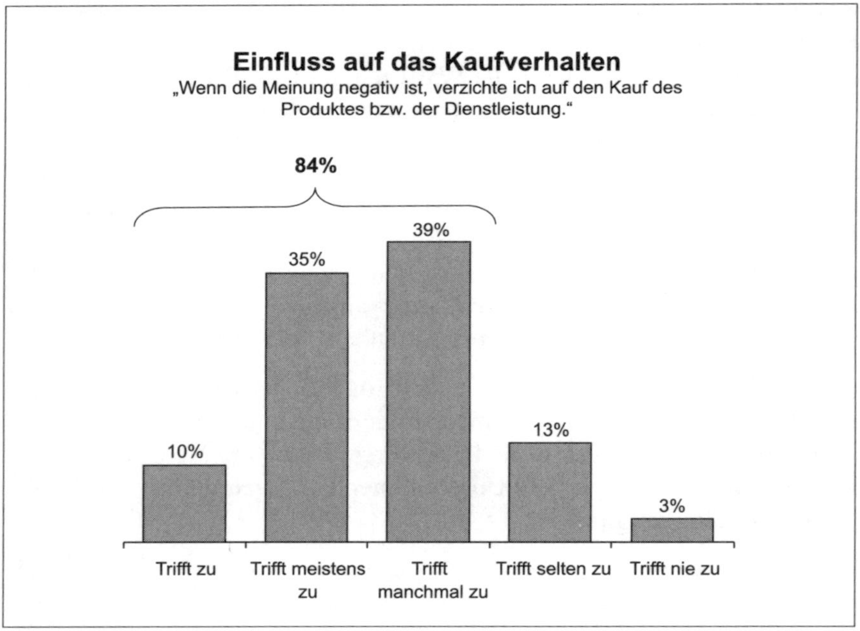

Abbildung 6: Fast 84 Prozent der Kunden lassen sich durch negative Meinungsbeiträge im Internet manchmal oder meistens in ihrem Kaufverhalten beeinflussen.
Quelle: Dr. Hennig-Thurau, Lehrstuhl Marketing I, Universität Hannover 2001

Für die Unternehmen zeigt dies deutlich, wie wichtig es ist, diese Beschwerden ernst zu nehmen und nach Möglichkeit direkt darauf zu reagieren. Und wenn die Beschwerde im Internet veröffentlicht ist, genügt es nicht, der einzelnen Person zu antworten, sondern idealerweise sollte die Reaktion des Unternehmens für jeden sichtbar direkt hinter der Beschwerde des Konsumenten veröffentlicht werden. Denn damit kann das Unternehmen eine ursprünglich negative Aussage in eine positive Botschaft umwandeln. Mit jeder öffentlichen Reaktion kann das Unternehmen das Internet nutzen, um zu demonstrieren, dass es die Beschwerden und damit auch seine Kunden ernst nimmt.

Insofern kommt dem Customer Relationship Management durch das Internet eine völlig neue Brisanz zu. Während bisher ein Kundenanliegen eine 1-zu-1-Situation zwischen Kunde und Unternehmen darstellte, wird durch das Internet plötzlich eine Vielzahl weiterer potenzieller Kunden über den Vorgang informiert. Und die Untersuchungen zeigen, dass diese potenziellen Kunden sich sehr wohl in ihrem Kaufverhalten beeinflussen lassen.

2. Wo stehen deutsche Unternehmen heute?

Kunden-Feedback in Unternehmen

Das Internet bietet Unternehmen einen idealen Zugangskanal für Fragen, Ideen, Lob oder Beschwerden seiner Kunden. Um ein optimales Customer Relationship Management zu betreiben, ist es notwendig, dem Kunden den Kontakt mit dem Unternehmen zunächst einmal so einfach wie möglich zu gestalten. Die Strategie, den eigenen Web-Auftritt nur als „Online-Katalog“ oder zusätzliches „Schaufenster“ zu nutzen, ist längst nicht mehr wettbewerbsfähig.

Für den Kunden ergeben sich zahlreiche Vorteile aus der Kontaktaufnahme über das Internet. Zunächst ist die Kontaktaufnahme viel einfacher. Es gibt kein Suchen nach Adressen, Telefonnummern oder Ansprechpartnern. Die Website des Unternehmens ist insbesondere bei Großunternehmen in der Regel über jede größere Suchmaschine in Sekundenschnelle gefunden. Es gibt kein Warten in telefonischen Warteschleifen und kein lästiges Weiterverbinden. Das Unternehmen ist von jedem Ort aus jederzeit erreichbar und der Zugang über das Internet ist für den Kunden in der Regel auch deutlich günstiger als Porto- und Telefongebühren. Und schließlich bietet das Internet dem Kunden die Möglichkeit zur angstfreien Äußerung kritischer Anliegen. Gerade in problematischen Bereichen ist es für das Unternehmen wichtig, von seinen Kunden ehrliche Informationen zu erhalten. Bei einem direkten Kontakt von Person zu Person werden diese Informationen häufig durch Höflichkeit oder auch Angst vor der persönlichen Konfrontation verschleiert.

Für das Unternehmen bilden diese Informationen die Grundlage effektiver Kundenbindung. Es gewinnt zusätzliche Informationen über seine Kunden und kann auf Basis von standardisierten und strukturierten Datensätzen einfacher statistische Auswertungen erstellen. Diese schnelle Auswertbarkeit ist insbesondere in hartumkämpften Märkten und im zunehmenden Wettbewerb von steigender Bedeutung.

Eine Untersuchung von Capital (8/2001) zeigt, dass die Dialogfähigkeit der Websites deutscher Unternehmen noch zu wünschen übrig lässt. Für die Bewertung der Dialogfähigkeit einer Website ist vor allem wichtig, inwieweit der Kunde zur Abgabe einer Meinung oder einer Beschwerde stimuliert und proaktiv informiert wurde. Die Eingabeergonomie und die Eingabeeffizienz wirken sich ebenfalls auf die Anzahl der Kundenanliegen aus, die das Unternehmen erhält. Und schließlich ist auch das Feedback des Unternehmens für den Kunden relevant.

> ***„Diese Bank schafft es seit acht Monaten nicht, mir einen vernünftigen Internet-Zugriff auf mein Aktiendepot zu gewährleisten. Wenn ich mich einloggen will, heißt es seit Monaten in etwa 30 Prozent der Fälle: ‚Die Seite ist auf Grund technischer Probleme derzeit nicht verfügbar.' Auf Grund der schleppenden Reaktionen und der vielen ‚Das-kann-ich-aber-gar-nicht-verstehen' der Bankangestellten werde ich mein Depot hier auflösen."***
>
> Frau M. Z. aus München, Beschwerde zu einer Direktbank

Um die Bedeutung dieser einzelnen Kriterien etwas greifbarer zu machen, werden im Folgenden die Bewertungskriterien zur Dialogfähigkeit anhand einer Vocatus-Untersuchung zu den Websites von 20 deutschen Automobilherstellern erläutert. Da die Websites von Unternehmen ständig überarbeitet werden, sei angemerkt, dass sich alle dargestellten Informationen auf den aktuellen Stand der jeweiligen Website im Mai 2001 beziehen. Dabei wurde neben der Bewertung der Dialogfähigkeit der Website der konkrete Kundendialog empirisch getestet. Anhand von standardisierten Anfragen über die Website bzw. über die dort angegebene E-Mail-Adresse wurden Reaktionszeit und inhaltliche Qualität der Unternehmensantworten geprüft. Auf diese Weise wurde nicht nur das Dialogpotenzial eines Internetauftritts analysiert, sondern auch dessen Realisation und Untermauerung mit entsprechenden CRM-Prozessen getestet.

„Nachdem diese Bank schon vor Monaten ihren Internetauftritt grundsätzlich überarbeitet hat und es im Rahmen dieser Umstellung zu Problemen bei der Erreichbarkeit kam (kann passieren, sollte aber nicht bei einem Geldinstitut dieser Kategorie), hat sich seitdem nicht viel geändert/verbessert. Ganz egal ob tagsüber am frühen Morgen, mittags, nachmittags, am späten Abend oder am Wochenende, die Erreichbarkeit und die Möglichkeit mein Konto online zu führen ist wirklich nicht gut. Sehr häufig (mindestens 30 % meiner Versuche) beginnt meine Online-Session mit der Fehlermeldung ‚Die Kontoumsatzdaten sind zur Zeit auf Grund technischer Probleme nicht verfügbar'. Aber damit nicht genug. Des öfteren werden Versuche, eine Online-Überweisung abzuschicken, mit einer Fehlermeldung quittiert. Und man kann dann erst einmal lange versuchen, herauszufinden, ob der Auftrag jetzt ausgeführt wurde oder nicht. Während der Umstellungsphase des Online-Auftritts kann ich diese Probleme kurzzeitig tolerieren (aber nicht gutheißen), wenn sich das jetzt aber schon über mehrere Monate hinzieht, ist das schlichtweg ein Zustand, der nicht sein darf."

Herr O.B. aus Bremen, Beschwerde zu einer Bank

Stimulation

Unter dem Bewertungskriterium „Stimulation" wird analysiert, wie der Verbraucher angeregt und angeleitet wird, sich mit dem Unternehmen in Verbindung zu setzen. Von Bedeutung ist hier vor allem, wie offensichtlich der Kunde bereits auf der Homepage auf die Möglichkeit der Kontaktaufnahme mit dem Unternehmen aufmerksam gemacht wird. Positiv zu bewerten ist hier beispielweise die Website von Mercedes-Benz, die den Kunden ganz klar und unverblümt eine Möglichkeit zur Eingabe von Beschwerden gibt. Andere Unternehmen halten sich hier lieber bedeckt und stellen nur ein generisches Kontaktfeld zur Verfügung. Neben der Aufforderung zur Meinungsabgabe ist auch von Bedeutung, ob dem Kunden alternative Kommunikationsmöglichkeiten angeboten werden. Nicht jeder Kunde möchte sich notwendigerweise über das Internet beschweren, sondern in bestimmten Fällen greift manch einer doch lieber zum Telefonhörer oder schickt ein Fax. So erhält der Kunde die Möglichkeit, den Dialog mit dem Unternehmen nach seinen eigenen Bedürfnissen zu gestalten.

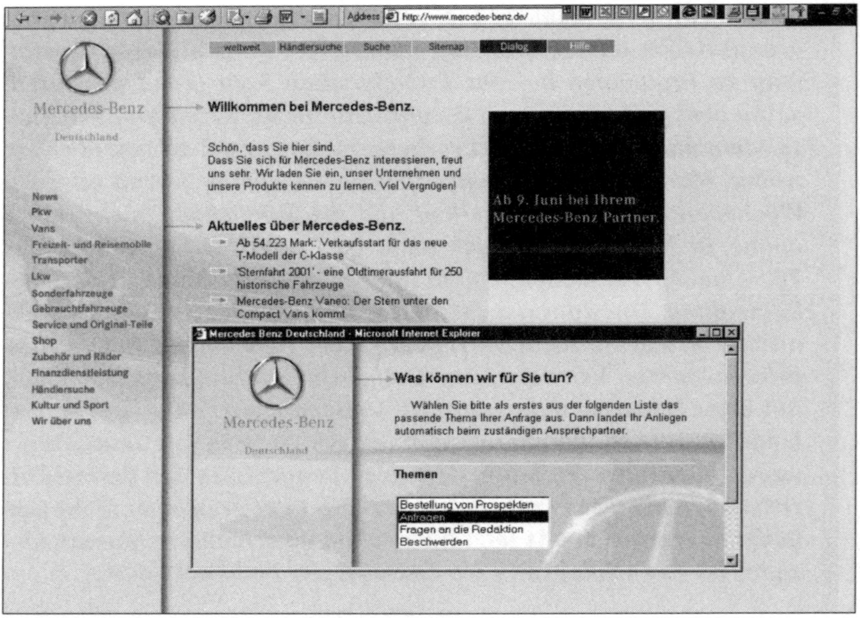

Screenshot: Mercedes – Unter der Themenauswahl im Nennpunkt „Dialog" erscheint bei Mercedes explizit der Begriff „Beschwerden" und stimuliert hierdurch die Kunden zur kritischen Meinungsabgabe

Während Peugeot dem Verbraucher Telefonnummern zu einem vergünstigten Tarif anbietet, stellen Daihatsu und Ford als einzige Automobilunternehmen den Kunden sowohl Telefonnummer als auch Faxnummer und Postadresse zur Verfügung. Leider handelt es sich hierbei nicht um für den Verbraucher kostenlose Verbindungen, so dass hier wiederum eine Hemmschwelle über den Kostenfaktor aufgebaut wird.

Und schließlich ist für die Stimulation des Kunden zur Meinungsabgabe auch eine emotionale Einleitung auf der Seite von Bedeutung. Auch hier bietet sich in der Automobilindustrie in Deutschland eher ein trauriges Bild. Neun Unternehmen verzichten gänzlich darauf, den Kunden mit einer höflichen Einleitung zu begrüßen und ihm mitzuteilen, welchen Wert seine Meinungseingabe für das Unternehmen hat. Keines der Unternehmen hat eine Entschuldigungsformel für den Fall einer Beschwerde in der Einleitung zur Meinungsabgabe platziert. Lediglich Audi, Mercedes, Toyota und Seat nutzen die Möglichkeiten der emotionalen Einleitung dazu, den Verbraucher in seiner Absicht der Meinungseingabe zu bestärken und ihm dadurch die Wertschätzung durch das Unternehmen zu vermitteln.

Proaktive Information

Auch die Chance, den Kunden schon vor der Kontaktaufnahme individuell und ausreichend zu informieren, wird von den Unternehmen häufig nicht genutzt. Ein einfacher Schritt in diese Richtung wäre die Bereitstellung von häufig gestellten Fragen, den „frequently asked questions" (FAQs), die unterstützt durch eine Stichwort-Suchfunktion erfahrungsgemäß viele Fragen schnell klären können und inzwischen branchenweit zum Internetstandard gehören.

Keines der betrachteten Unternehmen stellt dem Kunden im Vorfeld der Meinungsabgabe Informationen bezüglich seines Anliegens zur Verfügung. Das schlechte Abschneiden in diesen Unterkriterien ist allerdings branchenimmanent. Diese Erkenntnis ist überraschend vor dem Hintergrund, dass beispielsweise in der Telekommunikationsbranche nahezu alle Unternehmen in zum Teil sehr ausführlicher und aufwendiger Weise dieses Instrument nutzen.

Immerhin sieben von zwanzig Unternehmen stellen dem Kunden keinerlei Prozessinformationen zur Verfügung. Der Kunde weiß nicht, welchen Weg sein Anliegen im Unternehmen gehen wird, oder ob man sich mit ihm in Verbindung setzen wird. Weiterhin hat bei diesen Unternehmen der Kunde keinerlei Möglichkeit, die Art der Kontaktaufnahme selbst zu bestimmen. Schließlich werden die Kunden dieser Unternehmen nicht auf Datenschutzbestimmungen hingewiesen und haben keine Möglichkeit, ihre Einwilligung zur Nutzung der Daten zu Marketingzwecken zu verweigern.

Dies wird von den Kunden häufig als Bevormundung erlebt. Durch Zwischentöne dieser Art spürt der Kunde, dass das Unternehmen zwar nach außen vorgibt, an den Beschwerden und Meinungen des Kunden interessiert zu sein, dies aber nicht der wirklichen Überzeugung des Unternehmens entspricht. Der Kunde bekommt zwischen den Zeilen vermittelt, dass das Unternehmen zwar offiziell kritikfähig ist, aber am liebsten eigentlich keine Kritik hören möchte. Und der Kunde kann sich ausrechnen, welche Konsequenzen diese Einstellung für die tatsächliche Bearbeitung seiner Beschwerde hat. Unter diesen Umständen lässt sich schließlich ein Teil der Kunden von einer Meinungsäußerung abhalten.

Eingabeergonomie

Der Großteil der Unternehmen bietet zur Meinungseingabe eine Eingabemaske. In der Regel steht ein Freitextfeld zur Verfügung und die notwendigen Verbraucherdaten werden bereits in der Eingabemaske erhoben. Nur Daihatsu und Ford bieten lediglich eine herkömmliche E-Mail-Adresse.

Leider findet nur selten eine klare Trennung zwischen Fragen an das Unternehmen und z.B. Beschwerden statt. Ebenso unterbleibt bei nahezu allen Anbietern eine Vorstrukturierung der Themen oder der Produkte und Leistungen. Dies erschwert nicht nur die spätere Aus-

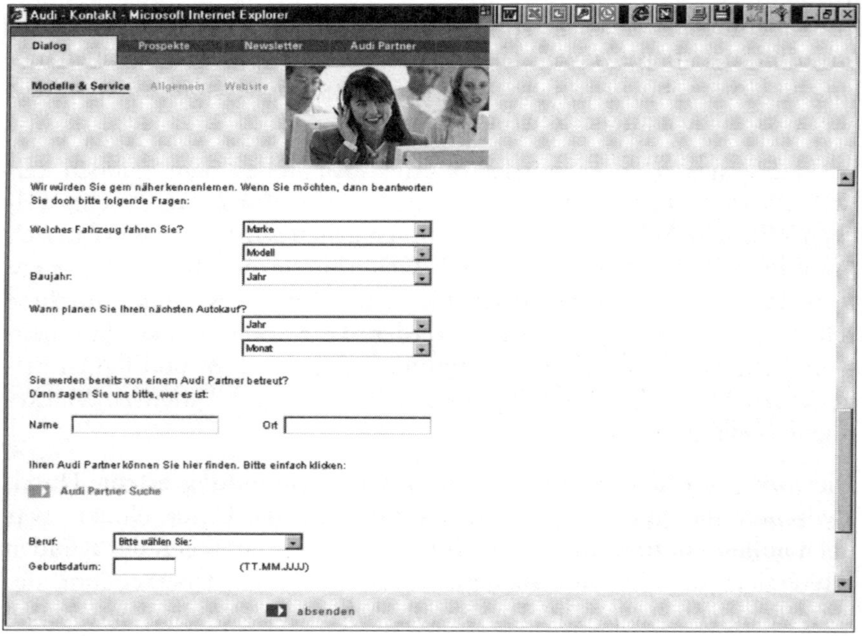

Screenshot: Audi – Vorbildliches Webdesign von Audi: Umfassende Dialogmöglichkeiten, strukturiert nach Meinungen zu Modellen und Service, zum Hersteller allgemein und zur Internetpräsenz sowie zusätzlich die (freiwillige) Erfassung von Benutzerdaten

wertung durch das Unternehmen, sondern vor allem auch die Eingabe für den Nutzer. Durch vorstrukturierende Fragen wird die Eingabehürde deutlich herabgesetzt und der Dialog aus Sicht des Kunden vereinfacht.

Neben dem Wunsch des Unternehmens, von dem Kunden so viele Informationen wie möglich zu erhalten und diese Informationen auch in möglichst strukturierter Form zu erheben, muss stets auch der Eingabeaufwand für den Kunden berücksichtigt werden. Einige Firmen gehen mit Pflichtfeldern sehr sparsam um und verpflichten den Kunden nur zur Beantwortung von Fragen, die für die weitere Bearbeitung unerlässlich sind. Andere Unternehmen hingegen markieren jede Frage als Pflichtfrage, obwohl deren Beantwortung für den weiteren Prozess nicht wirklich notwendig ist. Der Kunde, der ein Anliegen hat oder sich über das Unternehmen beschweren will, wird hier schnell unfreiwillig zum Marktforschungsteilnehmer.

Auch wenn man hier sicherlich schnell und kostengünstig zu Marktforschungsergebnissen gelangen kann, sollte dieser Weg doch mit äußerster Vorsicht gewählt werden. Es ist kein Problem, den Kunden am Ende der Meinungseingabe zu bitten, freiwillig noch einige Zusatzfragen zu Marktforschungszwecken zu beantworten. Wenn diese Fragen jedoch als Pflichtfragen gekennzeichnet sind und ein Absenden der Meinung ohne Beantwortung nicht möglich ist, wird das Unternehmen sich eher weiteren Unmut eines ohnehin schon verärgerten Kunden zuziehen.

> ***„Professionelle Webdesigner sollten wissen, dass die ‚Netto-Auflösung', also der sichtbare Bildschirminhalt abzüglich Menüs, Buttons und Rollbalken nur 780 x 420 Pixel beträgt. Was also passiert bei diesem Unternehmen? Die Buttons am unteren Bildschirmrand sind nicht lesbar und damit auch nicht benutzbar! Der Site-Besucher kann diese Funktion also schlichtweg nicht nutzen! Für wen werden die Buttons dann dort eingebaut?"***
>
> Herr J. v. T. aus Stuttgart, Beschwerde über eine Bank

Eingabeeffizienz

Die Eingabeeffizienz bewertet, wie die vielfältigen Möglichkeiten der Auswertung und Nutzung der vom Kunden zur Verfügung gestellten Informationen bereits bei der Dateneingabe berücksichtigt werden. Ergänzend zur Eingabeergonomie, die stärker aus Nutzersicht bewertet wird, bewertet also die Eingabeeffizienz aus Unternehmenssicht, wie effizient die Dateneingabe gestaltet ist, d. h. welche Nutzungsmöglichkeiten sich das Unternehmen durch die erfragten Daten offen hält.

Die Analyse zeigte: Die untersuchten Automobilhersteller – die häufig keinen direkten Endkundenkontakt besitzen – nutzen die Chance noch zu wenig. Viele Fragen, die eine leichtere Auswertung ohne zusätzlichen Aufwand von Seiten des Nutzers ermöglichen würden, bleiben ungestellt. Dies führt entweder zu erhöhtem personellen, organisatorischen und somit finanziellen Aufwand der Datenauswertung oder es macht die weitergehende Auswertung faktisch unmöglich.

Keines der von Vocatus untersuchten Unternehmen bat zum Zeitpunkt der Untersuchung im Juli 2001 Verbraucher beispielsweise um nähere Angaben zu Ort, Datum oder Uhrzeit des Vorfalls. Auch die Frage nach Namen der involvierten Mitarbeiter unterblieb. Somit wird die Chance vertan, die Angaben des Verbrauchers zur Qualitätskontrolle oder als Controlling-Instrument zu nutzen.

> ***„Zeit ist Geld ... für das Vielfliegerprogramm und den Online-Auftritt dieser Fluggesellschaft gilt das aber in jedem Fall nicht ... Hier braucht man nämlich jede Menge Zeit, um endlich die gewünschten Informationen zu erhalten. ... Auf den Internetseiten dauert es gerade beim Abrufen des Vielflieger-Kontostandes unverhältnismäßig lange, bis man endlich die gewünschten Seiten erhält. Ich habe jetzt schon an drei Tagen hintereinander versucht mein Vielflieger-Konto aufzurufen, aber es hat mir einfach zu lange gedauert. Und gerade eben habe ich wieder geschlagene 3 Minuten gewartet, um meine Kontoübersicht einsehen zu können, das ist wirklich eine Zumutung!"***
>
> Frau E. P. aus Wiesbaden, Beschwerde bei einer Fluggesellschaft

Gabler Verlag

Kompetenz in Sachen Wirtschaft

Gleichzeitig bestelle ich zur Lieferung über meine Buchhandlung:

Expl.	Autor und Titel	Preis

Besuchen Sie uns im Internet

– www.gabler.de –

mit kostenlosem Newsletter

Antwort

Gabler Verlag
Buchleser-Service / LH
Abraham-Lincoln-Str. 46

65189 Wiesbaden

Ein ähnliches Bild ergibt sich bei der Analyse der Erfragung zusätzlicher Verbraucherdaten. Die Hälfte der Automobilhersteller erhebt keinerlei zusätzliche Verbraucherdaten. Es wird weder nach soziodemographischen, noch nach psychographischen Angaben gefragt. Hier wird die Chance vertan, die pure Schilderung eines Sachverhalts mit kundenspezifischen und damit kundenbindungsrelevanten Informationen anzureichern und damit für das Unternehmen eine sinnvolle Auswertung zu ermöglichen.

Die Erfahrung mit Kundenbeschwerden zeigt, dass Kunden, die eine qualifizierte Beschwerde äußern, häufig auch direkt einen Verbesserungsvorschlag für das Unternehmen mitliefern. Hier haben die Unternehmen einen kostenlosen Zugriff auf eine reichhaltiges Ideenpotenzial, das sonst ungenutzt bleiben würde. Lediglich BMW mit seiner virtuellen Innovations-Agentur bittet den Verbraucher um Vorschläge und bietet hierfür sogar einen finanziellen Anreiz. Alle anderen Unternehmen verzichten darauf, den Verbraucher als zusätzlichen Innovationsmotor zu nutzen.

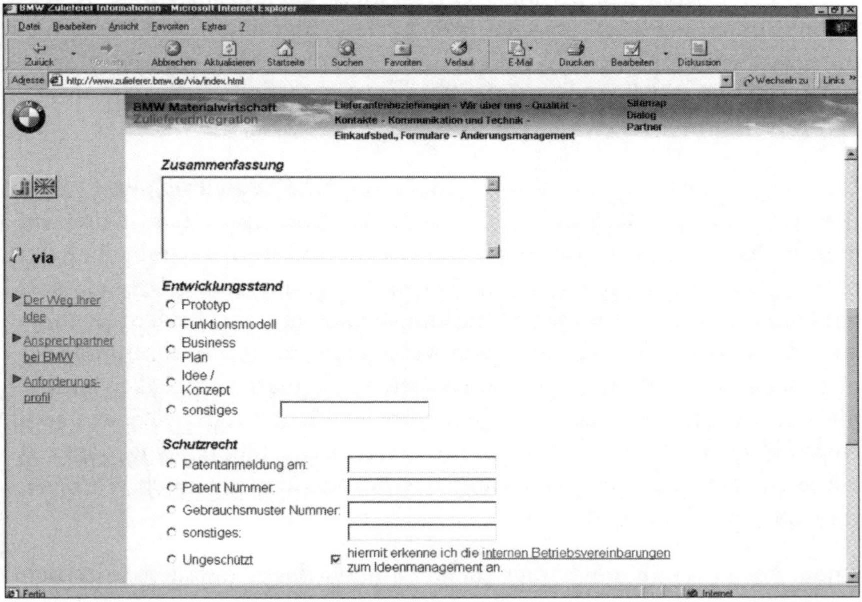

Screenshot: BMW – Mit der virtuellen Innovations-Agentur von BMW wird ein umfassendes Online-Vorschlagswesen abgebildet

Feedback

Eine ausgefeilte Eingabestruktur, möglichst ergonomisch gestaltete Eingabemasken und die Stimulierung von Kundenmeinungen sind bedeutungslos, wenn das Unternehmen nicht schnell genug oder inhaltlich und formal unzureichend auf Kundenmeinungen oder -anfragen reagiert. Bei aller Erhebung zusätzlicher Daten vom Verbraucher, Gewinnung von Informationen und Strukturierung der Eingabe bleibt die rasche und für den Verbraucher zufrieden stellende Reaktion oder Antwort auf sein Anliegen der wichtigste Faktor im Kundendialog. Schließlich erwartet der Kunde, wenn er sich mit einem Unternehmen in Verbindung setzt, eine Lösung für sein Problem. Selbst wenn alle zuvor genannten Faktoren zufrieden stellend beachtet werden, wird jeglicher positive Effekt für das Unternehmen ausbleiben, wenn der Kunde zu lange auf die Unternehmensreaktion warten muss oder eine standardisierte Antwort erhält.

Einige Unternehmen reagieren hier vorbildlich. Kataloge werden innerhalb von drei Tagen zugeschickt und auch komplizierte technische Anfragen per E-Mail werden innerhalb weniger Tage beantwortet. Andere Unternehmen hingegen beantworten E-Mails überhaupt nicht und auch die angeforderten Kataloge trafen zum Teil erst nach mehreren Wochen ein. Im Detail werden wir auf die Reaktion der Unternehmen im folgenden Abschnitt eingehen.

Das Beispiel aus der Automobilbranche zeigt die Schwierigkeit, Online-Beschwerden zu übermitteln oder überhaupt nur mit einem Unternehmen in Kontakt zu treten. Und die Automobilbranche stellt hier keineswegs eine Ausnahme dar. Das Beispiel zeigt auch, dass bei den meisten Unternehmen deutlicher Handlungsbedarf besteht. In der folgenden Tabelle wurden die Websites von verschiedenen Automobilunternehmen nach den fünf vorgestellten Kriterien Stimulation, proaktive Information, Eingabeergonomie, Eingabeeffizienz und Feedback jeweils auf einer Skala von 0 bis 20 Punkten bewertet. Die Analyse zeigt, dass teilweise hinsichtlich der Förderung des Kundendialogs noch Verbesserungspotenzial besteht.

Andererseits tendieren immer mehr Kunden dazu, mit den Unternehmen online in Kontakt zu treten, da Briefe und Faxe für den Kunden einen sehr hohen Aufwand darstellen und telefonische Hotlines häufig in vielen Punkten nicht den Erwartungen der Kunden entsprechen.

Rang		Stimulation	Proaktive Information	Eingabe-ergonomie	Eingabe-effizienz	Feedback	Gesamt
		Max: 20	Max: 20	Max: 20	Max: 20	Max: 20	100,0
1	Audi	11,0	5,3	13,3	6,7	15,8	52,1
2	Seat	9,0	3,2	12,2	5,6	15,8	45,8
3	Honda	5,0	5,3	13,3	2,2	16,7	42,5
4	BMW	7,0	2,1	10,0	8,9	14,2	42,2
5	Toyota	9,0	6,3	8,9	0,0	14,2	38,4
6	Volvo	8,0	6,3	5,6	0,0	15,8	35,7
7	Mazda	8,0	2,1	7,8	3,3	13,3	34,5
8	Opel	9,0	3,2	8,9	4,4	7,5	33,0
9	Volkswagen	8,0	4,2	11,1	0,0	9,2	32,5
10	Skoda	10,0	1,1	5,6	0,0	15,8	32,4
11	Lancia	7,0	5,3	8,9	4,4	6,7	32,0
11	Citroen	6,0	2,1	6,7	2,2	15,0	32,0
13	Peugeot	11,0	1,1	5,6	2,2	10,8	30,7
14	Mercedes	11,0	4,2	10,0	0,0	5,0	30,2
15	Fiat	9,0	1,1	10,0	0,0	10,0	30,1
16	Renault	5,0	3,2	6,7	0,0	13,3	28,2
17	Saab	6,0	1,1	6,7	0,0	10,0	23,7
18	Rover	8,0	0,0	8,9	1,1	5,0	23,0
19	Ford	11,0	1,1	1,1	0,0	8,3	21,5
20	Daihatsu	10,0	1,1	0,0	0,0	0,0	11,1

Abbildung 7: Die Websites der Automobilhersteller weisen zum Teil noch Verbesserungspotenzial hinsichtlich der Förderung des Kundendialogs auf.
Quelle: Capital 8/2001

Stichwort Servicequalität

Kundenzufriedenheit ist größtenteils determiniert durch die Erwartungen der Kunden an das Unternehmen und dadurch, wie diese Erwartungen erfüllt werden. Die Erwartungen der Kunden wiederum werden stark durch die Werbung des Unternehmens geprägt. So stellt der servicearme Supermarkt Aldi seine Kunden zufriedener als alle anderen Handelsunternehmen. Seine klare Politik kleiner Preise und guter Qualität beinhaltet keine weiteren Serviceversprechen – zur größten Kundenzufriedenheit. Der Kunde bekommt keinen Service, erwartet aber auch keinen. Hohe Beratungs- und Servicequalität verspricht dagegen der Computerhersteller Dell und kann dies in einem hochkomplexen und anspruchsvollen Segment im Branchenvergleich auch am besten einlösen.

(Un-)Zufriedenheit entsteht nämlich – abstrakt betrachtet – aus dem Abgleich zwischen Kundenerwartung und Kundenerleben. Dabei wird die Kundenerwartung maßgeblich durch bisherige Erfahrungen oder Versprechen des Anbieters begründet. Bei Dienstleistungsunternehmen richtet sich die Erwartung primär auf die Servicequalität, bei produzierenden Unternehmen stärker auf die Produktqualität. Das Versprechen aller Unternehmen lautet dabei unisono, dass selbstverständlich beste Qualität zu erwarten sei. Nun schwankt der erlebte Service in der Realität deutlich stärker als die erlebte Produktqualität eines massenhaft hergestellten Produktes. Da eine Serviceleistung immer auch von einem Menschen erbracht wird, sind Qualitätskontrolle und Standardisierung in diesem Bereich naturgemäß viel schwieriger. Zudem übertrifft das Erlebte dabei nur selten das Versprochene. Die Leistungsschwankungen beim Service bedeuten also meist Schwankungen unter das Erwartungsniveau. Aus dieser Tatsache ergibt sich eine Asymmetrie der erlebten Service- versus Produktqualität, die zu tendenziell unzufriedeneren Kunden im Dienstleistungssektor führt. Diese Asymmetrie wird insbesondere durch das Zusammenwirken der folgenden Faktoren zusätzlich verschärft:

Die Servicequalität war bisher häufig zweitrangig

Gute Servicequalität zu bieten ist schwierig und teuer: Guter Service lässt sich leicht versprechen, aber nur schwer und unter großen Kosten konsistent aufrechterhalten. Hierfür sind viele große Dienstleistungsunternehmen hervorragende Beispiele, die bei der Aufgabe scheitern, einen einheitlichen, hohen Service-Level über viele tausend Mitarbeiter und Kontaktpunkte hinweg aufrecht zu halten. Das niedrige Lohnniveau im Dienstleistungsbereich tut hier sein Übriges. Dies soll keine Entschuldigung für schlechten Service sein, es soll vielmehr aufzeigen, dass viele Unternehmen durch ihr Marketing bei den Kunden hohe Erwartungen wecken, die aus internen Gründen operativ zum Scheitern verurteilt sind und die Unzufriedenheit ihrer Kunden dadurch selbst heraufbeschwören. An vielen Stellen werden zudem noch anspruchsvolle Statusprogramme aus der Taufe gehoben, die die Kundenerwartungen weiter anheben.

Senkung der Servicequalität bringt schnelle Kosteneinsparungen

Die Kosten anspruchsvollerer Services sind zwar hoch, aber auch vergleichsweise schnell reduzierbar, wenn man bereit ist, Einschnitte beim Servicegrad in Kauf zu nehmen. Insbesondere im infrastrukturbasierten Dienstleistungsbereich (z.B. Telekommunikation, Verkehr und Energieversorgung) stehen diesen variablen Servicekosten vergleichsweise hohe Bereitstellungskosten gegenüber, die meist nur über einen deutlich längeren Zeitraum beeinflusst werden können.

Erhöhung der Servicequalität bringt bisher kaum direkten Mehrumsatz

Bei Dienstleistungen gibt es allgemein zwei Leistungsdimensionen: Preis und Service. Dabei sind beide Dimensionen weitgehend gegenläufig, denn Service kostet Geld und treibt die Kosten in die Höhe. Ein Anbieter muss folglich priorisieren, auf welcher Dimension er sich differenzieren will. Die Wirkung beider Leistungsdimensionen ist jedoch sehr unterschiedlich: Günstige Preise bedeuten mehr Neukunden, während guter Service die Bindung bestehender Kunden verbessert. Aus den Analysen zur Auswirkung der Kundenzufriedenheit und Kundenbindung auf die Profitabilität des Unternehmens ist zwar bekannt, dass eine Reduzierung des Service-Levels mit dem Ziel kurzfristiger Kostensenkungen keine langfristig sinnvolle Strategie sein kann. Dennoch greifen viele Unternehmen immer wieder zu diesem Instrument, um kurzfristige Ziele zu erreichen.

Kundenbindung als strategisches Ziel stand zum Beispiel im jungen Mobilfunkmarkt, in dem es bisher fast ausschließlich um die Verteilung ständig wachsender Neukundenzahlen ging, naturgemäß erst an zweiter Stelle. Infolgedessen wurde eine gute Servicequalität zwar auch gern versprochen, aber selten gehalten. Am Beispiel des Mobilfunkmarktes zeigt sich, dass die Servicequalität in Zukunft jedoch entscheidend sein wird. Die Rahmenbedingungen ändern sich momentan rasant und die Wichtigkeit von Servicequalität wird im Mobilfunkmarkt schnell an Bedeutung gewinnen. Dadurch werden Unterschiede im Service zwischen den verschiedenen Anbietern deutlicher: Während bisher das wichtigste Argument für einen Anbieter sein Preis war, verliert dieser Punkt bei einheitlicherem Preisniveau zunehmend an Bedeutung. Zudem konnten die Serviceunterschiede verschiedener Anbieter inzwischen erfahren werden und sind den Kunden auch zum Teil bekannt. Ihr Einfluss auf die Kaufentscheidung wird damit an Bedeutung gewinnen.

„Ich war bei Ihnen Kunde und habe Anfang Juni gekündigt. Trotzdem erhielt ich für den Folgemonat eine Rechnung über die Grundgebühr und Gesprächseinheiten. Daraufhin habe ich angerufen, um das klarzustellen. Der Mitarbeiter am Telefon sagte mir, er bringe alles in Ordnung. Dem glaubte ich und war glücklich, dass es so einfach gegangen war. Aber ca. zwei Wochen später bekam ich eine Mahnung über den Betrag. Also habe ich wieder angerufen. Der Mitarbeiter am Telefon war sehr freundlich und hat dann auch ein Teil in Ordnung gebracht. Denn kurze Zeit später bekam ich die Mitteilung, dass mir 114 DM gutgeschrieben werden. Diese werden dann mit der nächsten Rechnung verrechnet. Also habe ich wieder angerufen und gesagt. Dass es ja schön sei, dass ich 114 DM bekomme, nur dass es da ein Problem gibt. Ich bin nicht mehr Kunde bei Ihnen. Dann sagte die etwas unfreundliche Dame am Telefon, dass sie veranlassen würde, dass ich mein Geld per Scheck bekomme. Das war vor fast drei Monaten und ich habe bis heute mein Geld nicht bekommen. Sie schulden mir 114 DM!"

Herr L. W. aus Kaufbeuren, Beschwerde zu einem Telekommunikationsunternehmen

Außerdem fallen Wechselbarrieren weg: Bisher gab es für unzufriedene Kunden zahlreiche Barrieren, die sie von einem Anbieterwechsel abgehalten haben: Die Vertragsdauer, die letztlich durch die Endgerätesubvention begründet ist und vor allem die fehlende Nummernportabilität, d. h. will ein Kunde den Anbieter wechseln, verliert er seine Telefonnummer. Diese einschneidende Veränderung scheuen viele Kunden und nehmen dafür auch ein Dienstleistungsniveau in Kauf, das vielleicht nicht immer ihren Erwartungen entspricht. Mit der Abschaffung dieser Barriere verändert sich auch die Relevanz der Servicequalität in diesem Markt: Sie ist damit nicht nur die zentrale Zufriedenheitsdeterminante, sondern wird nun auch unmittelbarer das Entscheidungsverhalten der Kunden beeinflussen und damit auch als Leistungsdimension aus Sicht der Anbieter an Bedeutung gewinnen.

Telefonische Hotline

Für den Kunden sind bei der Verwendung einer telefonischen Hotline vor allem die Faktoren Erreichbarkeit, Kompetenz und Freundlichkeit von Bedeutung.

Erreichbarkeit

Eine zentrale Voraussetzung für einen qualitativ hochwertigen Service ist die Erreichbarkeit. Eine Hotline, die auf Grund technischer Probleme, unzureichend kommunizierter Servicenummern oder eines Mangels an Personal von den Kunden häufig nicht erreicht wird, wird bei den Kunden auch dann Unzufriedenheit hinterlassen, wenn die Mitarbeiter eigentlich bestens ausgebildet sind. Für die Erreichbarkeit sind wiederum verschiedene Aspekte von Bedeutung. Zunächst stellt sich die Frage, wie gut eine Hotline zugänglich ist. Ist die Telefonnummer der Hotline einfach zu finden und ist die Hotline zu den gewünschten Zeiten verfügbar? Die Frage ist auch, wie eindeutig die Rufnummer der Hotline kommuniziert wird. Häufig sind nämlich bei der Telefonauskunft, im Telefonbuch, auf der Homepage des Unternehmens sowie auf den Kundenrechnungen jeweils unterschiedliche Telefonnummern angegeben, was nicht unerheblich zu Verwirrung des Kunden beiträgt. Die Telefonnummern der Hotlines werden meist nur sehr spärlich kommuniziert. So sind sie im Telefonbuch häufig überhaupt nicht zu finden, und nur wenige Unternehmen teilen ihre Hotlinenummern auf ihrer Homepage mit.

Auch wenn der Zugang zu einer Hotline theoretisch unkompliziert sein kann, da die kommunizierten Telefonnummern eindeutig sind, existieren möglicherweise andere Barrieren, die die Erreichbarkeit behindern. Viele Hotlines zeichnen sich vor allem durch häufige Besetztzeichen aus, so dass der Kunde viele Male anrufen muss, um schließlich verbunden zu werden. Wenn dann die richtige Telefonnummer vorliegt und auch eine Verbindung hergestellt werden konnte, ist entscheidend, wie schnell und unkompliziert der Kunde den richtigen Gesprächspart-

Anbieter	Tel-Nr.	Kosten	Erreichbarkeit	Stunden	% pro Woche
12move	01 90-17 91 79	12,1 Pf. je angefangene 6 Sek.	Mo.-So. 9-22 h	91	54%
12move (2)	08 00-5 55 25 85	kostenlos	Mo.-So. 9-22 h	91	54%
ACN	07 00-99 92 26 33	keine Sonderrufnummer	Mo.-Fr. 8-23 h, Wochenende 10-15 h	85	51%
AOL	0 18 05-31 31 64	12 Pf. je angefangene 30 Sek.	rund um die Uhr	168	100%
Arcor	0 18 03-00 09 87	12 Pf. je angefangene 40 Sek.	täglich 7-22 h	105	63%
Arcor (2)	08 00-1 07 10 10	kostenlos	rund um die Uhr	168	100%
Callando/ Callisa	01 90-82 60 22	12,1 Pf. je angefangene 2 Sek.	Mo.-Fr. 8-20 h	60	36%
Compuserve	01 90-75 00 75	12,1 Pf. je angefangene 3 Sek.	täglich 7-22 h	105	63%
Comundo	01 90-15 11 11	12,1 Pf. je angefangene 6 Sek.	täglich 8-22 h	98	58%
eXpress-Net	01 80-1 55 65 56	bundesweit zum Ortstarif	Mo.-Fr. 9-17 h	40	24%
Freenet	01 80-3 01 04 31	12 Pf. je angefangene 40 Sek.	täglich 8-23 h	105	63%
Freenet (2)	01 90-75 08 50	12,1 Pf. je angefangene 40 Sek.	Mo.-Fr.7-23 h, Wochenende 8-23 h	110	65%
Ginko	01 80-5 54 46 56	12 Pf. je angefangene 30 Sek.	Mo.-Fr. 9-17 h	40	24%
GlobalServe	07 21-92 92 50	keine Sonderrufnummer!	Mo.-Fr. 9-19 h, Sa. 10-14 h	54	32%
MSN	01 90-85 12 13	12,1 Pf. je angefangene 2 Sek.	täglich 8-22 h	98	58%
N.G.I	04 0-41 42 31 02	keine Sonderrufnummer!	Mo.-Fr. 8-22 h, Sa. 10-18 h	86	51%
N.G.I (2)	0 40-41 42 31 01	keine Sonderrufnummer!	Mo.-Fr. 8-22 h, Sa. 10-18 h	86	51%
o.tel.o	01 80-5 01 05 05	12 Pf. je angefangene 30 Sek.	Mo.-Fr. 10-20h	50	30%
o.tel.o (2)	01 80-1 00 10 11	bundesweit zum Ortstarif	rund um die Uhr	168	100%

Planet Interkom	0190-8815088	12,1 Pf. je angefangene 2 Sek.	täglich 8-22 h	98	58%
Planet Internet	01805-332111	12 Pf. je angefangene 30 Sek.	täglich 10-22 h	84	50%
SurfEU	0190-761100	12,1 Pf. je angefangene 3 Sek.	rund um die Uhr	168	100%
Talkline	0190-707879	12,1 Pf. je angefangene 3 Sek.	Mo.-Fr. 8:30-22 h, Wochenende 11:30-20 h	84,5	50%
Tiscalinet	0190-771044	12,1 Pf. je angefangene 3 Sek.	täglich 9-22 h	91	54%
T-Online by call / T-DSL	0800-3305000	kostenlos	täglich 7-24 h	119	71%
Yello	0800-1900019	kostenlos	rund um die Uhr	168	100%

Abbildung 8: Die Übersicht über Hotlines von Internet Service Providern (Stand: Juli 2001) zeigt, dass es zwischen den Anbietern erhebliche Unterschiede bezüglich Erreichbarkeit und Kosten des Telefonats gibt.
Quelle: Booz Allen Hamilton 2001

ner erreicht. Dies wird zum einen durch die Effizienz des Gesprächsmanagements seitens der Hotline, falls ein solches vorhanden ist, wesentlich beeinflusst, also durch die Anzahl der notwendigen Verbindungen sowie der zu drückenden Tasten in einem Gesprächsmanagementsystem.

Zum anderen spielt aber auch eine Rolle, wie schnell das System bzw. der Mitarbeiter die Weiterverbindung bewerkstelligt. Kaum ein Kunde akzeptiert Wartezeiten von mehreren Minuten, ohne dass die Zufriedenheit mit dem Unternehmen deutlich sinkt. Und dennoch gibt es immer wieder Kunden, die so verzweifelt versuchen, mit einem Unternehmen in Kontakt zu treten, dass sie 45 Minuten in einer gebührenpflichtigen Hotline warten, nur um irgendwann die Chance zu haben, mit einem Servicemitarbeiter zu sprechen.

Schwierig ist es nicht nur, die jeweilige richtige Telefonnummer zu finden, sondern auch die Kosten eines Anrufs sowie die Zeiten, zu denen die Hotline besetzt ist, eindeutig herauszufinden. Der Vergleich der telefonischen Erreichbarkeit am Beispiel der Internet Service Provider zeigt deutliche Unterschiede zwischen den verschiedenen Anbietern auf.

Die Erreichbarkeit der Hotlines schwankt zwischen „Mo–Fr 9-17 Uhr", was nur einer gesamten Verfügbarkeit von 24 Prozent entspricht und einer vollen Verfügbarkeit rund um die Uhr an allen Tagen der Woche. Auch die Kosten eines Telefonats mit der Hotline unterscheiden sich von Anbieter zu Anbieter deutlich.

Als besonders kundenfreundlich hervorzuheben sind hier natürlich vollständig kostenlose Rufnummern. Alle anderen Nummern führen häufig zu Kostenintransparenz für den Kunden. Den meisten Kunden ist zwar der Unterschied zwischen einer 0180- und einer 0190-Rufnummer klar. Aber dass es auch Unterschiede innerhalb der 0180-Nummern gibt, ist vielen Kunden nicht bewusst. Und der Unterschied zwischen 01801 und 01805 ist erheblich – wie die Übersicht zeigt. Die wenigsten Kunden wissen auswendig, ob eine 01805-Nummer oder eine 01901-Nummer kostengünstiger ist. Gänzlich scheitern die meisten an der Frage, ob denn nun von Stuttgart aus der Anruf bei einer 040-Nummer oder bei einer 01805-Nummer günstiger ist.

„Ich habe seit einiger Zeit ein Handy, und möchte mich über die Art des ‚Abkassierens' in Warteschleifen beschweren. Wenn man das Unternehmen anrufen möchte, um z. B. seine Mailbox abzubestellen, muss man einen kostenpflichtigen Anruf führen. Abgesehen davon, dass man solche Funktionen auch ganz einfach automatisiert in den kostenlosen Kontoserver einfügen könnte, finde ich es schon etwas unverschämt, dass man nicht etwa die Zeit bezahlt, ab wann man mit dem Service-Team redet, sondern schon die Zeit, in der man die Melodie ertragen muss. Gut, dass dort nicht genug Telefonisten eingestellt werden, ist ein Problem. Dass man sich aber die Wartezeit voll vergüten lässt, der Kunde dieses Manko also indirekt fördern muss, ist meines Erachtens nicht richtig. Am schlimmsten finde ich das Ganze dann noch, wenn man dann einfach aus der Leitung geworfen wird. Man muss also quasi für einen Warteschleifenanruf bezahlen, ohne auch nur eine Sekunde mit einer echten Person zu sprechen."

Herr M. S. aus Oldenburg, Beschwerde zu einem Telekommunikationsanbieter

Es existieren große Unterschiede bei den Erreichbarkeiten der Hotlines. Ein bracheninterner Standard hat sich noch nicht etablieren können. Eine Erreichbarkeit „rund um die Uhr", also täglich 24 Stunden, wird von AOL, den allgemeinen Kundenhotlines von Arcor und o.tel.o, von SurfEU sowie von Yello angeboten. Bei Yello ist diese Hotline aber nicht nur für die Internet-Nutzer reserviert, sondern gilt ebenso für die Strom-Kunden. Schlecht erreichbar sind die Service-Nummern von eX-press-Net und Ginko. Beide Hotlines sind ausschließlich werktags von 9 bis 17 Uhr für ihre Kunden da. Die „Wenignutzer" im Internet, die typischerweise in den Abendstunden oder am Wochenende surfen, bleiben bei diesen Hotlines außen vor. Auch Callando/Callinsa und der technische Support von o.tel.o sind ausschließlich von Montag bis Freitag zu erreichen, dann aber zumindest bis 20 Uhr. Die technischen Fragen der o.tel.o-Kunden werden darüber hinaus von der allgemeinen Hotline, die rund um die Uhr erreichbar ist, aufgenommen und an die technische Hotline weitergereicht.

Wie die Beispiele zeigen, scheitert die telefonische Kontaktaufnahme mit einem Unternehmen häufig schon allein an der Erreichbarkeit. Und wie wichtig die telefonische Erreichbarkeit sein kann, zeigt das folgende Beispiel einer Bank. Die Direktbanktochter einer großen deutschen Bank hatte gemeinsam mit der Telekom eine groß angelegte Marketingkampagne zur Zeichnung der Telekom-Aktie gestartet. Jedem, der die Aktie über die Bank zeichnete, wurde ein kostenloses Depot versprochen. Außerdem garantierte die Telekom zusätzliche „Bonus-Aktien" für diejenigen, die ihre Papiere mindesten zwei Jahre halten. Die Reaktionen der Kunden und damit der Erfolg ließen nicht lange auf sich warten. Die Hotlines der Bank waren hoffnungslos überlastet, die Faxe waren ständig besetzt. Filialen hatte die Bank nicht, also standen die Menschen in mehreren hundert Meter langen Schlangen vor dem einzigen Schalter der Firmenzentrale an.

Die Verantwortlichen hatten jedoch nicht bedacht, dass nicht nur die Kleinanleger, die über die Telekom-Aktie ihren Einstieg in die Börsenwelt fanden, Probleme mit der Erreichbarkeit hatten, sondern auch die bisherigen Kunden. Diesen Kunden, die bereits längere Jahre im Aktienhandel tätig waren, über größere Volumina verfügten und sehr aktiv im Börsengeschäft waren, war es plötzlich unmöglich, ihre Bank zu erreichen und ihre Orders in Auftrag zu geben. Auch für sie waren die

Telefon- und Faxleitungen konstant besetzt, stürzten Server ab und kamen Orders nicht mehr durch. Nun handelten die wenigsten dieser Kunden mit Telekom-Aktien, sondern beispielsweise mit zeitkritischen Optionsscheinen. Einige dieser Leute konnten tagelang ihre Optionsscheine nicht verkaufen oder andere schnelllebige Geschäfte nicht tätigen. Das Ergebnis war, dass einige dieser Kunden hohe finanzielle Verluste in Kauf nehmen mussten und wütend die Bank wechselten. Es stellt sich die Frage, ob der zusätzliche Gewinn der zahlreichen Neukunden, die größtenteils Kleinanleger waren, den entgangenen Gewinn durch den Verlust von einigen älteren Großkunden ausgleichen konnte.

Die betreffende Bank hat ihre Lektion daraus gelernt. Über den Ausbau des Call Centers und des Online-Service hinaus wurde für die sehr aktiven und vermögenderen Kunden eine eigene Hotline eingerichtet. Ein speziell geschultes Team betreut diese wichtigen Kunden und geht auf ihre spezifischen Bedürfnisse ein. Denn gerade bei einem Unternehmen, dass nur telefonisch und über das Internet erreichbar ist und zeitkritische Geschäfte wie den Handel mit Aktien vornimmt, ist die Erreichbarkeit überlebensnotwendig.

Kompetenz

Das Kernelement jeder Hotline ist die Kompetenz der Mitarbeiter, die für die Beantwortung der Kundenanfragen per Telefon oder E-Mail verantwortlich sind. Die Kunden, die sich an die Hotline wenden, erwarten in erster Linie präzise und natürlich richtige Antworten auf ihre Fragen.

> ***„Nach stundenlangen Versuchen, die Hotline von einem Festnetztelefon aus zu erreichen, konnte ich mich dort einmal wieder über die Inkompetenz der dortigen Mitarbeiter freuen. Nach täglich ca. einer Stunde(!) Anwahlversuche zur Hotline und der mehrfachen(!) Schilderung des Problems konnte ich letztendlich zumindest erfahren, dass ich kein Einzelfall sei, sondern dass es in der ganzen Stadt Probleme gäbe."***
>
> Herr T. P. aus Würzburg, Beschwerde zu einem Mobilfunkanbieter

Auch hier zeigt die Statistik ein eher trauriges Bild. Die Richtigkeit der Antworten, die die Hotline-Mitarbeiter in einem branchenweiten Test gegeben haben, ist über alle Anbieter hinweg mit 64 Prozent noch stark verbesserungswürdig. Mit 37 Prozent waren lediglich gut ein Drittel der gegebenen Antworten über alle Anbieter hinweg völlig richtig. Die anderen Aussagen waren entweder nicht korrekt, oder aber zwar korrekt, aber nicht vollständig.

Auf Grund der häufigen Fehlaussagen bei Hotlines sind viele Kunden dazu übergegangen, bei Fragen oder Problemen generell die gleiche Hotline 4- bis 5-mal anzurufen. Erst wenn die Antworten aller Mitarbeiter übereinstimmen, trauen sie der Aussage. Anderenfalls rufen sie solange an, bis der Sachverhalt durch viele kleine Teilaussagen schließlich von allen Seiten beleuchtet wurde und sich der Kunde sein eigenes Bild machen konnte. Neben einer steigenden Unzufriedenheit des Kunden führt dies vor allem auch zu einer Vervielfachung des Anrufaufkommens im Call Center. Es müssen noch mehr Leute eingestellt werden, die dann wiederum schlecht geschult sind, noch schlechtere Auskünfte geben und damit noch mehr Anrufe provozieren.

Viele Hotlines reagierten auf Anfragen per E-Mail nicht selten mit einem Rückruf. Dies ist bei der Lösung komplizierterer Probleme oder der Übermittlung komplexerer Antworten, die eventuell auch Nachfragen erfordern, sicherlich sinnvoll. Allerdings erfolgen diese Rückrufe oft ohne Berücksichtigung der Tatsache, dass der Kunde explizit um eine Antwort per E-Mail gebeten hatte. Ein weiterer negativer Punkt ist die Tatsache, dass in den Antworten sehr oft auf die Händler verwiesen wird, über den nähere Informationen zu bekommen seien. Dies gilt auch für Informationen, die ohne weiteres per E-Mail mitteilbar gewesen wären.

„Seit 2 Monaten ist es mir nicht mehr möglich, mich auf der Banken-Homepage zum globalen Onlinebanking anzumelden. Ich bekam jedes Mal die Meldung ‚Die Kommunikation mit dem Rechner ist gestört: Fehler 9901'. Ich habe 8-mal bei der angegebenen Hotline angerufen. Jedes Mal (!) nannte man mir eine andere Ursache!!! Von Erklärungen wie ‚ich dürfte in meinen Browser keinen Link auf die Unternehmens-Homepage setzen', von angeblicher ‚defekter Diskette, worauf der Schlüssel enthalten ist' (wow, was für eine Ferndiagnose !), bis ‚Serverarbeiten' war wirklich alles dabei."

M. G., Hamburg, Beschwerde bei einer Bank

Freundlichkeit

Neben der inhaltlichen Kompetenz der Hotline-Mitarbeiter ist ein wesentlicher Aspekt des Services auch die Frage, inwieweit der Mitarbeiter in der Lage ist, eine angenehme Gesprächsatmosphäre zu schaffen, die dem Kunden das Gefühl gibt, freundlich behandelt und mit seiner Frage ernst genommen zu werden. Dabei ist sowohl die Freundlichkeit und Höflichkeit relevant, als auch die Frage, inwieweit der Gesprächspartner bestimmte Konventionen bei der Begrüßung und Verabschiedung einhält. Ein weiteres Merkmal für eine angenehme Gesprächsatmosphäre stellt das Ausmaß der Bemühungen seitens des Hotline-Mitarbeiters dar, eine adäquate und individuelle Lösung für das Problem des Kunden zu finden. Besonders hier entscheidet sich, ob ein Kunde sich als solcher ernst genommen fühlt oder sich wie ein „lästiger Bittsteller“ vorkommt.

Im Vergleich zu den Problemen mit der Erreichbarkeit und der Kompetenz der Mitarbeiter bei Hotlines ist die Freundlichkeit der Hotline-Mitarbeiter verhältnismäßig hoch und gibt eher selten Anlass zu Beschwerden.

Wie reagieren die Unternehmen?

Es ist nur allzu verständlich, dass auf Grund der Probleme bei der Erreichbarkeit von Hotlines immer mehr Kunden dazu übergehen, Unternehmen per E-Mail zu kontaktieren. Dies zeigt sich vor allem in einem ständig wachsenden E-Mail-Volumen, das bei den Unternehmen registriert wird.

Dennoch haben viele Unternehmen für Beschwerden per E-Mail keinen einheitlichen Prozess und auch kein strukturiertes Reportingsystem installiert. Für den Kunden ergibt sich bei einer E-Mail-Beschwerde „nur“ das Problem, die E-Mail-Adresse des Unternehmens ausfindig zu machen. In den meisten Fällen ist aber auf der Homepage des Unternehmens zumindest irgendeine Möglichkeit vorhanden, mit dem Unternehmen per E-Mail in Kontakt zu treten. Wenn dies nicht der Fall ist, ist in den allermeisten Fällen die Adresse *info@unternehmen.de* oder *webmaster@ unternehmen.de* eine valide Adresse. Allerdings steht zu vermuten, dass diejenigen Unternehmen, die ihren Kunden noch nicht einmal auf der Homepage des Unternehmens eine Kontakt-E-Mail-Adresse zur Verfügung stellen, auch kein sonderlich hohes Interesse an der Beantwortung der Kundenanliegen haben dürften. Denn während im Call Center die Erreichbarkeit das zentrale Problem ist, ist bei E-Mail-Kundenanliegen die Antwortquote der Unternehmen die zentrale Größe.

Im Folgenden werden daher verschiedene Kriterien betrachtet. Zunächst wird geprüft, ob die Unternehmen überhaupt auf ein Kundenanliegen antworten und wie schnell diese Antwort erfolgt. Im Anschluss wird analysiert, wie zufrieden die Kunden dieses Unternehmens im Schnitt mit den Antworten sind und wie dadurch die Wiederkaufswahrscheinlichkeit beeinflusst wird.

Diese Informationen wurden von Vocatus über eine direkte Befragung der Kunden erhoben. Für die Statistik wurden alle Kunden, die im Zeitraum von Mai bis Juli 2001 über die Internet-Plattform von Vocatus zu einem bestimmten Unternehmen ein Lob, eine Beschwerde oder einen Verbesserungsvorschlag eingegeben haben, schriftlich befragt. Dabei wurden Kundenanliegen zu insgesamt 40 Branchen eingegeben, die alle in direktem Endkundenkontakt stehen. Alle Kundenanliegen wurden von Vocatus direkt an die betreffenden Unternehmen weitergeleitet. Drei Wochen, nachdem der jeweilige Kunde sein Anliegen an das Unternehmen geschickt hatte, wurde der Kunde per E-Mail befragt, ob er von dem Unternehmen eine Antwort erhalten hat. In diesem kurzen Fragebogen wurde zusätzlich erhoben, wie er mit der Antwort des Unternehmens zufrieden ist, wie schnell das Unternehmen geantwortet hat und wie die Antwort des Unternehmens seine zukünftigen Kaufentscheidungen beeinflusst hat. Insgesamt haben über 7500 Kunden auf den Fragebogen geantwortet.

Abbildung 9 zeigt zunächst starke Unterschiede zwischen den einzelnen Branchen hinsichtlich der Beantwortung von Kundenanliegen. Da über das Internet häufig auch Lob oder Verbesserungsvorschläge an das Unternehmen herangetragen werden, die nicht notwendigerweise eine Antwort erfordern, wurden für diese Statistik nur die Anliegen von Kunden einbezogen, die explizit eine Antwort von dem Unternehmen erwartet haben. Über alle 40 Branchen ergibt sich eine durchschnittliche Antwortquote der Unternehmen von 28 Prozent. Im Klartext heißt dies: Nur knapp ein Drittel aller Kunden, die sich mit einer Beschwerde an ein Unternehmen gewandt haben, haben tatsächlich auch eine

Antwort erhalten. Diese Zahlen zeigen, dass auf Seiten der Unternehmen dringender Handlungsbedarf besteht.

> ***„Das ist jetzt die dritte und letzte E-Mail, die ich an Sie sende. Ich habe bereits zweimal um meine Kontonummer gebeten. Was will ich mit Ihren Passwörtern, wenn ich keine Kontonummer habe? Wenn Sie mich als Kunde nicht haben wollen, dann kann ich das akzeptieren, aber das sollten Sie mir dann schon mitteilen, damit ich mich nach einer anderen Bank umsehen kann."***
>
> Herr J. K. aus Kusterdingen, Beschwerde zur einer Direktbank

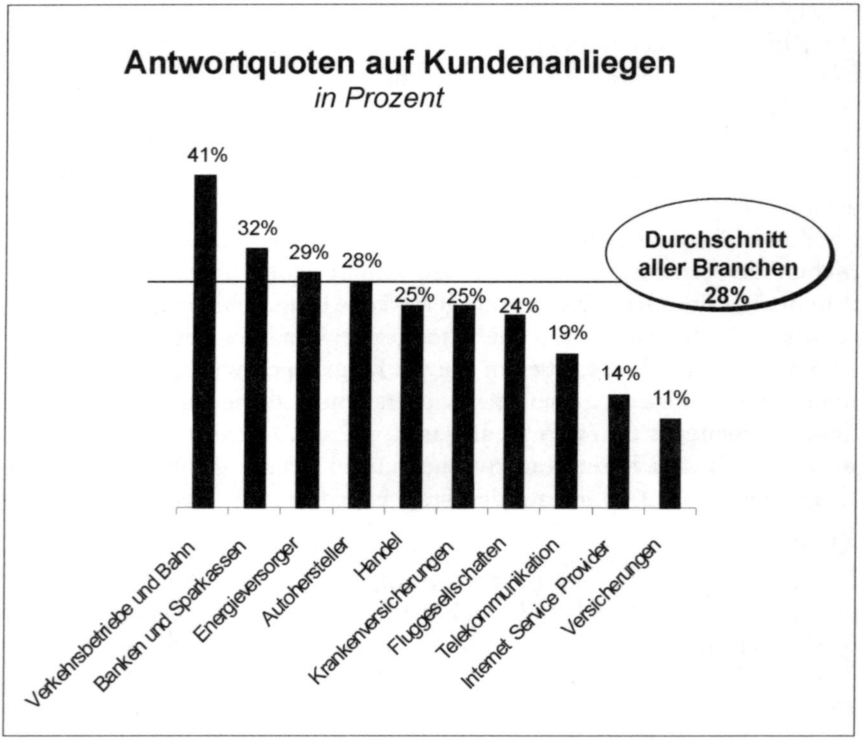

Abbildung 9: Die Antwortquoten auf Kundenanliegen unterscheiden sich von Branche zu Branche stark, sind aber tendenziell in allen Branchen sehr niedrig.
Quelle: Vocatus 2001

Die Zahlen zeigen aber auch, dass die Beantwortung von Beschwerden nicht unbedingt etwas mit der Häufigkeit von Beschwerden zu tun hat. Gerade Quasi-Monopol-Unternehmen wie die Deutsche Post und die Deutsche Bahn haben einen sehr hohen Prozentsatz von Kunden, die sich beschweren. Von allen Kundenanliegen, die diese Unternehmen über Vocatus erhalten, bringt es die Deutsche Post auf einen Anteil von 75 Prozent Beschwerden, dicht gefolgt von der Deutschen Bahn mit 73 Prozent Beschwerden. Bei den restlichen Anfragen handelt es sich um Lob oder Verbesserungsvorschläge. Die beiden Unternehmen zählen damit in Deutschland zu den Unternehmen, die prozentual die meisten Beschwerden erhalten. Interessanterweise beschäftigen sich aber gerade diese Unternehmen besonders intensiv mit den Beschwerden ihrer Kunden und weisen deutlich überdurchschnittliche Antwortquoten auf.

Auch innerhalb einer Branche zeigen sich von Unternehmen zu Unternehmen starke Unterschiede in der Antwortquote, wie das folgende Beispiel der Paketzustelldienste zeigt: Die Schwankung reicht von einer Antwortquote von 73 Prozent aller Online-Beschwerden bei der Deutschen Post bis hin zu UPS, die nur 4 Prozent aller Online-Beschwerden beantworten.

Neben der Antwortquote ist für den Kunden auch die Antwortgeschwindigkeit interessant. Hier zeigt sich innerhalb der deutschen Wirtschaft ein recht erfreuliches Bild. Wie das Beispiel der Branche „Banken und Sparkassen" zeigt, werden in dieser Branche immerhin 92 Prozent aller Kundenanliegen, die beantwortet werden, innerhalb von einer Woche beantwortet. 70 Prozent der Kundenanliegen werden sogar innerhalb von drei Tagen beantwortet. Dabei ist allerdings zu beachten, dass für diese Statistik nur Kundenanliegen berücksichtigt wurden, die überhaupt beantwortet wurden. Auch wenn die Bankenbranche hier sicherlich zu den Spitzenreitern gehört, setzt sich das Bild in den anderen Branchen fort. Im Durchschnitt aller Branchen mit direktem Endkundenzugang erhalten immerhin 85 Prozent der Kunden, die überhaupt eine Antwort erhalten, diese Antwort innerhalb der ersten Woche nach Absendung des Kundenanliegens. Dies ändert jedoch nichts an der generellen Problematik, dass auch im Bankenbereich nur 32 Prozent der Kunden überhaupt eine Antwort auf ihr Anliegen erhalten.

Die Statistik zeigt also, dass diejenigen Kunden, die überhaupt eine Antwort vom Unternehmen erhalten, diese Antwort verhältnismäßig schnell

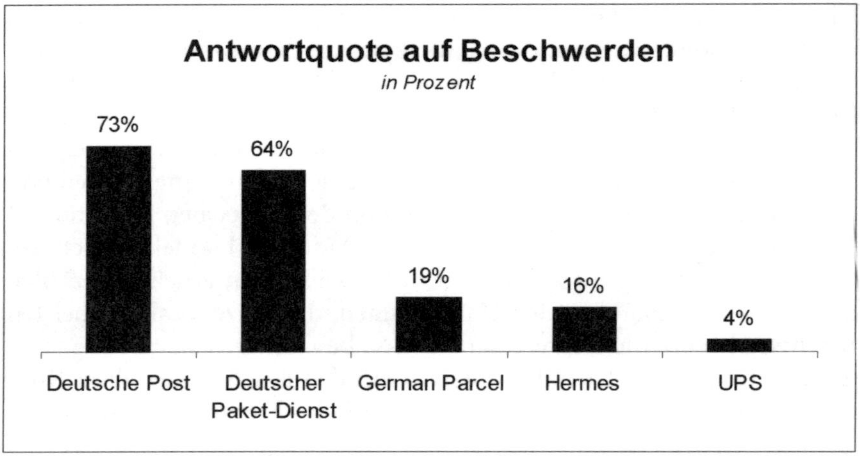

Abbildung 10: Die Deutsche Post beantwortet 73 Prozent aller Online-Beschwerden, während es UPS nur auf eine Quote von 4 Prozent schafft.
Quelle: Vocatus 2001

erhalten. Je nach Kundenanliegen, Schwere und Dringlichkeit des Anliegens kann natürlich auch eine Antwortzeit von einer Woche zu langsam sein. Aber auch im Durchschnitt aller Branchen werden immerhin 60 Prozent aller Antworten innerhalb der ersten drei Tage verschickt, was für die meisten Anliegen eine angemessene Antwortfrist sein dürfte. Immerhin 85 Prozent werden innerhalb der ersten Woche beantwortet.

Diese Ergebnisse zeigen, dass die Nutzung des Online-Mediums den Taktschlag deutlich erhöht hat. Bei einer schriftlichen Beschwerde, die ein Kunde per Brief abschickt, ist eine Beantwortung innerhalb der ersten drei Tage eher unwahrscheinlich. Durch das schnelle Kommunikationsmedium steigt allerdings die Erwartungshaltung der Kunden. Der Kunde ist an das schnelle Medium E-Mail gewöhnt und erwartet vom Unternehmen eine entsprechend schnelle Antwort.

Die Ergebnisse zeigen auch, dass ein Kunde, der nach zwei Wochen noch keine Antwort vom Unternehmen erhalten hat, diese aller Wahrscheinlichkeit nach nicht mehr bekommen wird. Für die meisten Kunden bedeutet dies, einen neuen Anlauf zu starten und noch einmal auf diesem oder auf einem anderen Weg zu versuchen, mit dem Unternehmen in Kontakt zu treten.

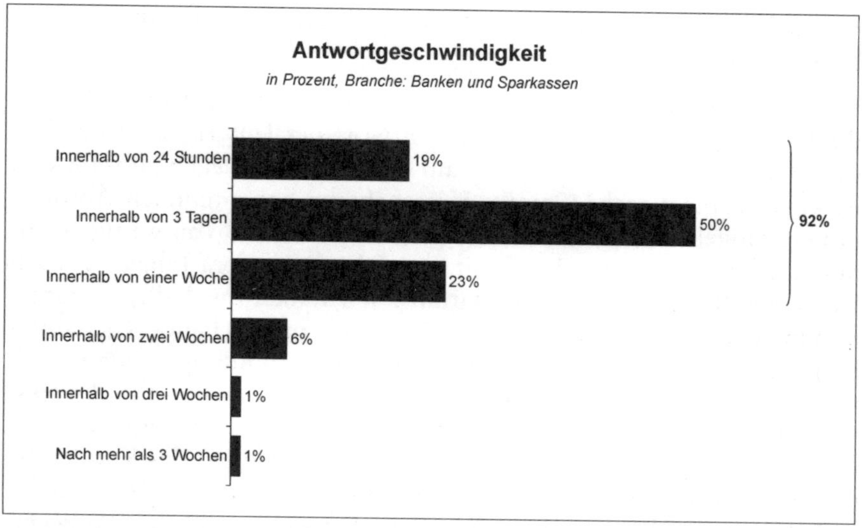

Abbildung 11: In der Branche Banken und Sparkassen werden 92 Prozent aller Antworten auf Kundenanliegen innerhalb von einer Woche verschickt.
Quelle: Booz Allen Hamilton 2001

Alles in allem zeigt sich ein Kommunikationsdilemma: Der Kunde versucht auf verschiedenen Wegen mit dem Unternehmen in Kontakt zu treten und findet kein Gehör. Die Hotlines sind nur mit sehr viel Geduld zu erreichen, für Beschwerden ist niemand wirklich zuständig und E-Mails an das Unternehmen werden zum Großteil nicht beantwortet. Der Kunde hat das Gefühl, mit einer anonymen Wand zu sprechen. Das Unternehmen ist für ihn nicht greifbar.

Zur gleichen Zeit versucht das Unternehmen nicht minder aufwendig, über Marketingmaßnahmen und Directmailings mit Kunden in Kontakt zu treten. Und auch das Unternehmen findet kein Gehör. Denn die Kunden werden mit Werbebriefen und Werbemails jedweder Art überflutet und reagieren einfach nicht mehr. Die Analyse der Rücklaufquoten von Werbemailings zeigt ein frustrierendes Bild. Und: Neukundengewinnung auf diesem Weg ist außerordentlich teuer, weil eine immense Masse von potenziellen Kunden angesprochen werden muss, damit tatsächlich einige wenige echte Kunden dauerhaft übrig bleiben. Dabei wäre es für die Unternehmen so einfach, mit ihren Kunden in Kontakt zu kommen. Sie müssten nur auf die Beschwerden und Anliegen ihrer Kunden antworten.

Nur zu antworten, reicht jedoch nicht. Denn als Nächstes stellt sich die Frage, ob die Kunden mit der Antwort des Unternehmens zufrieden sind. Eine schnelle Antwort auf ein Kundenanliegen zu schicken, ist kein Problem mehr – einige Unternehmen haben einfach Autoresponder eingebaut. Der Kunde erhält dann innerhalb von wenigen Minuten oder Stunden ein Mail mit ungefähr folgendem Inhalt: „Vielen Dank für Ihr Schreiben vom (Datum). Wir haben Ihr Anliegen aufgenommen und werden es umgehend an die entsprechende Fachabteilung weiterleiten, die sich dann mit Ihnen in Verbindung setzen wird." Grundsätzlich ist es natürlich positiv, den Kunden über alle Prozessschritte auf dem Laufenden zu halten, damit er genau weiß, was gerade mit seinem Anliegen passiert. Für die Zufriedenheit des Kunden ist es aber wichtig, dass der Eingangsbestätigung auch eine professionelle Antwort des Unternehmens folgt – und zwar in einer dem Anliegen angemessenen Frist.

> ***„Am 4.6.2001 schickte meine Frau eine E-Mail an Sie mit dem Vorschlag einen Zeitvertrag umzuwandeln. Die Eingangsbestätigung erfolgte immerhin schon nach 3 Stunden. Bis heute (5 Wochen später) ist noch keine Antwort erfolgt – weder eine Zusage noch eine Absage. Ich frage mich wozu richtet man einen superschnellen E-Mail-Service ein, wenn die Antwort Wochen auf sich warten lässt?"***
>
> Herr U. H. aus Blomberg, Beschwerde zu einem Telekommunikationsunternehmen

Ein anderer Autoresponder, der von Unternehmen gerne eingesetzt wird, klingt ungefähr so: „Vielen Dank für Ihr Schreiben vom (Datum). Bitte teilen Sie uns noch mit, wo wir Sie tagsüber telefonisch erreichen können, damit sich unsere Fachabteilung direkt mit Ihnen in Verbindung setzen kann."

Natürlich gibt es gute Gründe, warum ein Unternehmen lieber telefonisch statt schriftlich antwortet. Bei komplizierten Sachverhalten, bei denen von Seiten des Unternehmens noch mehrere Rückfragen bestehen, lässt sich das Problem häufig telefonisch einfacher und schneller klären. Gegen eine Rückfrage mit der Bitte um Mitteilung der Telefonnummer ist dann natürlich nichts einzuwenden. Wenn aber auch eine

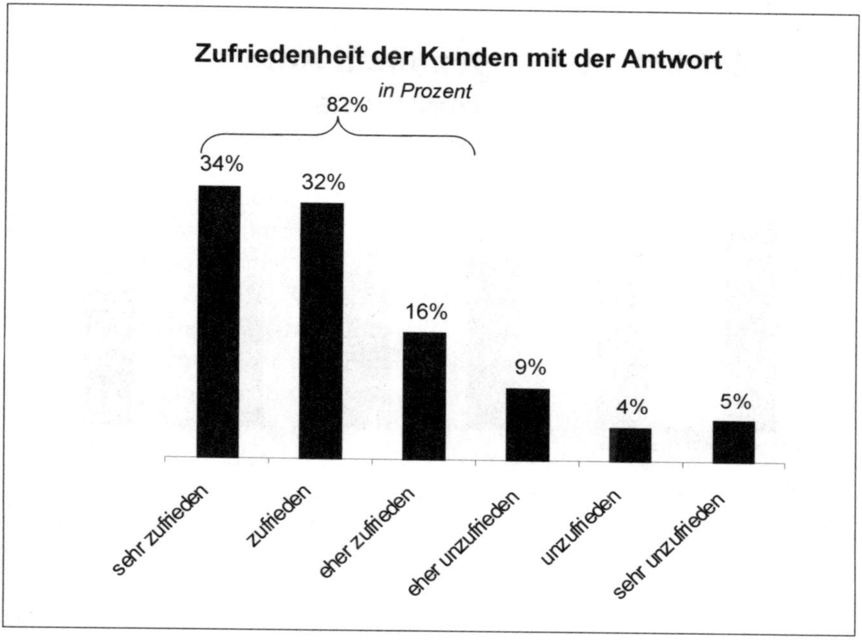

Abbildung 12: Im Durchschnitt aller Branchen sind über 82 Prozent mit der Antwort der Unternehmen eher zufrieden, zufrieden oder sogar sehr zufrieden.
Quelle: Vocatus 2001

einfache Preisanfrage zunächst einmal mit einer Rückfrage nach der Telefonnummer beantwortet wird, stellt sich die Frage, ob das Unternehmen auf die Kundenanliegen überhaupt eingehen möchte, oder ob es nicht vielmehr darum geht, Kunden „höflich abzuwimmeln".

Doch auch abgesehen von Autorespondern oder standardisierten Rückfragemails oder Antwortmails kann es passieren, dass ein Unternehmen dem Kunden auf seine Beschwerde antwortet und der Kunde mit dieser Antwort nicht zufrieden ist. Dieser Fall tritt jedoch höchst selten auf. Insgesamt 82 Prozent der Kunden sind mit der Antwort des Unternehmens zufrieden. Nur 5 Prozent bezeichnen sich als „sehr unzufrieden".

Diese Zahlen zeigen, dass die Unternehmen sehr wohl wissen, was sie dem Kunden antworten müssen, damit er zufrieden ist. Doch auch hier ergeben sich wiederum große Unterschiede innerhalb von einzelnen Branchen.

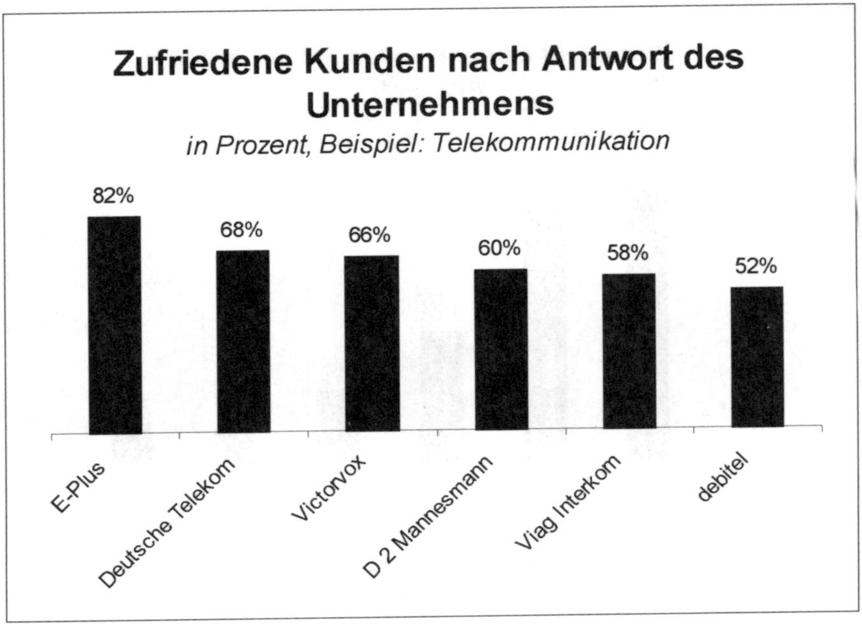

Abbildung 13: Bei E-Plus sind 82 Prozent der Kunden, die eine Antwort erhalten haben, mit dieser Antwort auch zufrieden. Debitel hingegen stellt nur 52 Prozent der Kunden zufrieden.
Quelle: Vocatus 2001

In Deutschland antworten Unternehmen nur zu einem geringen Teil auf Beschwerden. Im Durchschnitt aller Dienstleistungsunternehmen bekamen nur 28 Prozent aller Kunden eine Antwort. Wenn die Unternehmen aber antworten, dann erfolgt die Antwort schnell, nämlich bei 85 Prozent innerhalb einer Woche, und die Kunden sind mit der Antwort auch in 82 Prozent der Fälle zufrieden.

Die Ergebnisse zeigen eindeutig, dass das Problem nicht darin besteht, den Inhalt der Unternehmensantwort zu optimieren. Ganz im Gegenteil. Die Unternehmen, die ein funktionierendes Beschwerdemanagement haben und auf Kundenbeschwerden antworten, erzielen bezüglich Antwortzeiten und Kundenzufriedenheit sehr gute Ergebnisse. Der größte Teil der Kunden, die eine Antwort erhalten, sind mit dieser auch zufrieden. Vielmehr liegt das Problem darin, dass bei vielen Unternehmen überhaupt erst einmal ein funktionierender Prozess für eine Be-

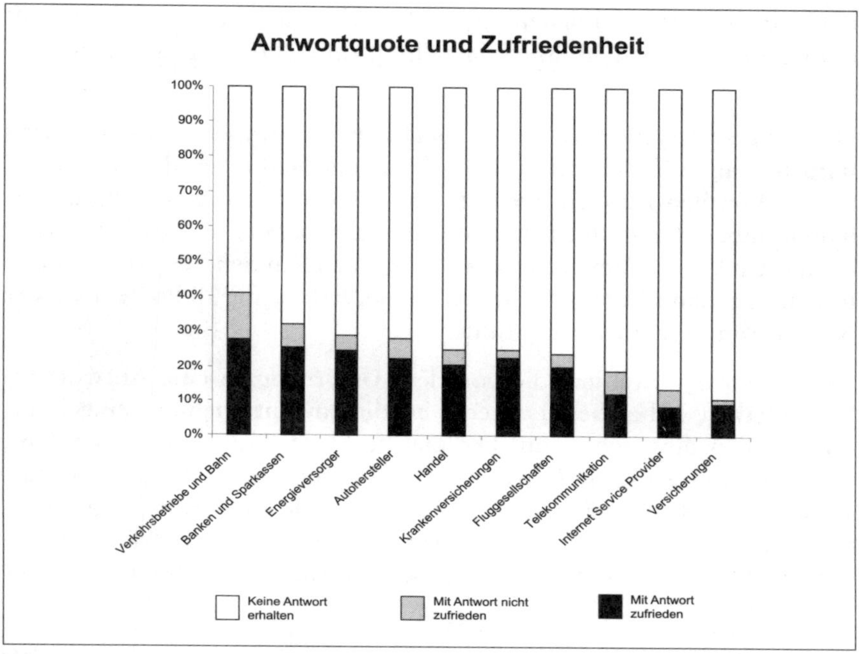

Abbildung 14: Der größte Teil der Kunden, die eine Antwort erhalten, sind mit dieser auch zufrieden. Das Problem liegt vielmehr darin, dass ein extrem hoher Anteil der Kundenbeschwerden überhaupt nicht beantwortet werden.
Quelle: Vocatus 2001

schwerdemanagement eingeführt werden muss, damit die große Zahl der nicht beantworteten Kundenanliegen sinkt.

Denn die Bedeutung einer Antwort an den Kunden kann nicht hoch genug eingeschätzt werden. Die Analysen zeigen, dass diejenigen Kunden, die eine Antwort auf ihr Anliegen erhalten haben, zu 50 Prozent danach eine positivere Einstellung gegenüber dem Unternehmen hatten als vorher. Bei 42 Prozent blieb die Einstellung gegenüber dem Unternehmen unverändert und bei 8 Prozent verschlechterte sich die Einstellung durch die Antwort des Unternehmens. Genau das umgekehrte Bild zeigt sich, wenn die Unternehmen nicht auf die Beschwerden der Kunden antworten. 47 Prozent der Kunden, die von dem Unternehmen keine Antwort auf ihre Beschwerde erhalten haben, haben danach eine negativere Einstellung zu dem Unternehmen. Bei 52 Prozent der Kunden hat sich an ihrer Einstellung zum Unternehmen nichts verändert.

Diese Veränderungen in der Einstellung der Kunden schlagen sich natürlich auch in den zukünftigen Kaufentscheidungen dieser Kunden nieder. Von den Kunden, die von dem Unternehmen eine Antwort erhalten haben, haben im Erhebungszeitraum bereits 30 Prozent wieder bei diesem Unternehmen eingekauft. Von den Kunden, die von dem Unternehmen keine Antwort erhalten haben, haben nur 10 Prozent wieder bei dem Unternehmen eingekauft.

58 Prozent der Kunden, die von dem Unternehmen eine Antwort erhalten haben, haben bereits wieder bei diesem Unternehmen eingekauft oder wollen dies sicher tun. Die gleiche Quote sinkt auf 28 Prozent, wenn die Kunden keine Antwort auf ihre Beschwerde erhalten. Die Tatsache, ob ein Unternehmen auf die Beschwerde eines Kunden antwortet, hat somit signifikante Auswirkungen auf die Wiederkaufswahrscheinlichkeit. Die Frage, ob die Beschwerde zur Zufriedenheit des

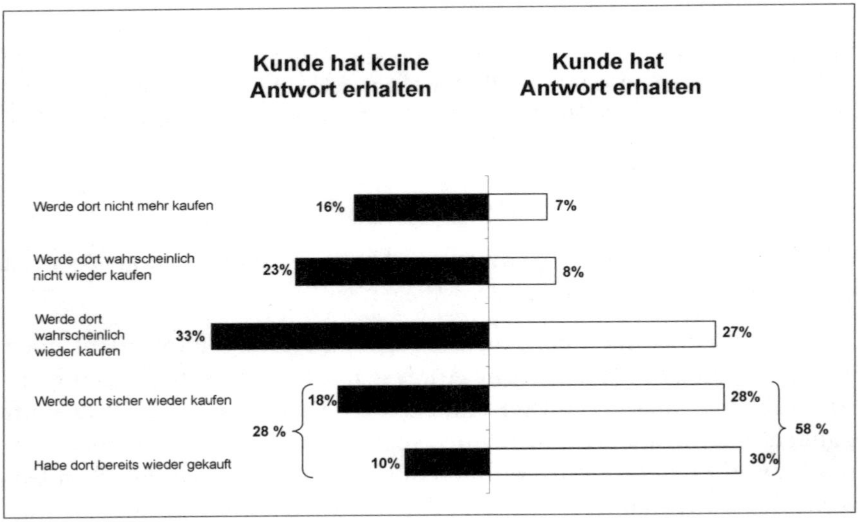

Abbildung 15: Die Tatsache, ob ein Unternehmen auf die Beschwerde eines Kunden antwortet, hat signifikante Auswirkungen auf die Wiederkaufswahrscheinlichkeit.
Quelle: Vocatus 2001

Kunden gelöst wurde, steht dabei gar nicht im Vordergrund. Alleine eine schnelle, höfliche und professionelle Antwort führt schon zu einer höheren Bindung des Kunden an das Unternehmen.

Einige Unternehmen haben diesen Zusammenhang erkannt und ein funktionierendes Beschwerdemanagement eingerichtet. Bei vielen anderen Unternehmen wird das Beschwerdemanagement jedoch eher stiefmütterlich behandelt. Es gibt niemand, der für Beschwerden zuständig ist. Je nachdem, an wen der Kunde gerade zufällig gerät, wird die Beschwerde beantwortet oder auch nicht. Gerade bei niedrigen Antwortquoten ist das in der Regel ein Indiz für einen unstrukturierten Prozess. Die Beschwerden kommen alle an einer zentralen Stelle an und werden von dort an die Personen weiterverteilt, die für das spezielle Thema zuständig sind. Es gibt aber keine zentrale Stelle, die für den Prozess verantwortlich ist oder sich darum kümmert, dass die Personen, an die eine Beschwerde weitergeleitet wurde, diese auch tatsächlich beantworten. Es werden keine Statistiken über die Beantwortung der Beschwerden geführt. Am Ende des Tages bleibt es dem einzelnen Mitarbeiter überlassen, ob er auf die Kundenbeschwerde antwortet oder nicht. So ergeben sich Antwortquoten von 20 oder 30 Prozent aller Beschwerden.

Neben der Tatsache, dass eine nicht beantwortete Beschwerde die Kundenzufriedenheit und die Wiederkaufswahrscheinlichkeit sinken lässt, wirkt sie sich natürlich auch negativ auf das Beschwerdeaufkommen aus. Wenn ein Kunde von einem Mitarbeiter des Unternehmens unfreundlich behandelt wurde und er sich darüber beschwert und darauf keine Antwort erhält, wird er sich nicht mehr melden, sondern beim nächsten Mal einfach zur Konkurrenz gehen. Wenn ein Kunde sich aber beschwert, weil er etwas vom Unternehmen möchte, beispielsweise eine Falschlieferung zurückgeben, einen Vertrag kündigen oder eine Rechnung reklamieren, dann wird er typischerweise keine Ruhe geben, bis sein Problem gelöst worden ist. Das Ignorieren der Beschwerde führt also nicht nur zur Unzufriedenheit des Kunden, sondern es führt auch zu einem kontinuierlichen Strom an weiteren Beschwerden desselben Kunden, bis sich schließlich jemand mit dem Sachverhalt auseinander setzt. Es sollte klar sein, dass dieses Verhalten weder effektiv noch effizient ist.

Öffentliche Beschwerden im Internet

Durch das Medium Internet erhalten Beschwerden eine neue Brisanz, weil die Probleme der Kunden oft zusätzlich im Internet für alle lesbar veröffentlicht werden. Es gibt ganz unterschiedliche Arten, wie Unternehmen mit dieser neuen Situation umgehen. Wie immer, wenn eine Veränderung der Umwelt eintritt, wird dies von einigen Unternehmen eher als Bedrohung, von anderen eher als Chance begriffen. Manche Unternehmen können mit öffentlichen Meinungsäußerungen im Netz sehr gut umgehen und fördern diese sogar, während andere dem neuen Medium und den neuen Verhaltensweisen der Kunden eher sehr skeptisch gegenüberstehen.

Denn de facto gibt die Möglichkeit der Veröffentlichung von Beschwerden im Internet den Kunden eine ganz neue Macht in die Hand. Die Kunden sind sich dieser Macht sehr wohl bewusst. Aber, wie die Studie der Universität Hannover (vgl. Abbildung 16) zeigt, stehen hinter den Meinungsäußerungen auf öffentlichen Plattformen im Internet auch viele altruistische Motive. Konsumenten geben ihre Meinung auf einer öffentlichen Plattform in erster Linie kund, um andere Kunden vor einem ähnlichen Problem zu warnen, oder um eine ausdrückliche Empfehlung auszusprechen. Gerade dieser Bereich ist für die Unternehmen extrem relevant, da er starken Einfluss auf die Kaufbereitschaft

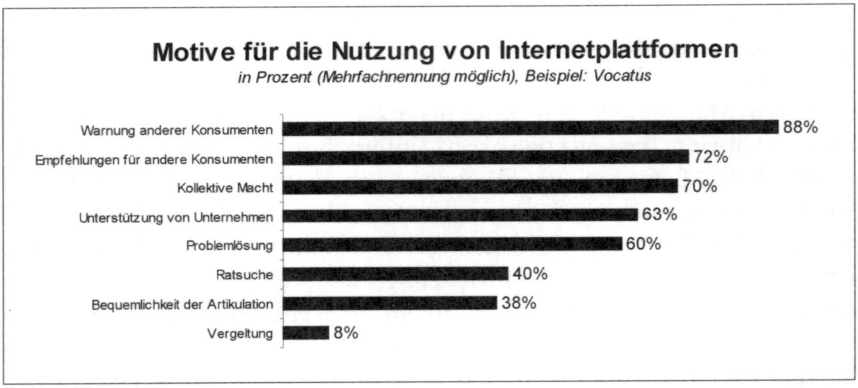

Abbildung 16: Eine Studie der Universität Hannover zeigt die Motive für die Nutzung einer öffentlichen Plattform für Beschwerden im Internet.
Quelle: Dr. Hennig-Thurau, Lehrstuhl Marketing I, Universität Hannover 2001

oder Wiederkaufbereitschaft einer großen Zahl potenzieller Kunden hat, die in diesem Moment mit dem Unternehmen kein Problem haben, aber über die öffentliche Plattform die Beschwerden der anderen Kunden lesen.

Die Untersuchung zeigt, dass 88 Prozent der Konsumenten, die sich auf einer öffentlichen Plattform im Internet äußern, andere Konsumenten warnen wollen. Dahinter steht primär ein altruistischer Gedanke, nämlich der Wunsch, andere davor zu bewahren, die gleichen Fehler zu machen, die man selbst gemacht hat. Genauso wollen Kunden auch anderen Konsumenten zu einer Kaufentscheidung durch die Schilderung eigener positiver Konsumerfahrungen verhelfen. Der Gedanke der „Vergeltung" an den Unternehmen ist mit nur 8 Prozent der Nennungen kein wichtiges Motiv für die Konsumenten. Jedoch fast genauso wichtig wie die Warnung vor einem bestimmten Produkt oder einem Unternehmen ist die Empfehlung eines bestimmten Produktes oder Unternehmens. Die veröffentlichten Lobe und Beschwerden im Internet haben also sowohl in positiver wie auch in negativer Richtung einen Verstärkungseffekt. Und dass die Plattformen im Internet tatsächlich von den Konsumenten genutzt werden, zeigt die Zahl von 40 Prozent Ratsuchenden, die die Internetplattform nutzen, um sich Unterstützung für eine zukünftige Kaufentscheidung einzuholen.

Immerhin 70 Prozent sind sich der kollektiven Macht, die den Konsumenten durch eine solche Plattform zur Verfügung steht, durchaus bewusst. Das muss nicht nachteilig sein: Rund 63 Prozent wollen mit ihrer Meinungsäußerung die Unternehmen unterstützen. Sie wollen sowohl durch Empfehlung dazu beitragen, dass ein Unternehmen, mit dem sie selbst eine positive Erfahrung gemacht haben, im Markt erfolgreich ist, als auch durch die Mitteilung der Probleme, die sie mit dem Unternehmen hatten, dem Unternehmen helfen, besser zu werden. Die Kunden sind sich also darüber im Klaren, dass ihre Beschwerden, Lobe oder Verbesserungsvorschläge für die Unternehmen sehr wertvoll sind, um besser zu werden. Und die Konsumenten sind auch gerne bereit, dazu ihren Beitrag zu leisten, um die Unternehmen in diesem Prozess zu unterstützen.

Die Frage ist nun, ob die Unternehmen diese Macht der Kunden als eine Bedrohung der eigenen Position erleben, oder ob es ihnen gelingt, das vorhandene Potenzial zu ihrem eigenen Vorteil einzusetzen. Im Folgenden werden die verschiedenen Reaktionsmöglichkeiten der Unternehmen auf öffentliche Beschwerden im Internet vorgestellt. Hinter diesen Möglichkeiten verbirgt sich jeweils eine unterschiedliche Unternehmensphilosophie und eine andere Einstellung gegenüber dem Kunden.

Öffentliche Beschwerden ignorieren

Einige Unternehmen haben es offiziell zur Politik erklärt, öffentliche Beschwerden über das Unternehmen zu ignorieren. Auf Nachfragen erhält der Kunde die Antwort, er möge sich doch bitte direkt beim Unternehmen beschweren und dazu nicht eine öffentliche Plattform nutzen, dann würde seine Beschwerde auch direkt bearbeitet werden. Tatsache ist jedoch, dass ein Großteil der Kunden, die eine Beschwerde über eine öffentliche Plattform an das Unternehmen weiterleiten lassen, dies deshalb tun, weil sie zuvor direkt beim Unternehmen keine Antwort erhalten haben. So gaben 38 Prozent der Kunden an, eine öffentliche Plattform zu nutzen, weil das betreffende Unternehmen nicht auf ihre Beschwerde reagiert hatte. Und 34 Prozent der Kunden wählten den Weg über eine öffentliche Plattform, weil es ihnen nicht gelungen war, im Unternehmen den richtigen Ansprechpartner ausfindig zu machen.

Häufig haben die Kunden, die öffentliche Plattformen zur Weiterleitung ihrer Beschwerde benutzen, die Erfahrung gemacht, dass Beschwerden über diesen Weg viel eher beantwortet werden als Beschwerden, die direkt an das Unternehmen gerichtet werden. Aus Sicht des Kunden macht es also sehr viel Sinn, öffentliche Plattformen zu nutzen und dadurch bei den Unternehmen Druck aufzubauen.

Öffentliche Beschwerden individuell beantworten

Die meisten Unternehmen behandeln öffentliche Beschwerden wie ganz normale individuelle Beschwerden. Der Kunde erhält eine persönliche Antwort. Dass die Beschwerde zudem auch noch im Internet veröffentlicht wurde, wird von den Unternehmen ignoriert. Damit ist zwar dieser eine Kunden (hoffentlich) zufrieden gestellt, aber alle anderen Kunden oder potenziellen Kunden, die die Beschwerde im Internet lesen, wissen nicht, ob oder wie das Unternehmen darauf geantwortet hat. Sie werden im Zweifel davon ausgehen, dass das Unternehmen nicht reagiert hat, was wiederum einen negativen Eindruck hinterlässt.

Öffentliche Beschwerde öffentlich beantworten

Einige Unternehmen nutzen deshalb die Möglichkeit, Beschwerden, die im Internet veröffentlicht wurden, auch direkt öffentlich zu beantworten. Viele Plattformbetreiber bieten den Unternehmen ausdrücklich die Möglichkeit, die Beschwerde des Kunden direkt im Internet zu beantworten bzw. zu kommentieren. So lassen sich Missverständnisse aus der Welt räumen und die Unternehmen können öffentlichkeitswirksam kommunizieren, dass ihnen die Anliegen ihrer Kunden wichtig sind.

Die Wirkung einer öffentlichen Antwort stellt einen Multiplikator für das Unternehmen dar. Wie bereits im vorherigen Abschnitt gezeigt wurde, hat die Antwort auf eine Beschwerde eine sehr positive Auswirkung auf die Wiederkaufswahrscheinlichkeit. Anstatt nun die Wiederkaufswahrscheinlichkeit bei nur einer Person zu erhöhen, hat das Unternehmen nun die Möglichkeit, mit der Antwort auf eine einzelne Beschwer-

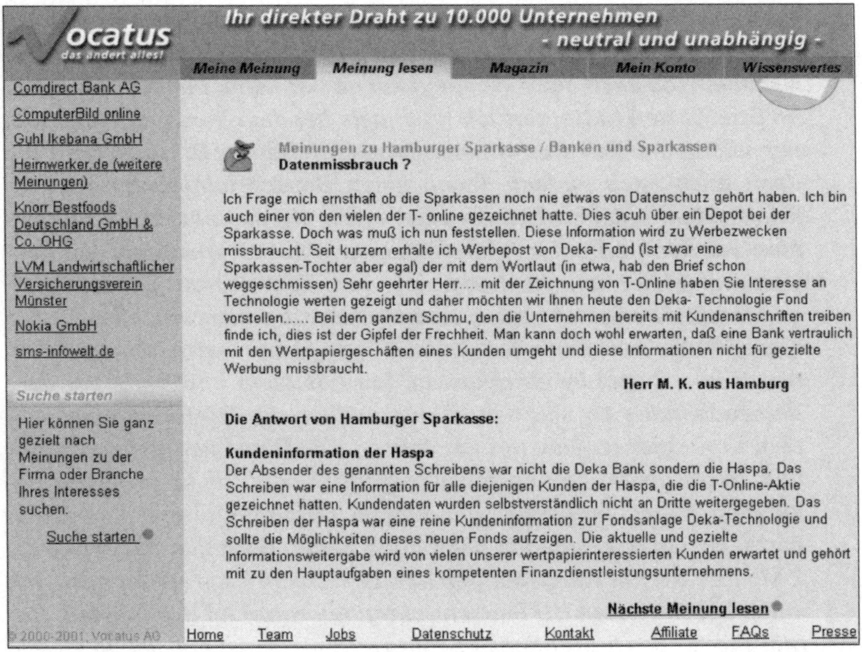

Screenshot: Die Hamburger Sparkasse antwortet auf öffentliche Beschwerden im Internet öffentlich und sehr professionell

de die Wiederkaufswahrscheinlichkeit einer ganzen Gruppe von Personen positiv zu beeinflussen. Das ist ein Hebel, den sich viele zukunftsorientierte Unternehmen nicht entgehen lassen wollen.

Für Unternehmen ist diese öffentliche Kommunikationsplattform insbesondere auch deshalb interessant, weil dort natürlich nicht nur die eigenen Kunden vertreten sind, sondern auch die der Konkurrenz. Und die Beschwerden zu den Konkurrenzunternehmen. Eine öffentliche Plattform bietet auf diese Weise eine einmalige Gelegenheit, sich im direkten Vergleich zur Konkurrenz positiv zu differenzieren und Neukunden zu gewinnen. Dies ist umso mehr der Fall, als auf der öffentlichen Plattform natürlich verstärkt diejenigen Kunden der Konkurrenz erscheinen, die eine Beschwerde zum Konkurrenzunternehmen hatten. Dabei handelt es sich um Kunden, die im Falle einer unprofessionellen Reaktion des Konkurrenzunternehmens tendenziell eine hohe Wechselbereitschaft haben.

> ***„Ich hatte ein Kleidungsstück bei einem Versandhändler bestellt. Dieses wollte ich zurückgeben. Da es Hängeversand war, konnte ich es nicht auf die Post geben. Ein Kurierdienst sollte es also abholen. Nachdem ich nach einer Woche noch immer keine Benachrichtigung im Briefkasten hatte, rief ich nochmals bei dem Versandhändler an, der wiederum den Kurierdienst benachrichtigte. Diesmal fand ich dann auch nach einigen Tagen einen Benachrichtigungszettel im Briefkasten, jedoch ohne Angabe, wann sie das nächste Mal kommen würden und ohne Telefonnummer. Ich rief wiederum bei dem Versandhändler an. Nachdem ich von dem leeren Benachrichtigungszettel berichtet hattet, versprachen sie wiederum, alles an den Kurierdienst weiterzuleiten. Etliche Tage später hatte ich wieder einen leeren Zettel im Briefkasten. Ich rief dann nochmals bei dem Versandhändler an und bekam nun endlich die Telefonnummer von dem Kurierdienst. Also rief ich dort an. Die Dame war ganz erstaunt und fragte mich, warum ich den Artikel denn nicht in einem Paketshop (einer Tankstelle mit langen Öffnungszeiten) abgegeben hätte. Genau das habe ich dann auch getan, nachdem die Jacke ca. 2 Monate bei mir rumgehangen hat. Weitere 10 Tage später hatte ich einen beschrifteten (!!) Benachrichtigungszettel im Briefkasten. Der Mitarbeiter des Kurierdienstes teilte mir mit, er sei nun schon 10 Mal da gewesen, ich sollte den Artikel doch endlich zur Post geben."***
>
> Frau A. M. aus Passau, Beschwerde zu einem Kurierdienst

Ein Großteil der Unternehmen reagiert nicht auf die Beschwerden von Kunden – immerhin über 70 Prozent der Beschwerden bleiben unbeantwortet. Gleichzeitig wollen 39 Prozent der Kunden, die von einem Unternehmen keine Antwort erhalten, nicht mehr bei diesem Unternehmen einkaufen. Zur Neukundengewinnung sind diese öffentlichen Plattformen im Internet also ideal geeignet, da ein sehr hoher Prozentsatz der unzufriedenen Kunden der Konkurrenzunternehmen dort „versammelt“ ist. Umso wichtiger ist es, gerade dort mit einer professionellen Antwort auf Kundenanliegen präsent zu sein.

Eigene Kunden proaktiv auf öffentliche Plattformen verweisen

Manche Unternehmen haben den positiven Effekt öffentlicher Beschwerden und öffentlicher Reaktionen erkannt und gehen sogar noch einen Schritt weiter: Um ihre Kundenorientierung unmissverständlich zu kommunizieren, schicken sie ihre Kunden im Falle von Beschwerden proaktiv von der eigenen Website des Unternehmens zu einer öffentlichen Beschwerdeplattform. Damit zeigen die Unternehmen ihren eigenen Kunden sehr deutlich, dass sie mit den Beschwerden sehr offen umgehen. Sie demonstrieren schon im Vorfeld ein hervorragendes Beschwerdemanagement, welches das Licht der Öffentlichkeit nicht zu scheuen braucht. Die Beschwerden, die von eigenen Kunden über die öffentliche Plattform an das Unternehmen weitergeleitet werden, werden dann natürlich auch öffentlich beantwortet.

Beschwerden auf eigener Website veröffentlichen

Einige wenige Unternehmen sind auch dazu übergegangen, Beschwerden ihrer Kunden auf der eigenen Website zu veröffentlichen. Dies birgt allerdings einige Probleme: Entweder werden nur ausgewählte Beschwerden veröffentlicht, dann kann bei den Kunden leicht der Eindruck entstehen, dass für das Unternehmen besonders peinliche Sachverhalte verschwiegen werden und nicht auf der Website veröffentlicht werden sollen, oder es werden tatsächlich alle Beschwerden, die an die Website des Unternehmens geschickt werden, auf der Unternehmensseite veröffentlicht. In letzterem Fall besteht das Problem, dass im Zweifel auch Beschimpfungen und Verleumdungen veröffentlicht werden müssen, weil die Grenze zwischen einer gerechtfertigten Beschwerde und einer unsachgemäßen Verunglimpfung des Unternehmens häufig nicht so einfach zu ziehen ist. Für das Unternehmen ist es schwierig, eine Auswahl zu treffen, ohne sich gleichzeitig dem Vorwurf der Zensur ausgesetzt zu sehen. Während auf einer öffentlichen Plattform der unabhängige Plattformbetreiber sicherstellt, dass Beschwerden, die Beschimpfungen oder Verleumdungen enthalten, erst gar nicht veröffentlicht werden, ist dies für das Unternehmen selbst aus den genannten Gründen nicht unproblematisch.

Es zeigt sich, dass gerade die Unternehmen, die ohnehin schon eine sehr hohe Kundenorientierung haben, auch neuen Kommunikationsmedien wie E-Mail und Internet sehr aufgeschlossen gegenüberstehen. Unternehmen, die heute schon hohe Kundenzufriedenheitswerte haben, gehen auch mit Online-Beschwerden und neuen Wegen wie beispielsweise Meinungsplattformen sehr offen um und wollen die neuen Medien integrieren und davon lernen. Tendenziell werden sie ihren Vorsprung künftig noch weiter ausbauen. Unternehmen, die sich heute von den Beschwerden ihrer Kunden abschotten, werden einen nachhaltigen Wettbewerbsnachteil haben und immer weiter zurückfallen, insbesondere wenn die Kunden nicht mehr über das Preisargument gewonnen werden können.

„Es ist unglaublich: Meine Bank hat mir 10 DM ungerechtfertigt an Gebühren belastet. Ich hatte sofort reklamiert und mir wurde mitgeteilt, ich hätte Recht. Es folgte eine Entschuldigung und das Versprechen, die 10 DM würden gutgeschrieben. So sah es auch im ersten Moment aus, denn die 10 DM standen wie versprochen auf meinem nächsten Kontoauszug. Nun habe ich aber am Ende des Jahres im Zuge meiner Steuererklärung gemerkt, dass die Korrekturbuchung ebenso eine Belastung war. Ich habe also 20 DM verloren! Das habe ich bei der Bank reklamiert. Es folgte ein sehr unfreundlicher Brief der Bank: „..., dass wir Ihrer Reklamation auf Grund der sehr großen Zeitspanne zwischen dem Eintreten der Beanstandung und ihrer jetzigen Reklamation nicht mehr nachgehen werden, da gemäß unseren Allgemeinen Geschäftsbedingungen Seite 5 ..., die Mitwirkungspflicht Ihrerseits nicht eingehalten wurde, also eine unverzügliche Überprüfung des Ihnen zugegangenen Finanzreportes versäumt wurde." Das ist wirklich eine Unverschämtheit. Wenn es eine Korrekturbuchung gibt, gehe ich davon aus, dass diese tatsächlich eine Korrekturbuchung ist. Nun soll ich jedes kleine Minuszeichen prüfen? Der Brief endet: „... und hoffen auf eine weiterhin angenehme Geschäftsbeziehung." Zum Glück gibt es noch andere Banken ..."

Herr H. v. L. aus Düsseldorf, Beschwerde zu einer Bank

Nachdem diese Beschwerde über die Internet-Plattform von Vocatus an die betreffende Bank weitergeleitet wurde, folgte prompt eine Reaktion der Bank:

Sehr geehrte Damen und Herren,

vielen Dank für die Weiterleitung der Reklamation unseres Kunden H. von L. vom 19.02.2002.

Unser Kunde reklamiert, dass eine im Oktober 2000 zugesagte Erstattung einer irrtümlich in Rechnung gestellten Bearbeitungsgebühr in Höhe von 10,00 DM fälschlicherweise als Belastung gebucht wurde. Der Herr wies auf diesen Sachverhalt im Februar 2002 hin. Seiner Reklamation wurde jedoch seitens unseres Hauses auf Grund der sehr großen Zeitspanne zwischen dem Eintreten der Buchung im Jahr 2000 und der Beanstandung selbst im Jahr 2002 versehentlich nicht entsprochen.

Auf Grund Ihrer Weiterleitung der E-Mail haben wir den Sachverhalt gern geprüft und bedanken uns dafür, dass wir mit Ihrer Hilfe auf unseren Fehler aufmerksam gemacht wurden. Wir haben Herrn von L. selbstverständlich die zu Unrecht berechnete Bearbeitungsgebühr sowie den Betrag der fehlerhaft gebuchten Erstattung zuzüglich unserer Qualitätsgarantie von EUR 5,00 gutgeschrieben. Des weiteren haben wir uns nach Eingang Ihrer E-Mail umgehend am 20.02.2002 mit unserem Kunden in Verbindung gesetzt und uns nachträglich für den Fehler aus dem Jahr 2000 entschuldigt. Herr von L. begrüßte unsere Entscheidung und bedankte sich für die umgehende Rückmeldung.

Mit freundlichen Grüßen,
Ihre Bank

3. Beschwerden erfassen

Zugangskanäle für den Kunden

Die Kontaktaufnahme mit dem Unternehmen sollte so leicht wie möglich gestaltet werden, um mit möglichst vielen Kunden in Kontakt zu kommen. Deshalb ist es sinnvoll, dem Kunden so viele Zugangskanäle wie möglich zur Verfügung zu stellen. Um die relevanten Einflussfaktoren bei dieser Kontaktaufnahme besser analysieren zu können, sollten grundsätzlich zwei Arten von Beschwerden unterschieden werden: Aktive und passive Beschwerden.

Aktive Beschwerde

Der aktiven Beschwerde ist ein Ereignis vorausgegangen, das nicht den Wünschen des Kunden entspricht und jetzt geändert werden soll. Der Kunde erwartet vom Unternehmen eine Aktion. Das Geschäftsverhältnis zwischen dem Unternehmen und dem Kunden befindet sich aktuell in einem Zustand, den der Kunde geändert haben möchte. Der Kunde ist aktiv und solange der derzeitige Zustand fortbesteht, wird er sich immer wieder über alle möglichen Kanäle an das Unternehmen wenden, um sein Ziel zu erreichen.

Beispiel für eine aktive Beschwerde

„Ich habe seit dem 24.12.1999 ein Handy. Nach 2 Tagen habe ich festgestellt, dass die Rufnummer-Übermittlung nicht geht. Also habe ich mich mit der kostenpflichtigen Hotline in Verbindung gesetzt. Dort wurde mir sehr freundlich gesagt, dass es in den nächsten Tagen aktiviert wird. Es vergingen 4 Wochen und nichts ging. Also habe ich noch mal angerufen, mir wurde die Aktivierung wieder zugesichert und wieder vergingen Wochen. Diese Anrufe haben mich bereits ca. 15,– DM gekostet. Vor 4 Wochen hab ich es erneut versucht, ich wurde für 5 Minuten in die Warteschleife gesetzt und dann aus der Leitung geworfen. Auch dieser Anruf kostete ca. 4,– DM ... für nix!"

Herr A. W. aus Hettingen, Beschwerde zu einem Telekommunikationsunternehmen

Dieser Kunde möchte die Rufnummern-Übermittlung für sein Handy freigeschaltet bekommen und er wird solange mit dem Unternehmen in Kontakt treten, bis es schließlich funktioniert. Wenn das Problem nicht im ersten Anlauf gelöst wird, wird es der Kunde immer wieder versuchen, bis er schließlich sein Ziel erreicht (oder aber nach dem x-ten Versuch resigniert aufgibt). Bei aktiven Beschwerden muss es das Ziel des Unternehmens sein, das Problem beim ersten Kundenkontakt zu lösen, da sonst durch den Kunden weitere Beschwerden in Form von Anrufen, Faxen und E-Mails generiert werden, die beim Unternehmen zusätzliche Arbeit hervorrufen.

Passive Beschwerde

Der passiven Beschwerde ist ebenfalls ein Ereignis vorausgegangen, das nicht den Wünschen des Kunden entspricht. Der entscheidende Unterschied ist aber, dass der Sachverhalt nun nicht mehr geändert werden kann und somit vom Kunden keine direkte Aktion des Unternehmens gefordert wird. Der Kunde hat sich über ein Produkt oder eine Dienstleistung geärgert, wobei aber nachträglich nichts mehr zu ändern ist.

Beispiel für eine passive Beschwerde

„... So war ich am 26.03.01 auf einen Flug von Berlin nach München gebucht, der eigentlich um 6.30 Uhr starten sollte. Aber um 6.30 Uhr war noch nicht einmal ein Mitarbeiter am Gate. Immerhin konnte man vom Terminal aus erkennen, dass die Piloten schon im Cockpit waren – welch Beruhigung. Es wurde 6.45 Uhr und schließlich eierte eine Stewardess an. Diese versuchte, alleine die boarding tickets der gut 200 Passagiere durch den Automaten zu schieben. Es war also 7.05 Uhr als ich im Flieger Platz nahm. Um 7.15 Uhr sagte der Pilot durch, dass jetzt die Starterlaubnis erteilt sei, und um 7.25 Uhr starteten wir dann endlich mit 55 Minuten Verspätung. Bei anderen nationalen Flügen war das Spielchen ähnlich! Ich würde der Fluggesellschaft empfehlen, bereits beim Check-In nicht nur zwei Schalter mit inkompetenten Mitarbeitern zu öffnen und eine ca. 30 m lange Schlange zu provozieren. Spätestens zur regulären Abflugzeit sollte eine Durchsage gemacht werden – wenn nicht sogar ein Mitarbeiter persönlich erscheinen! Ich werde demnächst wieder verstärkt auf andere Fluggesellschaften ausweichen, da ich dieses Chaos einfach satt habe!"

Frau V. F. aus München, Beschwerde zu einer Fluggesellschaft

Bei dieser Beschwerde möchte die Kundin ihren Unmut über die Verspätung der Fluggesellschaft äußern. Zu ändern ist an der Sachlage nichts mehr, da das Ereignis bereits passiert und nicht mehr zu ändern ist. Die Motivation der Kundin zur Beschwerde liegt hier einerseits darin begründet, dass sie ihrem Ärger Luft machen möchte und andererseits darin, dass sie das Unternehmen auf einen Missstand hinweisen möchte, damit sich grundsätzlich etwas ändert, auch wenn sie persönlich davon möglicherweise gar nicht profitieren wird.

Was haben nun aktive und passive Beschwerden mit den Zugangskanälen zum Unternehmen zu tun? Je nachdem, wie einfach der Kunde mit dem Unternehmen kommunizieren kann, wird das Unternehmen mehr oder weniger aktive und passive Beschwerden erhalten. Wenn der Kommunikationszugang zum Unternehmen sehr schwierig ist, weil die telefonische Erreichbarkeit schlecht ist und Briefe und E-Mails nicht beantwortet werden, wird der Anteil an aktiven Beschwerden sehr hoch sein, weil der Kunde immer und immer wieder versuchen wird, mit dem Unternehmen in Kontakt zu treten. Die passiven Beschwerden hingegen werden abnehmen. Wenn ein Kunde bei einer passiven Beschwerde Schwierigkeiten hat, mit dem Unternehmen in Kontakt zu treten, weil beispielsweise die Hotline ständig belegt ist, wird er sich einfach nicht mehr melden. Das Unternehmen verliert damit die Möglichkeit, von dem Problem überhaupt Kenntnis zu erlangen und möglicherweise für zukünftige Kunden etwas zu verbessern.

Eine schlechtere Erreichbarkeit des Unternehmens führt also nicht notwendigerweise zu weniger Beschwerden. Nur das Verhältnis innerhalb der Beschwerden verschiebt sich zu Gunsten der aktiven Beschwerden, da die Kunden mit passiven Beschwerden nach kurzer Zeit aufgeben.

Für das Unternehmen haben Beschwerden immer zwei Funktionen:

1. Kurzfristig geht es darum, diesen speziellen Kunden wieder für das Unternehmen zu gewinnen. Hierfür sind aktive Beschwerden der beste Ansatzpunkt, weil der Kunde ein Problem hat, das vom Unternehmen sofort gelöst werden kann. Bei passiven Beschwerden hingegen kann das Unternehmen zur Lösung des Problems nichts mehr beitragen, da das Problem in der Vergangenheit liegt und derzeit nicht fortbesteht.
2. Langfristig haben Beschwerden für das Unternehmen auch immer eine strategische Funktion. Es geht nämlich darum, zu erkennen, mit

welchen Problemen die Kunden am meisten unzufrieden sind und diese Sachverhalte dann mittelfristig zu verändern, um auf lange Sicht die strategische Position im Wettbewerb und die Zufriedenheit der Kunden zu steigern. Gerade hierfür ist es für das Unternehmen extrem wichtig, auch eine große Zahl passiver Beschwerden zu erhalten. Denn nur so lässt sich statistisch auswerten, welche Probleme besonders häufig genannt werden und welche Probleme bei welchen Kundengruppen besonders häufig auftreten. Kapitel 5 „Beschwerden auswerten" beschäftigt sich ausführlich mit dieser Thematik.

Vor diesem Hintergrund werden jetzt die drei prinzipiellen Kommunikationsmedien Telefon, Fax/Brief und E-Mail sowohl aus der Sicht des Kunden als auch aus der Sicht des Unternehmens detaillierter beleuchtet.

Zugangskanäle aus der Sicht des Kunden

Persönlicher Kontakt

Eine Möglichkeit, eine Beschwerde abzugeben, ist immer der direkte Kontakt mit einem Mitarbeiter des Unternehmens. Der Kunde beschwert sich z. B. beim Zugbegleiter, dass seine Sitzplatzreservierung nicht funktioniert hat, oder er beschwert sich bei dem Angestellten der Autovermietung, dass er nicht die Fahrzeugklasse bekommen hat, die er bestellt hat. Häufig werden über diesen Weg aktive Beschwerden geäußert, denn der Kunde möchte hier und jetzt, dass das Leistungsversprechen erfüllt wird. Wenn das jedoch nicht funktioniert, kommt es aus Sicht des Kunden zur direkten Konfrontation mit dem Problemverursacher. Je nach Persönlichkeit des Kunden kann diese Konfrontation gewollt sein, um sich abzureagieren, oder sie kann als sehr unangenehm empfunden werden.

Telefon

Für den Kunden liegt es nahe, beim Unternehmen anzurufen, wenn er ein Problem hat. Eine Telefonnummer des Unternehmens lässt sich in der Regel recht schnell über die Telefonauskunft ausfindig machen. Die Kosten dieses Zugangsweges sind je nach angerufener Telefonnummer für den Kunden sehr unterschiedlich. Je nach der Art der Rufnummer können die Kosten des Telefonats einige Kunden sehr wohl von einer

Beschwerde beim Unternehmen abhalten. Denn der Kunde hat sich ohnehin schon geärgert und möchte verständlicherweise nun nicht auch noch die Kosten für die Beschwerde tragen. Je teurer die Zugangstelefonnummer ist, desto mehr verschiebt sich das Verhältnis zwischen aktiven und passiven Beschwerden zu Gunsten der aktiven Beschwerden. Denn hier will der Kunde etwas erreichen und wird dafür notfalls auch höhere Telefonkosten in Kauf nehmen. Bei der passiven Beschwerde jedoch, bei der der Kunde dem Unternehmen lediglich eine Information über seine Unzufriedenheit zukommen lassen will, werden höhere Telefonkosten den Kunden eher von der Beschwerde abhalten.

Sowohl für die aktive als auch für die passive Beschwerde macht es also Sinn, wenn das Unternehmen seinen Kunden eine möglichst kostengünstige oder kostenlose Rufnummer zur Verfügung stellt. Denn bei der passiven Beschwerde erhöht das Unternehmen seine Chancen für mehr wertvolles Feedback. Bei beiden Arten von Beschwerden wird der Kunde tendenziell eine höhere Zufriedenheit haben, wenn er nicht auch noch für die Telefonkosten aufkommen muss.

„Ich rief am 12.Juli die auf meiner Telefonrechnung angegebene Nummer 0800 33 01020 an. Überraschender Weise teilte mir man unter dieser Nummer mit, dass man dort überhaupt nicht für mich zuständig sei (???!!!) und verwies mich an die Nummer 0931/33-0. Dort geriet ich an einen Herrn R., der scheinbar überhaupt keine Ahnung hatte, weshalb ich ihn auch mal nach seinen Namen fragte. Das war wohl ein Fehler, denn Herr R. faselte nur noch etwas von einer neuen Nummer und legte dann einfach auf ... Danke Herr R.! Bei der neuen Nummer 0800 330 550 war ich natürlich falsch und auch die nächste Nummer, an die man mich verwies (0800 0131076) hielt sich nicht für mich zuständig, wobei ich auf Grund der Erreichbarkeit zudem noch annähernd 20 Versuche benötigte. Eine der Nummern muss wohl die Rechnungsstelle Konstanz sein, wo sich ein Herr B. zumindest alle Mühe gab mich wieder etwas zu beruhigen, so dass ich wenigstens verstand, dass ich bei ihm falsch war. Erst bei der letzten Nummer, der 0800 330 5000, erreichte ich einen Herrn D., den einzigen Lichtblick in der Telefonkette, der mir dann schließlich helfen konnte."

Herr F. W. aus Aschaffenburg, Beschwerde zu einem Telekommunikationsunternehmen

Generell ist es empfehlenswert, den Kunden bzw. bestimmte Kundensegmenten nur eine einzige Telefonnummer zur Verfügung zu stellen. Schließlich kann es nicht Aufgabe des Kunden sein, zunächst einmal herauszubekommen, welche der verschiedenen Hotlines für sein Problem zuständig ist. Der Kunde möchte eine zentrale Telefonnummer, an die er sich mit allen Bestellungen, Nachfragen, Problemen oder Anliegen wenden kann.

Fax/Brief

Der Vorteil der schriftlichen Kommunikation für den Kunden liegt vor allem darin, dass sich ein komplizierter Sachverhalt, bei dem möglicherweise viele Details und auch Daten angegeben werden müssen, schriftlich besser darstellen lässt als telefonisch. Auch die Kosten eines Faxes oder Briefes sind sehr gering und fallen im Vergleich zu den Telefonkosten nicht ins Gewicht. Als nachteilig ist einzuschätzen, dass das Verfassen eines Briefes einen großen Zeitaufwand erfordert, zu dem nur wenige Menschen bereit sind. Für eine aktive Beschwerde werden die Kunden noch eher bereit sein, einen Brief zu schreiben. Für eine passive Beschwerde hingegen wird ein Kunde nur im Ausnahmefall einen Brief verfassen. Der Vorteil der schriftlichen Kommunikation per Fax oder Brief liegt aber darin, dass der Kunde nicht direkt mit einem Mitarbeiter des Unternehmens konfrontiert wird und sich deshalb nicht direkt einer unmittelbaren Konfliktsituation ausgesetzt sieht.

Internet

Wie Fax und Brief hat auch die E-Mail als weiteres schriftliches Kommunikationsmittel den Vorteil, dass kein direkter Kontakt zu einem Mitarbeiter des Unternehmens notwendig ist und somit der direkte Konflikt vermieden wird. Die große Hemmschwelle einen Brief zu schreiben, der gewissen formalen Kriterien genügen muss, ist beim E-Mail deutlich gesenkt. Zwar handelt es sich auch hier um eine schriftliche Kommunikation, aber in einer E-Mail wird von den meisten Personen ein deutlich umgangssprachlicherer Stil gepflegt, und auch die Formerfordernisse sind durch das Medium Internet deutlich geringer. Zudem bieten viele Unternehmen auf ihrer Website eine vorstrukturierte Eingabemöglichkeit an. So werden beispielsweise das Thema der Beschwerde und Ort und Datum bereits in Drop-down-Menüs abgefragt. Dadurch wird es für den Kunden deutlich einfacher, seine Beschwerde einzugeben, weil er sich nicht erst eine lange Einleitung überlegen muss, sondern gleich zur Sache kommen kann.

Bei reinen Internetunternehmen ist die Website des Unternehmens die einzige Schnittstelle zum Kunden und daher natürlich von elementarer Bedeutung. Aber auch bei Unternehmen, die das Internet zusätzlich zu bereits bestehenden Vertriebs- und Informationskanälen nutzen, gewinnt das Internet in der Kommunikation mit den eigenen Kunden immer mehr an Bedeutung. Deshalb ist die kundengerechte Gestaltung der Website von elementarer Bedeutung. Und die Erfahrung zeigt, dass es immer wieder Überraschungen gibt, wenn die ersten Kunden tatsächlich mit der Website in Kontakt kommen. Für eine umfassende Website-Beurteilung sind vor allem die folgenden vier Kriterien relevant:

Technik:

Zunächst einmal steht bei den technischen Kriterien die Verfügbarkeit der Seite im Vordergrund. In das Monitoring der Verfügbarkeit sollte auch die Verfügbarkeit einzelner Funktionalitäten und Zugriffe von verschiedenen Browsern einbezogen werden. Denn wenn beispielsweise nur die Kreditkartenbezahlfunktion unter Netscape nicht funktioniert, dann ist davon nur ein kleiner Teil der Nutzer betroffen und der Ausfall ist anders zu werten, als wenn die Homepage über den Internet Explorer nicht verfügbar ist.

Darüber hinaus sind im technischen Bereich auch die Antwortzeiten zu prüfen. Dabei geht es sowohl um die objektiv messbare Antwortzeit in Sekunden als auch um die Erwartungshaltung des Nutzers. Für den Aufruf der Homepage können 10 Sekunden Wartezeit inakzeptabel lang sein, während die meisten Benutzer für eine Prüfung der Verfügbarkeit von Sitzplätzen bei 100 verschiedenen Fluggesellschaften eine Antwortzeit von 20 Sekunden durchaus akzeptabel finden können.

Ergonomie:

Der zweite wichtige Punkt bei der Website-Beurteilung ist die ergonomische Gestaltung der Seite. Dazu gehören beispielsweise konsistente Menüführung und Suchfunktionen, die den Überblick erleichtern. Gerade dieser Leistungsparameter ist ohne die tatsächliche Befragung von Kunden kaum zu bewerten.

Funktionalitäten:

Der dritte Punkt ist die Vollständigkeit der Funktionen auf einer Website, die der Kunde erwartet. Natürlich sollte der Nutzer alle Funktionalitäten und Informationen auf der Website finden, die er sucht. Es ist aber häufig genauso ratsam, die Website nicht mit zusätzlichen Funktionalitäten zu überfrachten, die technisch zwar möglich sind, aber den Blick auf das Wesentliche verstellen. Hier gilt es, den Nutzer schon bei der Definition des Leistungsumfangs mit einzubeziehen, denn „technikverliebte" Lösungen führen meist nicht zu zufriedenen, sondern zu verwirrten Nutzern.

Joy-of-Use:

Vierter wichtiger Punkt ist schließlich der Joy-of-Use bei der Benutzung der Seite. Gerade dieser Punkt wird ganz entscheidend beeinflusst durch die Zielgruppe des Unternehmens. Wenn es sich um eine Business-to-Business-Seite handelt, die primär dem schnellen Abfragen von Spezifikationen oder Lagerbeständen dient, wird der Joy-of-Use natürlich durch andere Kriterien determiniert als bei einer Business-to-Consumer-Seite.

Diese vier Kriterien sind nicht immer völlig überlappungsfrei definierbar. Dennoch lassen sich die vier Bereiche in Erhebungen empirisch getrennt nachweisen und liefern alle signifikante Kriterien für die Beurteilung wie stark die Website von den Kunden der Unternehmens akzeptiert und genutzt wird.

Zugangskanäle aus der Sicht des Unternehmens

Für das Unternehmen sind bei der Analyse der Zugangskanäle ganz andere Kriterien relevant als für die Kunden. Während für den Kunden die Erreichbarkeit, die Schnelligkeit und die „Bereitschaft" bzw. Notwendigkeit zum persönlichen Konflikt im Vordergrund stehen, zählen für das Unternehmen Kriterien wie Kosten, Bearbeitungszeit, Auswertbarkeit der Beschwerden und Kundenzufriedenheit. Auch hier werden im Folgenden die verschiedenen Zugangskanäle betrachtet.

Persönlicher Kontakt

Der persönliche Kontakt am Point of Sale hat für das Unternehmen den Vorteil, dass der Ärger des Kunden direkt aufgefangen werden kann und die Ursache der Beschwerde möglicherweise direkt behoben werden kann. Sowohl aus der Sicht des Kunden als auch aus der Sicht des Unternehmens handelt es sich dabei sicherlich um den Idealfall. Häufig wird aber eine Behebung des Problems genau nicht möglich sein. Der Zugbegleiter beispielsweise kann nichts an dem Computerfehler ändern, der dazu geführt hat, dass alle reservierten Plätze doppelt vergeben wurden. Und er kann dem einzelnen Reisenden keinen freien Platz in einem völlig überfüllten Zug besorgen. Der Sachbearbeiter bei der Autovermietung kann dem Kunden die bestellte Wagenklasse womöglich deshalb nicht geben, weil der letzte Kunde mit genau diesem Fahrzeug einen Unfall hatte, und der Wagen deshalb in der Werkstatt ist und nicht vermietet werden kann.

Die Problemlösung direkt vor Ort ist also nicht unbedingt einfach. Für das Unternehmen ergeben sich mehrere Probleme. Zunächst lassen sich bei einem persönlichen Kontakt die Mitarbeiter des Unternehmens nicht auf eine Beschwerde-Hotline eingrenzen, sondern es kann jeder Mitarbeiter angesprochen werden, der im Kundenkontakt steht. Für das Unternehmen ist es viel schwieriger, hier einen einheitlichen Schulungsstand bezüglich des Umgangs mit Beschwerden zu erreichen und einen einheitlichen Service-Level zu garantieren, als dies bei einer telefonischen Beschwerde der Fall wäre.

Außerdem haben direkte persönliche Beschwerden für das Unternehmen den Nachteil, dass sie in der Regel nicht erfasst werden. Es ist für die Mitarbeiter zusätzlich zu ihrem normalen Tagesgeschäft kaum zumutbar, nach jeder Kundenbeschwerde ein Beschwerdeformular auszufüllen und an die Zentrale zu schicken. Abgesehen davon würde das in vielen Fällen schon deshalb nicht passieren, weil der Mitarbeiter selbst ein Teil der Beschwerde ist. Dadurch gehen dem Unternehmen viele Informationen verloren. Nehmen wir an, in den Zügen der Bahn beschweren sich die Kunden regelmäßig beim Zugbegleiter, dass keine Steckdosen für die Laptops vorhanden sind. Es handelt sich dabei um eine passive Beschwerde. Der Kunde weiß, dass der Zugbegleiter keine Steckdose aus der Tasche zaubern kann, beschwert sich aber dennoch, in der Hoffnung, dass sich vielleicht am Design der zukünftigen Züge etwas ändert. Doch wie kommt die Information vom einzelnen Zugbegleiter in die Forschungs- und Entwicklungsabteilung der Bahn? Natürlich gibt es auch hier Mittel und Wege. Wenn sich das Unternehmen bewusst ist, dass viele Beschwerden direkt im persönlichen Kontakt beim Mitarbeiter eingehen, kann es natürlich diese Mitarbeiter befragen, bevor ein neues Produkt entwickelt wird. Tatsache ist aber auch, dass dies einen nicht unerheblichen Aufwand bedeutet, der sicherlich nicht in jedem Unternehmen betrieben wird. Eine Beschwerde, die über einen persönlichen Kontakt eingeht, kann vom Unternehmen nicht in der gleichen Art und Weise ausgewertet werden, wie eine Beschwerde, die an einer zentralen Stelle über Telefon, Brief oder Internet eingeht.

„Vor ca. 2 Jahren wollte ich zum ersten Mal bei Ihrem Unternehmen über das Internet bestellen. Ich habe mich angemeldet, ein Passwort genannt, meine Anschrift hinterlassen und die Zahlungsmodalitäten geklärt. Dann ging es ans Bestellen; ein Buch und 3 CDs. Der Bestellstatus, welcher mich über meine Bestellung auf dem Laufenden hält, zeigte nach eineinhalb Jahren immer noch an ‚In Bearbeitung', d. h. ich habe meine Waren bis heute nicht erhalten. Dann, Anfang 2001 ein erneuter Versuch. Nach einem Anruf bei dem Unternehmen wurde mir mitgeteilt, dass ich bei Ihnen nicht mehr geführt werde, ich sollte mich neu anmelden. Dies habe ich dann auch getan und eine neue Bestellung aufgegeben. Es wurde jedoch nur die Hälfte geliefert, bei dem Rest bekam ich nach Wochen die Mitteilung, dass sie es bedauern würden, dass ich die Waren wegen Nichtgefallens zurückgeschickt habe???! Den dritten und wahrscheinlich letzten Versuch etwas zu bestellen startete ich am 27.06.01. Bis heute steht im Bestellstatus wieder nur ‚In Bearbeitung', auch nach mehrmaligem Nachfragen weiß ich nicht, ob mir die Sachen zugestellt werden. Auf meine letzte E-Mail, wo denn die Bestellung bliebe, habe ich keine Antwort bekommen. Ich werde wohl einen anderen Bestellservice ausprobieren müssen."

Herr T. G. aus Leichlingen, Beschwerde zu einem Online-Buchhändler

Telefon

Bei der telefonischen Kontaktaufnahme möchte das Unternehmen die Gespräche nach Möglichkeit schon so vorpriorisieren, dass sie zu in diesem Bereich geschulten Beratern weitergeleitet werden. Es gibt zwei

Möglichkeiten, wie diese beiden Bedürfnisse befriedigt werden können. Die gängigste Option besteht darin, dem Kunden eine zentrale Telefonnummer anzubieten, und dann ein interaktives Voice-Response-System vorzuschalten, dass dem Kunden verschiedene Alternativen anbietet, um ihn dann direkt zu einem dafür zuständigen Mitarbeiter weiterzuleiten. Der Kunde ruft also bei einer zentralen Telefonnummer an, und bekommt eine Reihe von Optionen zur Auswahl. „Wollen Sie eine Bestellung aufgeben, drücken Sie bitte die 1. Haben Sie Fragen zu Ihrer Rechnung, drücken Sie bitte die 2. Haben Sie andere Fragen, drücken Sie bitte die 3. Wollen Sie kündigen, drücken Sie bitte die 4."

Der große Vorteil dieses Systems besteht darin, dass der Kunde nur eine zentrale Rufnummer hat, aber das Unternehmen dennoch spezialisierte Call Center aufbauen kann. Wichtig ist allerdings, hier mit den computergesteuerten Systemen nicht zu übertreiben. Die meisten Kunden sind bereit, bei einem Anruf in einem Call Center vorher eine Frage zu beantworten, wenn sie anschließend direkt zum zuständigen Bearbeiter durchgestellt werden und dieser Bearbeiter auch sofort erreichbar ist. Den Unmut der Kunden zieht sich ein Unternehmen allerdings zu, wenn der Kunde zunächst erst einmal verschiedene Fragen beantworten muss und vielleicht auch noch seine Kundennummer eintippen muss, um überhaupt die Chance zu haben, mit einem Mitarbeiter des Unternehmens zu sprechen. Viele Kunden sind dazu nicht bereit und reagieren dann überhaupt nicht mehr auf Fragen, indem sie einfach so tun, als hätten sie kein Tonwahltelefon. Das Unternehmen vergibt sich damit die Chance, die Anrufe routen zu können.

Schwieriger für das Unternehmen wird die Zuordnung der Kunden, wenn nicht nach dem Grund des Anrufs, sondern nach dem Kundentyp unterschieden werden soll. So hat die Deutsche Lufthansa beispielsweise ein System von verschiedenen Telefonnummern, bei denen nach dem Status des Kunden unterschieden wird. Vielflieger (Frequent Traveller und Senatoren) sollen bei Buchung und Check-In bevorzugt behandelt werden und am Telefon kürzere Wartezeiten haben. Ein derartiges System lässt sich natürlich nicht durchführen, indem unter einer zentralen Rufnummer gefragt wird „Wenn Sie Frequent Traveller sind, drücken Sie bitte die 1." Denn sobald die Kunden merken, dass in der normalen Hotline lange Wartezeiten entstehen, werden sie auch die Option Frequent Traveller ausprobieren, um durchzukommen. In diesem Fall macht es Sinn, eine Standardrufnummer zu veröffentlichen und die speziellen Rufnummern für Frequent Traveller und Senatoren diesen Kunden persönlich mitzuteilen. Ein absolut trennscharfe Unterteilung der Kunden ist dadurch natürlich nicht möglich. Denn erstens gibt es Frequent Traveller, die diesen Status nach zwei Jahren wieder verlieren. Man kann einem Kunden aber die Kenntnis über eine Telefonnummer nicht wieder wegnehmen. Zweitens werden solche Telefonnummern – gerade unter Kollegen – gerne weitergegeben, so dass am Ende auch viele andere Kunden in den Genuss der Vielflieger-Hotline kommen.

Es gäbe natürlich eine einfache Möglichkeit, hier eine trennscharfe Unterscheidung vorzunehmen, nämlich über die Lufthansa-Kartennummer. Anhand dieser Nummer kann die Lufthansa eindeutig feststellen, ob es sich bei dem Kunden um einen Frequent Traveller oder Senator handelt und den Anruf dann entsprechend weiterzuleiten und priorisieren. Hier ließe sich sogar eine noch feinere Abstufung vornehmen, indem zum Beispiel der Platz in der Warteschlange durch die Höhe des Miles-&-More-Kontostands determiniert wird. Allerdings würde dies voraussetzen, dass ein Geschäftsreisender, der Montag früh um halb sechs halbverschlafen im Taxi auf dem Weg zum Flughafen ist und telefonisch einchecken möchte, zunächst einmal seine fünfzehnstellige Kundennummer in sein Handy eintippt. Die Akzeptanz einer solchen Maßnahme bei den Kunden dürfte begrenzt sein. Der Kunde wird dazu nur bereit sein, wenn er einen entsprechenden Zusatznutzen erhält, nämlich wenn er beispielsweise auf Grund der Kartennummer bereits identifiziert wird und der Mitarbeiter sofort alle Kunden- und Flugdaten vorliegen hat, anstatt erst einmal langwierig Flugnummer, Flugziel und Namen des Fluggastes erfragen zu müssen.

Neben der Zuordnung von Kunden zu verschiedenen spezialisierten Call-Center-Mitarbeitern ist auch die zeitliche Verteilung für das Unternehmen von großer Bedeutung. Je nach Produkt des Unternehmens ergeben sich zu unterschiedlichen Tageszeiten Belastungsspitzen. Dies ist für das Unternehmen aus Kostensicht natürlich problematisch. Das Unternehmen muss immer eine gewisse Überkapazität im Call Center bereithalten, um unplanbare Auslastungsschwankungen ausgleichen zu können. Diese Überkapazitäten sind notwendig, um auch bei einem nicht vorhersehbaren höheren Anrufsaufkommen für den Kunden einen bestimmten Service-Level aufrecht erhalten zu können. Sowohl die schwankende Auslastung eines Call Centers als auch die vorzuhaltenden Überkapazitäten sind für das Unternehmen ein nicht unerheblicher

Kostenfaktor. Neben komplexen Planungstools für die Auslastungsplanung sind damit auch komplizierte Arbeitszeitmodelle für die Mitarbeiter verbunden, die ja immer gerade dann da sein müssen, wenn die meisten Kunden anrufen.

Fax/Brief

Die Kommunikation mit dem Unternehmen per Fax und Brief hat für das Unternehmen verschiedene Vor- und Nachteile. Zunächst sind Fax und Brief nicht so zeitkritisch wie telefonische Anrufe. Ein Fax muss im Gegensatz zu einem Telefonat nicht innerhalb von einer Minute nach Eingang bearbeitet werden. Insofern eignet sich die schriftliche Kommunikation auch sehr gut als Puffer, um freie Kapazitäten im Call Center zu nutzen. Da das Unternehmen im Call Center immer einen gewissen Prozentsatz an Überkapazitäten bereithalten muss, um unplanbare Schwankungen in der Zahl der Anrufe zu bewältigen, können diese Kapazitäten genutzt werden, um eingegangene Briefe und Faxe zu beantworten.

Wichtig beim Empfang von schriftlichen Kundendokumenten ist vor allem, dass die gesamte schriftliche Kommunikation mit dem Kunden an einer zentralen Stelle im Unternehmen erfasst und eingescannt wird. Nur so können die Dokumente einerseits schnell zum richtigen Bearbeiter geroutet werden und andererseits einem bestimmten Kunden direkt zugeordnet werden. Briefe werden gescannt und Faxe werden erst gar nicht ausgedruckt, sondern gleich in digitaler Form übernommen. Danach werden die Dokumente in elektronischer Form dem jeweiligen zuständigen Bearbeiter zugeleitet und gleichzeitig der elektronischen Kundenakte zugeordnet.

Ein Unternehmen, das versucht, diese Vorgänge durch eine reale Kundenakte zu lösen, sieht sich einerseits vielen Ineffizienzen und andererseits in der Regel unzufriedenen Kunden gegenüber, weil den Mitarbeitern im Call Center nicht die notwendigen Informationen zur Bearbeitung der Kundenanliegen vorliegen. Nehmen wir an, ein Kunde hat telefonisch eine Bestellung über 25 Computer aufgegeben. Diese Bestellung wurde ausgeliefert, aber bei der Auslieferung stellt sich heraus, dass ein Artikel doppelt geliefert wurde. Der Kunde schickte nun ein Fax, in dem er auf die Doppellieferung hinweist und eine kostenlose Abholung der zusätzlichen Ware verlangt. Das Fax wird zu Sachbearbeiter A weitergeleitet, der sich daraufhin die Kundenakte holt und anfängt, den Vorgang zu bearbeiten. Da er jedoch den Kunden telefonisch nicht erreicht, bleibt der Vorgang zwei Tage liegen. In der Zwischenzeit wird der Kunde nervös und ruft im Call Center an. Der Sachbearbeiter B am Telefon hat natürlich kein Fax vorliegen, denn das liegt bei Sachbearbeiter A. Er sichert dem Kunden zu, sich um die Angelegenheit zu kümmern und den Kunden zurückzurufen. Der Kunde ist schon ziemlich genervt, weil offenbar niemand im Unternehmen von seinem Fax Kenntnis genommen hat. Außerdem weist der Kunde noch darauf hin, dass die Ware nur dienstags oder donnerstags abgeholt werden kann. Der Sachbearbeiter B will sich nun die Kundenakte holen, um den Vorgang zu bearbeiten, kann sie jedoch nicht auffinden, da sie bei Sachbearbeiter A liegt. In der Zwischenzeit ist es Sachbearbeiter A gelungen, den Kunden telefonisch zu erreichen. Der Kunde freut sich über den Rückruf, ist aber sichtlich irritiert, dass Sachbearbeiter A ihm einen Abholtermin am Mittwoch vorschlägt, da er doch gerade vor einer Stunde dem Unternehmen telefonisch mitgeteilt hat, dass eine Abholung nur an einem Dienstag oder Donnerstag in Frage kommt. Das Beispiel könnte noch ein Weile so weitergehen. Und leider ist es kein fiktives Beispiel.

„Im Januar bestellte ich eine Kommode, da war die Welt noch in Ordnung. Asche auf mein Haupt, denn ich fand im gleichen Katalog eine weitere, die uns noch besser gefiel. Nachdem die erste Bestellung storniert wurde, nahm das Drama seinen Lauf. Zum einen wurde die erste Kommode trotz Stornierung drei Mal geliefert (sehr gründlich, eine könnte ja defekt sein), zum anderen trudeln inzwischen (fünf Monate später) noch immer im Rhythmus von zwei Wochen irgendwelche lustigen Zettel von der Lieferspedition ein, die entweder etwas abholen oder schon wieder etwas liefern will. Die zweite Kommode wurde lediglich zwei Mal angeliefert – schwach, aber noch immer gründlich genug. Ich darf hier nochmal daran erinnern, dass ich kein Kunde mehr bei Ihnen bin und Sie mir das Guthaben auf meinem damaligen Kundenkonto ausgezahlt haben. ... Über Monate nerven Sie jetzt mit Anlieferungen, Abholungen, Anlieferungen, Abholungen, Anlieferungen, Abholungen, Anlieferungen, Abholungen. Wie lange wollen Sie dieses Spielchen noch treiben?“

Herr J. K. aus Bad Neuenahr-Ahrweiler, Beschwerde zu einem Versandhändler

Die Beispiele zeigen, wie wichtig es ist, Kundendokumente zentral und elektronisch abzulegen, wenn die Mitarbeiter im Call Center in der Lage sein sollen, dem Kunden weiterzuhelfen. Zu der elektronischen Ablage gehört auch ein Workflow-System, das die eingegangenen Unterlagen einem bestimmten Mitarbeiter zur Bearbeitung zuordnet und auch nachkontrolliert, ob die Dokumente tatsächlich bearbeitet wurden. Denn genauso, wie in jedem Call Center eine Anrufabbruchsrate (der Prozentsatz der Kunden, der auflegt, bevor er überhaupt mit einem Mitarbeiter sprechen kann) und eine durchschnittliche Wartezeit der Kunden statistisch ausgewertet wird, müssen dieselben Faktoren auch bei der schriftlichen Kommunikation mit dem Kunden erhoben werden. Dazu gehört zum Beispiel die Frage, wie viel Prozent der eingegangenen Briefe und Faxe in welcher Zeit bearbeitet wurden. Diese Größen werden jedoch derzeit nur in den wenigsten Untenehmen überhaupt erfasst.

Internet

Genau wie schriftliche Beschwerden per Brief oder Fax erlauben auch E-Mails eine asynchrone Bearbeitung. Der Sachbearbeiter muss das E-Mail nicht innerhalb von einer Minute bearbeiten, wie es bei einem Telefonanruf der Fall ist. Zwar erwartet der Kunde bei einem E-Mail natürlich tendenziell kürzere Antwortzeiten als bei einem Brief. Dennoch stehen dem Unternehmen mehrere Stunden oder evtl. sogar ein bis zwei Tage zur Verfügung, um Belastungsspitzen abzufangen und gleichmäßiger zu verteilen. Dadurch können die Kosten der Bearbeitung im Vergleich zum Call Center bereits deutlich reduziert werden. Außerdem müssen E-Mails nicht erst aufwendig eingescannt werden, sondern liegen bereits digital vor und können direkt der elektronischen Kundenakte zugeordnet werden.

Wenn die Unternehmen dem Kunden aber auf der Website nur ein einfaches E-Mail-Formular zur Kontaktaufnahme anbieten, lassen sie sich die größten Vorteile der Kommunikation über das Internet entgehen. Denn der eigentliche Hebel zur Kostenersparnis und effizienten Organisation der Prozesse liegt in der strukturierten Abfrage der Information über ein Eingabeformular im Netz. Ein strukturiertes Eingabeformular im Internet erleichtert dem Kunden die Formulierung seiner Beschwerde, weil ein Großteil der Informationen vorstrukturiert abgefragt wird. (Vgl. Abschnitt „Strukturierte Erfassung der Beschwerden“, S. 102 ff.).

Bei der strukturierten Erfassung von Beschwerden kann das Unternehmen auf der Website bereits die Fragen stellen, die es zur Bearbeitung der Beschwerde benötigt. So kann beispielsweise die Kundennummer abgefragt werden. Auf der Basis der Kundennummer und des Kundenstatus kann die Beschwerde priorisiert behandelt werden. So erhalten Kunden, die für das Unternehmen einen höheren Wert besitzen, also profitabler sind, automatisch eine höhere Priorität in der Bearbeitung und letztlich einen besseren Service.

Ebenso ist ein Routing nach Beschwerdegrund möglich. So können beispielsweise alle Beschwerden, in denen der Kunde als Grund „Probleme mit der Rechnung" angegeben hat, sofort an die zuständige Rechnungsabteilung weitergeleitet werden. Hier ist es allerdings wichtig, die Beschwerdegründe möglichst eindeutig zu beschreiben, damit der Kunde die Zuordnung korrekt treffen kann.

Ein entscheidender Vorteil von interaktiven Internetbeschwerden besteht darin, dass das Unternehmen bereits bei der Beschwerdeeingabe die richtigen Fragen stellen kann. Bei einer Beschwerde per Brief oder Fax ist das Vorgehen nicht interaktiv. Es kann also passieren, dass der Kunden zwar den gesamten Vorgang, der ihn „auf die Palme gebracht" hat, detailgenau beschreibt, aber vergisst, seine Kundennummer anzugeben. Dies macht die Bearbeitung der Beschwerde für das Unternehmen sehr aufwendig, entweder weil der Kunde erst langwierig im System gesucht werden muss oder weil der Kunde möglicherweise gar nicht identifiziert werden kann und deshalb zunächst erst einmal zurückgerufen werden muss.

Das Unternehmen kann also bei einer interaktiven Beschwerde alle notwendigen Informationen abfragen, ohne dass allerdings in dieser Zeit ein Call-Center-Mitarbeiter am Telefon warten muss, bis der Kunde die notwendigen Informationen gefunden hat. Die asynchrone Eingabe und Bearbeitung der Beschwerde hat für das Unternehmen erhebliche Zeitvorteile. Bei einem Telefonanruf fragt der Call-Center-Mitarbeiter beispielsweise nach der Kundenummer. Der Kunde hat die Kundennummer nicht immer griffbereit und muss erst einmal suchen. Während dieser Zeit wartet der Call-Center-Mitarbeiter am Telefon und kann nichts tun. Einige Unternehmen versuchen zwar das Problem zu minimieren, indem sie den Kunden schon vorher in der Ansage der Warteschleife darum bitten, die Kundennummer griffbereit zu halten. Dadurch wird zwar die Gesprächsdauer im Call Center verkürzt, aber die

Kundenzufriedenheit wird tendenziell eher nicht erhöht. Das Unternehmen lässt den Kunden minutenlang in der Warteschleife warten, fordert ihn zugleich schon mal auf, alle Informationen griffbereit zu halten, damit nachher der Mitarbeiter des Unternehmens den Vorgang so schnell wie möglich bearbeiten kann. Das Gefühl, als Kunde König zu sein, kommt dabei bestimmt nicht auf, eher das Gefühl, dass man wie eine „Nummer“ möglichst schnell und effizient abgefertigt werden soll.

Eine schriftliche Beschwerde bietet für das Unternehmen im Vergleich zu einer telefonischen Beschwerde den entscheidenden Vorteil, dass die Informationsübermittlung deutlich schneller und weniger gefühlsgeladen funktioniert. Wenn ein Kunde mit einem Produkt oder einer Dienstleistung des Unternehmens nicht zufrieden ist und sich beschweren möchte, dann wird eine Beschwerde per Telefon ziemlich langwierig sein, weil der Kunde natürlich „Dampf ablassen“ möchte und den gesamten Sachverhalt zunächst einmal haarklein darstellen möchte. Während dieser Zeit muss ein Mitarbeiter des Unternehmens am Telefon sitzen und sich die Beschwerde anhören. Dies verursacht aus Sicht der Unternehmens hohe Kosten. Außerdem stellt es für die Mitarbeiter im Call Center eine hohe Belastung dar, dieses emotional stark aufgeladenen Gespräch zu führen.

Äußert sich der Kunde jedoch schriftlich, führt dies automatisch dazu, dass der Kunde den Sachverhalt distanzierter, objektiver und weniger emotional aufgeladen darstellt. Für den Mitarbeiter ist der Sachverhalt viel schneller zu erfassen, wenn er bereits schriftlich zusammengefasst ist. Ein komplizierter Bestellvorgang mit verschiedenen Falschlieferungen und verspäteten Lieferungen kann, wenn es schriftlich dargestellt ist, von einem Mitarbeiter innerhalb von wenigen Minuten erfasst werden. Wird dieselbe Information vom Kunden telefonisch mitgeteilt, kann derselbe Vorgang bei der Informationserfassung problemlos 10 bis 15 Minuten in Anspruch nehmen.

Doch nicht nur bei der Aufnahme der Kundenanliegen, sondern auch bei deren Bearbeitung bietet ein Beschwerdeeingang per E-Mail deutliche Effizienzvorteile. Zum einen können notwendige Überkapazitäten in Call Centern genutzt werden, indem die Mitarbeiter in der Zeit, in der keine Anrufe ankommen, E-Mails beantworten. Je nach Grund der Beschwerde kann systemseitig gleich ein automatisiertes Antwortmail an den Kunden zusammengestellt werden, das von dem Mitarbeiter nur noch manuell ergänzt werden muss.

Neben der teilautomatisierten Bearbeitung von Beschwerden bietet die asynchrone Bearbeitung auch einige Effizienzvorteile. Die Personalplanung muss nicht Spitzenauslastungen an einigen Stunden am Tag abdecken können, sondern die Arbeitsbelastung kann gleichmäßig über einen regulären Arbeitstag verteilt werden. Dies bringt Einsparungen durch die Komplexitätsreduktion in der Personalplanung und durch den gleichmäßigeren Personaleinsatz. Durch die standardisierten Infrastrukturanforderungen zur E-Mail-Bearbeitung und durch die weltweite Verfügbarkeit des Internet können E-Mail-Bearbeitungsplätze ohne große Schwierigkeiten auch als Heimarbeitsplätze eingerichtet werden. Dadurch können wiederum die Kosten für das Unternehmen gesenkt und die Personalrekrutierung vereinfacht werden.

Und schließlich können E-Mails, die bereits nach Beschwerdegrund und anderen Kriterien vorstrukturiert sind, auch bedeutend einfacher ausgewertet werden als Briefe oder Telefonate (vgl. Abschnitt „Beschwerden auswerten“, S. 149).

> ***„Vor einigen Wochen änderte sich meine Bankverbindung. Dieses teile ich Ihnen in einem Mail mit. Daraufhin erhielt ich per Post einen Vordruck, mit der Aufforderung, diesen auszufüllen und zurückzuschicken oder zu faxen. Ich kam dieser Aufforderung nach, trug noch einmal meine neue Bankverbindung ein und faxte den Vordruck unterschrieben zurück. Es tat sich nichts. Die Rechnungen von zwei Monaten wurden nicht abgebucht. Heute erhielt ich dann per Post eine Mahnung über die beiden Rechnungen. Es folgte ein bereits bekanntes Spiel. Ich versuchte die kostenpflichtige Hotline zu erreichen. Nach einer Wartezeit von 12 Minuten wurde ich dann mit einer Mitarbeiterin verbunden. Die Freundlichkeit und das Entgegenkommen der Mitarbeiterin ließen sehr zu wünschen übrig. Zum Ende des Gesprächs wurde mir lapidar mitgeteilt, ich könne mich ja an die Geschäftsleitung wenden, wenn ich Beanstandungen hätte. Dieses habe ich dann auch direkt per Mail getan. Doch ich schätze, es wird wieder mal keine Antwort von dieser Gesellschaft kommen – so wie in der Vergangenheit auch. Ich selbst werde meinen Mobilanschluss bei Ihnen nicht mehr nutzen. Ich bezahle die Grundgebühr und habe bereits einen Vertrag bei einem anderen Anbieter abgeschlossen.“***
>
> Herr T. A. aus Voerde, Beschwerde zu einem Telekommunikationsunternehmen

Steuerung von Zugangskanälen

Die Betrachtung zeigt, dass Beschwerden per E-Mail für das Unternehmen deutliche Vorteile auf der Kostenseite beinhaltet. Was kann das Unternehmen aber nun mit dieser Erkenntnis anfangen? Auch wenn sich E-Mail für das Unternehmen als der günstigste Zugangskanals herausgestellt hat, muss das Unternehmen dem Kunden dennoch alle Zugangskanäle weiterhin anbieten. Schließlich kann das Unternehmen dem Kunden nicht vorschreiben, auf welchem Weg er mit dem Unternehmen in Kontakt tritt. Und gerade im Sinne einer hohen Kundenzufriedenheit und eines möglichst hohen Beschwerdeaufkommens macht es natürlich Sinn, dem Kunden so viele Kanäle wie möglich zu öffnen.

Dennoch bieten sich für das Unternehmen eine ganze Reihe von Steuerungsmöglichkeiten, mit denen das Beschwerdeaufkommen von einem Zugangskanal auf einen anderen Zugangskanal verlagert werden kann, wie beispielsweise unterschiedliches Marketing, Incentives und Antwortquoten für verschiedene Kanäle. Selbstverständlich müssen dem Kunden immer alle Zugangskanäle offen gehalten werden, aber die Kosten für das Unternehmen sind primär dadurch bestimmt, wie viel Prozent der Beschwerden über den jeweiligen Zugangskanal beim Unternehmen eingehen. Und dass lässt sich sehr wohl beeinflussen.

Marketing

Von Marketingseite ist es zunächst einmal von elementarer Bedeutung, dass die Zugangsmöglichkeiten über alle Kanäle kommuniziert werden. Derzeit wird auf Rechnungen oder Werbematerial häufig nur eine zentrale Telefonnummer angegeben, nicht jedoch auch eine Internetadresse oder E-Mail-Adresse. Wenn das Unternehmen aber das Internet als präferierten Zugangskanal etablieren möchte, dann sollte als erstes und entsprechend hervorgehoben die Internet-Adresse und erst an zweiter Stelle auch eine Telefonnummer und eine Brief- und Faxadresse genannt sein. Um die strukturierte Meinungseingabe im Internet weiter zu vermarkten, sind noch weitere Instrumente denkbar.

Incentives

Viele Kunden haben zunächst eine Hemmschwelle, etwas Neues auszuprobieren. Wenn sie jedoch eine neue Sache einmal getestet haben, und es gut funktioniert hat, werden sie dieses Medium tendenziell immer wieder nutzen. Deshalb kann es Sinn machen, für die erstmalige Äußerung einer Meinung über das Internet dem Kunden ein Incentive anzubieten. Denkbar wäre zum Beispiel ein Preisausschreiben für alle Kunden, die innerhalb eines bestimmten Zeitraums eine Meinung über das Internet eingeben. Und wer schon seine Bestellung per Internet aufgegeben hat, wird auch leichter die Beschwerde per Internet aufgeben, insbesondere dann, wenn es ihm leicht gemacht wird.

Antwort-Quoten

Die Erfahrung von Kunden, die versuchen, sich bei einem Unternehmen zu beschweren, zeigt, dass sie, wenn sie bei einem Zugangskanal nicht das gewünschte Ergebnis erreichen, in der Regel einen anderen Zugangskanal ausprobieren. Erst versucht es der Kunde mit einem Brief, nachdem keine Antwort erfolgt, ruft der Kunde im Call Center an, nachdem er auch dort erfolglos bleibt, schreibt er schließlich noch eine E-Mail.

> ***„Bis heute habe ich versucht herauszufinden, ob meine schriftliche Anmeldung bei Ihrer Krankenversicherung je angekommen ist, denn ich habe weder Chipkarte noch Bestätigung erhalten. Ich rief bei einer Zentralnummer an, die mir nicht helfen konnte und mich an jemand anderen verwies. Sie hielt es nicht mal für nötig, mich zu verbinden. Jedenfalls versuche ich seit Tagen, die andere Nummer zu erreichen – ohne Erfolg. Ich versuche im Internet die Mail-Kontaktseiten zu laden, aber sie lassen sich nicht öffnen, jetzt versuche ich es per E-Mail. Vielleicht könnte sich ja mal einer erbarmen und mir sagen, wie es um meinen Versicherungsschutz steht."***
>
> Frau D. B. aus Frankfurt, Beschwerde zu einer Krankenkasse

Wenn das Unternehmen also einen bestimmten Zugangskanal fördern will, dann ist es absolut notwendig, in diesem Zugangskanal dem Kunden schnell und professionell zu antworten. Wenn die Bearbeitung von

E-Mails immer zweite Priorität nach der Beantwortung von Telefonanrufen hat, werden die E-Mails unbearbeitet liegen bleiben, solange die telefonische Hotline ausgelastet ist. Sobald der Kunde merkt, dass er auf eine E-Mail keine Antwort erhält, aber telefonisch sehr wohl jemanden erreichen kann, wird er seine Probleme zukünftig wieder über das Telefon zu lösen versuchen. Insofern eignet sich die Methode, Unterauslastung im Call Center zur Beantwortung von E-Mails zu nutzen, zwar zur Kostenreduktion, aber nicht dafür, einen bestimmten Service-Level aufrecht zu erhalten.

Das Unternehmen kann also Kunden an einen bestimmten Kommunikationskanal binden, indem in dem präferierten Kanal hohe Responsequoten sichergestellt werden. Das Unternehmen könnte sogar noch einen Schritt weitergehen und eine Service-Garantie abgeben. Das Unternehmen würde dem Kunden beispielsweise garantieren, dass alle Kundenanliegen, die über das Internet eingegeben werden, innerhalb von 24 Stunden bearbeitet werden. Das heißt noch nicht, dass alle Probleme des Kunden innerhalb von 24 Stunden gelöst sind, denn das ist manchmal aufgrund der Natur des Problems einfach nicht möglich. Aber es bedeutet, dass sich jemand innerhalb von 24 Stunden mit dem Kunden in Verbindung gesetzt und die nächsten Schritte eingeleitet hat. Gerade bei einer schwer erreichbaren telefonischen Hotline, bei der die Kunden teilweise schon allein Dutzende von Anwahlversuchen benötigen, um überhaupt einen Call-Center-Mitarbeiter ans Telefon zu bekommen, kann eine solche Service-Garantie im Internet viele Kunden vom Kanal Telefon zum Kanal Internet ziehen.

Eine Service-Garantie könnte beispielsweise auch beinhalten, dass der Kunde einen bestimmten Betrag auf seinem Kundenkonto gutgeschrieben bekommt, wenn das Garantieversprechen nicht eingehalten wird. Sinn macht so eine Service-Garantie natürlich nur dann, wenn eine Gutschrift auf dem Kundenkonto automatisch erfolgt und nicht erst vom Kunden wieder über eine weitere Beschwerde eingefordert werden muss. Sie funktioniert auch nur bei Unternehmen, die ohnehin ein Kundenkonto führen, wie beispielsweise Banken oder Telefongesellschaften oder auch Autovermietungen oder Fluggesellschaften für ihre Premium-Kunden. Akzeptiert wird diese Service-Garantie nur dann, wenn sie vom Unternehmen auch so gelebt wird, wie sie ursprünglich gedacht war. Wenn sich die Mitarbeiter des Unternehmens darauf zurückziehen, dass das Kundenanliegen innerhalb von 24 Stunden bearbeitet worden sei, indem eine Mail verschickt wurde, dass die Beschwerde an die zuständige Abteilung weitergeleitet wurde, wird das Serviceversprechen schnell zur Farce. Ein ohnehin schon verärgerter Kunde dürfte dann endgültig zur Konkurrenz abwandern.

Strukturierte Erfassung der Beschwerden

Grundvoraussetzung für eine effektive Ausschöpfung des Kundenbindungspotenzials, das in Beschwerden liegt, ist eine strukturierte Erfassung der Anliegen nach Beschwerdegrund, Schwere des Vorfalls und Bedeutung des Kunden für das Unternehmen. Nur dann ist eine sinnvolle Priorisierung bei der Bearbeitung der Beschwerden möglich, und nur dann können im Anschluss sinnvolle Auswertungen folgen, die es dem Unternehmen erlauben, aus den Beschwerden zu lernen und die zu Grunde liegenden Probleme zu beheben.

Genauso wichtig ist es, den Kunden möglichst detailliert über den Grund der Beschwerde zu fragen, um die Daten effizient beantworten und auswerten zu können. Wie schon im vorangegangen Kapitel gezeigt, bietet die strukturierte Erfassung der Beschwerde durch ein interaktives Eingabeformular im Internet entscheidende Vorteile für das Unternehmen. Natürlich ist es theoretisch genauso möglich, diese strukturierten Daten zu erhalten, indem ein Mitarbeiter im Call Center den Kunden mündlich genau die gleichen Fragen stellt, die auch im Internet gestellt worden wären. Damit sind allerdings in der Regel prohibitive Kosten verbunden.

Die Bedeutung einer strukturierten Erfassung der Kundenanliegen wurde bereits ausführlich erörtert. Umso erstaunlicher ist, dass selbst unter den Unternehmen, die ihren Kunden überhaupt die Möglichkeit der Kontaktaufnahme geben, nur wenige sind, die eine sinnvolle Strukturierung ihrer eingehenden Beschwerden vornehmen. Viele Firmen beschränken sich auf die Unterscheidung der Anfragen oder Beschwerden nach technischen oder inhaltlichen Problemen oder auf die Einteilung in Geschäftsfelder, um so wenigstens eine grobe Vorauswahl zu gewährleisten. Einige Unternehmen verlangen immerhin eine Konto- oder Kundennummer des Kunden. Darüber hinaus findet allerdings keine weitere Segmentierung statt. Meist wird dem Kunden lediglich ein Freitextfeld angeboten, in dem er sich zur Firma äußern kann. Andere Unternehmen bieten sogar nur einen Link an, hinter dem sich ein E-Mail-Fenster („info@unternehmen.de“) öffnet, in das der Kunde ohne Struktur und Orientierung einen beliebigen Text eingeben kann.

Grundsätzlich hat ein strukturiertes Eingabeformular aber nicht nur für das Unternehmen, sondern auch für den Kunden entscheidende Vorteile. Vielen Leuten fällt es nicht leicht, auf einem weißen Blatt Papier oder in einem großen weißen Eingabefenster ein Anliegen zu formulieren. Sie sind sich bei den Formulierungen unsicher und wissen nicht, wie sie anfangen sollen und wie sie das Schreiben beenden sollen. Zum Teil vergessen sie möglicherweise wichtige Informationen, so dass das Unternehmen das Kundenanliegen gar nicht beantworten kann.

Der Kunde wendet sich an das Unternehmen und äußert damit auch in gewisser Weise seinen Willen, an einer Verbesserung mitzuwirken. Wenn die Informationen in strukturierter Form abgefragt werden, fühlt sich der Kunde langsam an den Sachverhalt herangeführt und auch ernst genommen. Hat er bereits drei Fragen als Drop-down-Menüs beantwortet, ist es für ihn viel einfacher, die noch offenen Punkte in ein Freitextfeld zu schreiben. Für das Unternehmen heißt das wiederum, dass mehr Kunden eine Meinung eingeben, weil die Hemmschwelle geringer wird.

Umso unverständlicher erscheint, warum auf vielen Websites die Informationen immer noch in eher unstrukturierter Form abgefragt werden. Weder das Thema der Meinung bzw. der Grund einer Beschwerde werden in einem Drop-down-Menü abgefragt, noch werden weitere Informationen zum Kunden selbst und damit zu seiner Bedeutung für das Unternehmen über einen kurzen Fragenkatalog eingeholt. So kann es passieren, dass eine Großbank die Nachricht erhält “Mein Scheck ist immer noch nicht gutgeschrieben. Bitte veranlassen Sie die sofortige Gutschreibung!! Viele Grüße, Thomas Müller.“ Es dürfte einige Zeit dauern, bis die Konten aller Müllers nach ungewöhnlich lange ausstehenden Scheckgutschreibungen durchgesehen wurden. Das Beispiel klingt vielleicht etwas überzogen, ist aber im Alltag durchaus an der Tagesordnung, auch wenn zunehmend im Bankenbereich wenigstens Konto- oder Kundennummer standardisiert abgefragt werden.

Die für die Bearbeitung und Auswertung der Beschwerden nützliche Information über den Kunden lässt sich in einem solchen Fall nur mühsam und durch aufwendige Recherche in Erfahrung bringen. Meistens sind in einem Großunternehmen unterschiedliche Bereiche für die Bearbeitung unterschiedlicher Probleme zuständig. Eine Frage zu den technischen Details eines Produktes wird wahrscheinlich nicht von derselben Person beantwortet werden können, wie eine Beschwerde über eine fehlerhafte Rechnungstellung oder verzögerte Lieferung.

Wenn der Kunde sein Anliegen im Internet eingibt, können zwei Vorteile miteinander kombiniert werden. Einerseits wird dem Kunden eine einheitliche Anlaufstelle angeboten, an die er sich mit allen Anliegen jedweder Art wenden kann. Andererseits können die Angaben vom Kunden so detailliert erhoben werden, dass das Kundenanliegen auf Grund der Angaben des Kunden gleich automatisiert an die richtige Stelle im Unternehmen weitergeleitet werden kann. Wenn der Kunde also im ersten Drop-down-Menü angibt, dass er ein Problem mit der Rechnungstellung hat, kann dieses Anliegen sofort automatisiert an die Buchhaltung weitergegeben werden. Und selbst wenn sich dort herausstellt, dass es sich gar nicht um ein Problem in der Rechnungstellung handelt, sondern der Kunde eigentlich eine Fehllieferung beanstanden möchte, kann die Mail auch innerhalb des Unternehmens schnell und unkompliziert an die richtige Stelle weitergegeben werden. Allerdings ist ein einheitliches Workflowsystem erforderlich, um sicherzustellen, dass die Mail des Kunden nicht nur von einem Mitarbeiter zum anderen weitergegeben wird, sondern tatsächlich auch beantwortet wird.

Allein das Thema der Beschwerde und somit den richtigen Ansprechpartner zu ermitteln, erfordert bei einer unstrukturierten Abwicklung meist eine längere Beschäftigung mit dem Anliegen, und dies schon bevor es überhaupt an den letztlich zuständigen Sachbearbeiter gelangt.

Es ist demnach für ein effektives Beschwerdemanagement unerlässlich, eine Strukturierung der Anliegen nach verschiedenen Kriterien vorzunehmen. Nicht nur die schnellere Zuordnung zu den zuständigen Unternehmensbereichen wird so erleichtert. Auch die damit durchführbare Priorisierung der Kundenmeinungen nach Schweregrad der Beschwerde und Bedeutung des Kunden für das Unternehmen ermöglicht es, Ressourcen effektiv und zeitlich optimiert einzusetzen.

Je genauer der Grund der Beschwerde auf den ersten Blick erkennbar ist, desto schneller lässt sich der zuständige Bereich zur Bearbeitung des Anliegens finden.

Die strukturierte Eingabemaske

- *Professionelles Auftreten:*
  Die Eingabemaske verleiht dem Unternehmen im Vergleich zu einer E-Mail-Adresse eine optisch deutlich professionellere Außenwirkung.
- *Eingabe-Ergonomie:*
  Durch die Auswahl-Menüs lässt sich das Anliegen bereits grob vorkategorisieren, so dass die Beschreibung des Anliegens für den Kunden deutlich vereinfacht wird.
- *Vereinfachte Weiterleitung:*
  Durch die Vorkategorisierung können die Anliegen direkt an die zuständige Person weitergeleitet werden.
- *Strukturiertes Reporting:*
  Die strukturierte Eingabe erlaubt eine vereinfachte Auswertung der Daten für das Unternehmen.
- *Dynamische Zusatzfragen:*
  Wertvolle Marktforschungs-Informationen über Kunden können kostengünstig gewonnen werden.

Quelle: Booz Allen Hamilton 2002

Im Folgenden geht es darum, so präzise wie möglich die Ausgangssituation des Kunden am Beispiel eines Automobilherstellers nachzuvollziehen. Handelt es sich beispielsweise um ein Kundenproblem, das bei diesem Modell schon öfters aufgetreten und daher bekannt ist? Oder ist der Wagen gebraucht gekauft worden und sind eventuell vom vormaligen Besitzer Änderungen vorgenommen worden, von denen der derzeitige Besitzer nichts weiß? Tritt das Problem häufig bei Autos mit einer hohen Fahrleistung auf? Sind diese Fragen beantwortet, ist auf dem Weg zu einer zufrieden stellenden Lösung auf der einen Seite und einer sinnvollen Auswertung auf der anderen schon gute Vorarbeit geleistet.

Die Frage nach der allgemeinen Zufriedenheit des Kunden mit dem Unternehmen bietet außerdem die Möglichkeit, die Position des Kunden besser einzuschätzen. Wie verärgert ist der Kunde? Ist er im Großen und Ganzen sehr zufrieden oder hat er sich schon öfter über Produkte oder Service geärgert?

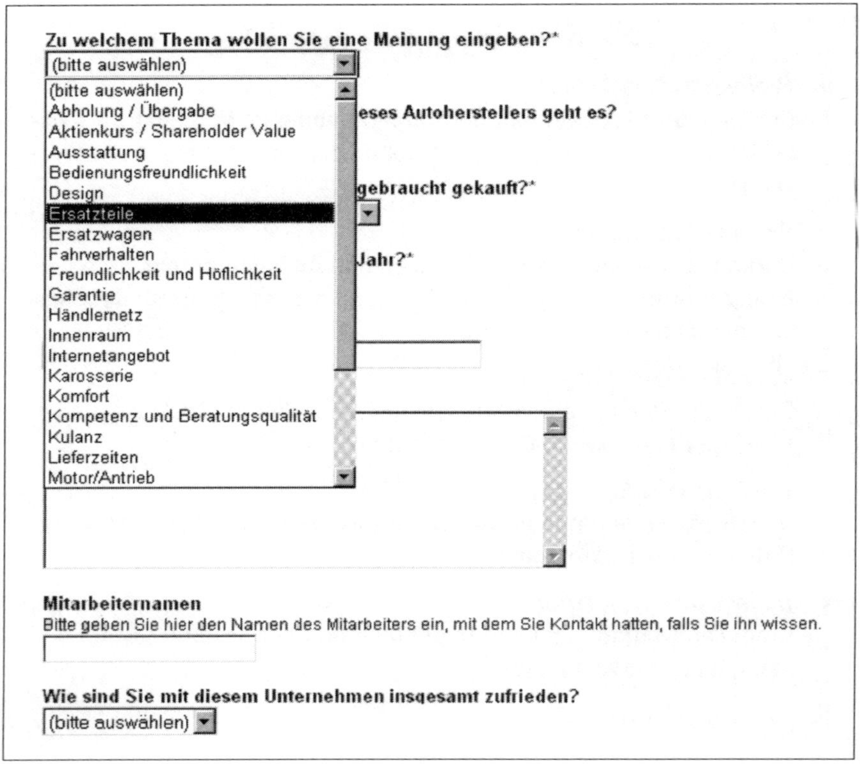

Abbildung 17: In dieser Struktur werden übersichtlich die wichtigsten Elemente der Meinungseingabe bei einem Automobilhersteller abgefragt.
Quelle: Booz Allen Hamilton 2002

Weitere Möglichkeiten zur Erstellung des Kundenprofils geben Fragen nach der Häufigkeit des bisherigen Kontakts („Wie oft haben Sie bereits bei diesem Unternehmen/Kaufhaus eingekauft?“) oder nach der generellen Branchen- oder Medienaffinität („Wie häufig tätigen Sie Transaktionen über das Internet?“, „Wie oft fliegen Sie im Jahr?“, „Wie häufig fahren Sie in Urlaub?“). Im Prinzip erlauben diese Fragestellungen dem Unternehmen eine erste Einschätzung, ob es sich hierbei um einen profitablen Kunden oder um einen unprofitablen Kunden handelt, bzw. wie hoch das zukünftige Potenzial dieses Kunden ist. Bei Unternehmen, denen ihre Kunden bekannt sind, wie beispielsweise

Banken oder Telefongesellschaften, sollte eine Frage zum Umsatzvolumen eigentlich nicht nötig sein, denn idealerweise kann bei diesem Unternehmen durch eine Verknüpfung des CRM-Systems mit der bestehenden Kundendatenbank die Profitabilität des Kunden direkt ermittelt werden.

Diese Information ist zum einen wichtig dafür, wie die Beschwerde behandelt wird. Angenommen ein Kunde möchte sich für den Kauf eines gebrauchten Autos in einer fremden Stadt eine größere Summe Bargeld von seinem Konto bei einer anderen Bank auszahlen lassen. Typischerweise werden dafür gemäß der allgemeinen Preisordnung der jeweiligen Bank Barauszahlungsgebühren in nicht unerheblicher Höhe erhoben. Angenommen dieser Kunde beschwert sich nun bei seiner kontoführenden Bank über die Höhe der Barauszahlungsgebühren. Einem Kunden mit einem sehr großen Depot wird diese Gebühr sicherlich eher einmal auf Kulanz erlassen als einem kleinen Kunden, der sich noch dazu im vergangenen Monat über zu hohe Kreditkartengebühren und hohe Scheckeinlösungsgebühren beschwert hat.

Der wichtigste Grund für die Erhebung der Wichtigkeit des Kunden liegt aber in der Relevanz für die statistischen Auswertungen. Auch wenn die Bank sich entscheidet, Beschwerden von profitablen und unprofitablen Kunden identisch zu behandeln, ist es für die strategische Positionierung der Bank von zentraler Bedeutung zu wissen, welche Kundengruppen sich über welche Sachverhalte beschweren. Stellt sich zum Beispiel heraus, dass hochprofitable Kunden sich häufig über die Barauszahlungsgebühren beschweren und wenig profitable Kunden häufig Probleme mit hohen Scheckeinlösegebühren haben, so ist diese Information im Falle einer strategischen Überarbeitung der Preisstruktur sicherlich von Bedeutung. Tatsache ist, dass in diesem Fall durch den Wegfall der Scheckeinlösegebühren eher weniger profitable Kunden an das Unternehmen gebunden werden, während durch den Wegfall der Barauszahlungsgebühr eher hochprofitable Kunden gebunden werden könnten. Im Detail wird auf die Auswertung der Beschwerden und die Konsequenzen für das Unternehmen in Kapitel 5 eingegangen.

„Ich bin im Juni 1999 Mitglied geworden bei dieser Bank und habe bis heute (14. September 2000) noch nicht meine geheime Kundennummer – ich habe ein halbes Jahr lang vergeblich versucht, den Mitarbeitern dieser Bank klarzumachen, dass ich eine brauche, da ich sonst nichts machen kann, trotz Pin, trotz Euroscheck – da ich bei jeder Anfrage 3 Stellen dieser Nummer angeben muss, die ich eben nun mal nicht habe. Natürlich habe ich es irgendwann satt gehabt, nachzuhaken, da ja doch nichts passiert. Und so habe ich ein Konto, mit dem ich nichts, aber auch gar nichts anfangen kann. Hätte ich mein altes Konto bei der anderen Bank gecancelt, stünde ich wohl sehr schlecht da, weil ich keine Chance hätte, an mein Geld zu kommen ...“

Herr F. D. aus Essen, Beschwerde zu einer Direktbank

Um die Daten für das Unternehmen statistisch nutzbar zu machen und gleichzeitig dem Kunden die Eingabe so einfach wie möglich zu gestalten, kann die Verwendung von mehrstufigen Formularen sinnvoll sein. Dadurch kann sowohl das Bedürfnis des Kunden, möglichst wenige Fragen zu beantworten, als auch das Bedürfnis des Unternehmens, die richtigen Fragen beantwortet zu bekommen, befriedigt werden. Ein mehrstufiges Formular bietet den Vorteil, dass die Fragen auf der zweiten Stufe des Formulars kontextsensitiv und damit abhängig von den Antworten auf der ersten Stufe gestellt werden können. Auf Grund der Interaktivität des Mediums Internet ist es möglich, die Frage nach der Niederlassung des Unternehmens nur dann zu stellen, wenn der Beschwerdegrund einen Hinweis liefert, dass die Frage relevant ist. Wenn sich also ein Kunde darüber beschwert, dass der Joghurt im Kühlregal bereits 5 Tage überfällig war, ist es für die Konzernzentrale interessant zu wissen, in welcher Filiale der Kunde eingekauft hat. Wenn sich der Kunde jedoch darüber beschwert, dass die verkauften Einwegrasierer nicht ordentlich schneiden, dann ist das kein Problem, bei dem die Fragestellung nach der Filiale relevant ist. Vielmehr handelt es sich dabei um eine Thematik des zentralen Einkaufs. Der Kunde ist dann tendenziell unzufrieden, wenn in diesem Zusammenhang die Frage nach der Filiale gestellt wird, denn er weiß, dass sie für seine spezielle Beschwerde nicht relevant ist. Mehrstufige Formulare stellen also sicher, dass der Kunde so wenig Fragen wie möglich beantworten muss, aber gleichzeitig genau die Fragen beantwortet, die für das Unternehmen bei der Bearbeitung der Beschwerde wichtig sind.

Für die Auswertung der Fragen ist von besonderer Bedeutung, dass die Fragen nicht als Freitextfragen sondern in Drop-down-Menüs gestellt werden. Nur so kann eine schnelle Auswertbarkeit der Antworten erreicht werden. Wenn eine Freitextfrage nach dem Grund der Beschwerde gestellt wird und der Kunde sich über das Miles-&-More-Programm von Lufthansa beschweren will, dann kann in dem Freitextfeld eine Vielzahl von Dingen stehen: Von „Meilen nicht gutgeschrieben" über „Probleme mit Bonuspunkten", „Frequent Traveller Status nicht erreicht", „Kundenbindungsprogramm funktioniert nicht" bis hin zu „Fehlende Punktegutschrift" können dem Kunden alle möglichen Bezeichnungen für das Problem einfallen. Der Mitarbeiter, der später versucht, auf dieser Basis eine Statistik zu erstellen, wie viel Prozent der Beschwerden zum Miles-&-More-Programm der Lufthansa eingehen, hat keine leichte Aufgabe. Mit einer automatisierten Suche nach Schlagwörtern ist es hier nämlich nicht getan. Die einzige Möglichkeit, die oben genannten Punkte zu einem Auswertungspunkt in der Statistik zusammenzufassen besteht darin, alle Beschwerdegründe manuell durchzugehen und einem bestimmten Beschwerdegrund zuzuordnen - bei einer großen Zahl von Beschwerden ein sehr aufwendiger manueller Prozess. Wenn die Daten nur in diesem Format vorliegen, dann wird es in den meisten Unternehmen auf Grund des exorbitanten Aufwands nie zur Erstellung einer zutreffenden und aussagefähigen Statistik kommen.

Ganz anders sieht es aus, wenn die Frage nach dem Beschwerdegrund nicht als Freitextfrage gestellt wurde, sondern mit einem Drop-down-Menü hinterlegt wurde. Eine der Optionen für den Kunden ist im Falle Miles-&-More z. B. die Option „Vielfliegerprogramm". Die Kunden, die sich zu diesem Thema beschweren möchten, sind nun nicht mehr gezwungen, sich selbst einen Beschwerdegrund auszudenken und dabei eine Vielzahl verschiedener Formulierungen zu verwenden, sondern sie klicken einfach den für sie zutreffenden Beschwerdegrund aus dem Drop-down-Menü an. Die statistische Aufbereitung der Daten ist dann mithilfe geeigneter Auswertungsprogramme sehr einfach.

Die Gefahr bei einem Drop-down-Menü besteht allerdings darin, dass der Kunde sich zu einem Thema beschweren möchte, dass in den Alternativen des Drop-down-Menüs nicht vorgesehen ist. Mangels Alternativen ist der Kunden dann gezwungen eine der vorgegebenen Optionen auszuwählen, auch wenn sie nicht passt, denn typischerweise handelt es sich bei einer Frage, die für die Statistik verwendet werden soll, um eine Pflichtfrage. Eine Nichtbeantwortung der Frage wird also systemseitig nicht akzeptiert. Mangels Alternativen wird der Kunde eine beliebige Antwortoption auswählen, wenn er seine Beschwerde abgeben will, ob sie nun auf das Thema passt oder nicht.

Um die Daten auf Dauer sinnvoll statistisch auswertbar zu machen, müssen dem Kunden daher sinnvolle Kategorien vorgegeben werden, in die er seine Beschwerde kategorisieren kann. Die Option „Anderer Grund" ist hier für die Unternehmen ein wichtiger Indikator. Wenn 5 Prozent der Beschwerden der Kategorie „Anderer Grund" zugeordnet werden, stellt das kein Problem dar. Sollten aber 30 Prozent der Beschwerden in diese Kategorie fallen, ist eine nachgeschaltete Auswertung wenig aussagekräftig. Gleichzeitig sind diese 30 Prozent der Beschwerden für das Unternehmen der Schlüssel für eine neue Definition der Kategorien. Denn bei einer einmaligen manuellen Auswertung einer Stichprobe dieser Beschwerden lassen sich einige Kategorien herauskristallisieren, die einen Großteil dieser Beschwerden abdecken. Diese Kategorien müssen dann vom Unternehmen in das Dropdown-Menü aufgenommen werden, so dass dem Kunden zukünftig treffendere Kategorien für seine Anliegen angeboten werden. Dieses interaktive „Learning by doing" ist ein kontinuierlicher Prozess, da sich die verschiedenen Themenbereiche im Laufe der Jahre ändern können.

Andererseits muss für das Unternehmen natürlich auch immer die Vergleichbarkeit der Daten mit den Daten, die von anderen Unternehmen erhältlich sind, berücksichtigt werden. Die Struktur der Datenerhebung muss nicht exakt identisch sein mit den Daten, die von unabhängigen Instituten erhoben werden. Aber es erscheint sinnvoll, eine Überführbarkeit der Daten zu gewährleisten. Eine Überführbarkeit der Daten in eine andere Struktur und damit auch die Vergleichbarkeit der Daten ist dann gewährleistet, wenn sich mehrere Kriterien direkt in ein anderes Kriterium überführen lassen. Dazu ein Beispiel: Nehmen wir an, eine Bank erfragt seine Kundenbeschwerden auf der Website nach den Rubriken wie im folgenden Beispiel.

Fall A: Daten sind kompatibel	
Eigenes Unternehmen	Unabhängiges Institut
Betreuung	Betreuung
Diskretion	Diskretion
Filialnetz	Filialnetz
Freundlichkeit	Freundlichkeit
Home-Banking (Benutzerführung)	Home-Banking
Home-Banking (Geschwindigkeit)	
Home-Banking (Sicherheit)	
Home-Banking (Verfügbarkeit)	
Kontoauszüge	Kontoauszüge
Kredite	Kredite
Serviceautomaten	Serviceautomaten
Telefonische Erreichbarkeit	Telefonische Erreichbarkeit
Zinsen und Gebühren	Zinsen und Gebühren

Fall B: Daten sind nicht kompatibel	
Eigenes Unternehmen	Unabhängiges Institut
Beschwerden bei der Zentrale	Betreuung
Beschwerden bei der Filiale	Diskretion
Vorstands- und Aufsichtsratsbeschwerden	Filialnetz
Probleme mit anderen Instituten	Freundlichkeit
Probleme mit Subunternehmen	Home-Banking
Probleme mit Kreditkartenunternehmen	Kontoauszüge
	Kredite
	Serviceautomaten
	Telefonische Erreichbarkeit
	Zinsen und Gebühren

Abbildung 18: Im Fall A können die Daten für eine Auswertung vergleichbar gemacht werden. In Fall B ist dies aufgrund der andersartigen Strukturierung nicht möglich.
Quelle: Booz Allen Hamilton 2002

Im Fall A kann das Unternehmen einzelne Punkte in der eigenen Statistik, die detaillierter erhoben wird, aggregieren und dann direkt mit den Kriterien vergleichen, die von dem unabhängigen Institut für die Wettbewerber erhoben wurden. Die Punkte Home-Banking (Benutzerführung, Geschwindigkeit, Sicherheit und Verfügbarkeit) können problemlos zu dem Oberpunkt Home-Banking aggregiert werden. Genauso ist natürlich auch das umgekehrte Vorgehen denkbar. Das Unternehmen kann die Daten auf einem höheren Aggregationsniveau erheben und dann die Daten der Wettbewerber ebenfalls auf dieses Niveau aggregieren.

Im Fall B hingegen werden die Daten des Unternehmens in einer völlig anderen Struktur erhoben als die Daten des unabhängigen Instituts. Eine Vergleichbarkeit ist nicht herstellbar, weil die verschiedenen Kategorien nicht ineinander überführt werden können. Da Wettbewerbsvergleiche für die Unternehmen aber von elementarer Bedeutung sind und gleichzeitig für die Unternehmen methodisch sehr schwierig korrekt durchführbar sind, macht es Sinn, bei der Entwicklung der Abfragestruktur auch auf die Vergleichbarkeit zu achten.

Neben der Vergleichbarkeit mit Wettbewerberdaten ist auch die Vergleichbarkeit über die Zeit ein wichtiger Faktor für die Unternehmen. Die Struktur der Datenerhebung sollte also wohlüberlegt sein, damit sich auch Zeitreihenvergleiche anstellen lassen. Ein Telekommunikationsunternehmen stellt beispielsweise fest, dass sich ein Großteil der Kunden über die Verständlichkeit der Rechnungen beschwert. Auch im Vergleich zu Konkurrenzunternehmen zeigt sich, dass die Beschwerden über die Verständlichkeit der Rechnungen im eigenen Unternehmen deutlich höher sind als bei den Wettbewerbern. Der nächste Schritt ist dann, ein Projekt zur Verbesserung der Verständlichkeit der Rechnungen zu starten. Für die Erfolgskontrolle ist nun aber von großer Bedeutung, ein halbes Jahr später zu vergleichen, ob die Anzahl der Beschwerden über die Unverständlichkeit der Rechnungen tatsächlich zurückgegangen ist. Dieser Vergleich ist nur möglich, wenn die Beschwerden weiterhin in derselben Struktur erhoben werden.

Die Ausführungen zeigen, wie wichtig es ist, das Feedback von Kunden, sei es nun Lob, Beschwerde oder ein Verbesserungsvorschlag in einer sinnvollen Struktur zu erheben. Nur dann kann eine schnelle Bearbeitung der Beschwerden und eine effiziente Auswertung der Daten sichergestellt werden.

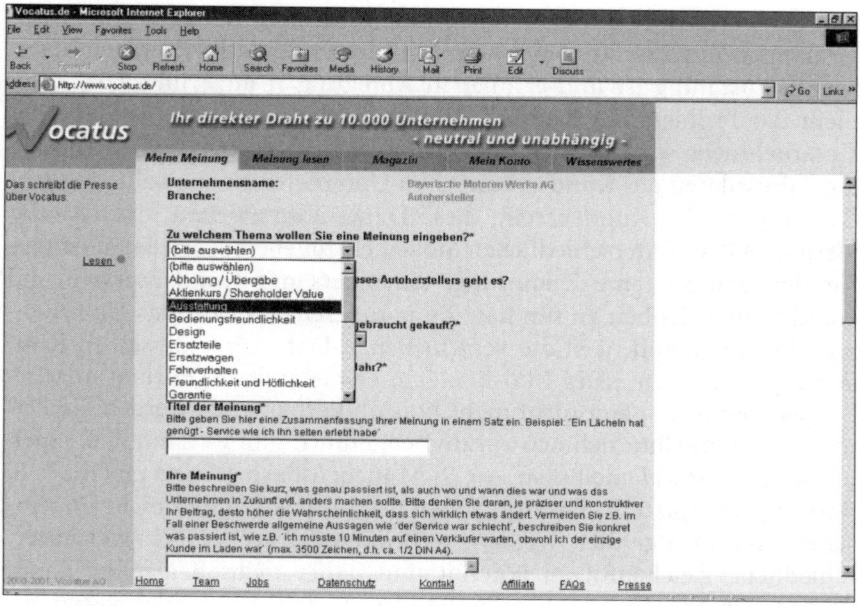

Screenshot: Vocatus – Bei Vocatus werden die Beschwerden zu allen Unternehmen in der Automobilbranche in derselben Struktur erhoben, um die Vergleichbarkeit der Daten sicherzustellen.

Zu guter Letzt muss der Kunde neben allen Fragen zu seiner Meinung auch noch zu einigen persönlichen Daten befragt werden, weil es sonst für das Unternehmen nicht möglich ist, mit dem Kunden in Kontakt zu treten. Gerade hier ist es besonders wichtig, den Kunden nicht mit unnötigen Fragen zu belästigen. Wenn der Kunde bereits seine Kundennummer angegeben hat, über die er über die Datenbank des Unternehmens eindeutig identifizierbar ist, dann ist es überflüssig, zusätzlich Vorname, Nachname, Straße, Postleitzahl und den Wohnort abzufragen, da diese Daten beim Unternehmen bereits vorliegen. Dass diese Daten beim Unternehmen möglicherweise in einer ganz anderen Datenbank vorliegen und der Mitarbeiter im Beschwerdemanagement auf diese Daten keinen Zugriff hat, kann nicht das Problem des Kunden sein. Im Sinne des Customer Relationship Managements sollte vermieden werden, dass der Kunde von Problemen bei der internen Prozessorganisation oder Systeminkompatibilität erfährt.

Der Kunde möchte nur eine Telefonnummer, unter der er mit dem Unternehmen in Kontakt treten kann. Ob intern für sein Problem Abteilung B zuständig ist und er aber in Abteilung A angerufen hat, kann nicht das Problem des Kunden sein, sondern es muss die Aufgabe des Unternehmens sein, diese Prozesse in den Griff zu bekommen. Liegen die Adressdaten des Kunden bereits im Unternehmen vor, sollte es nicht die Aufgabe des Kunden sein, diese Daten zum zweiten, dritten oder vierten Mal an unterschiedlichen Stellen einzugeben. Zum einen ist dies für den Kunden eine Zumutung, die nichts mit Kundenservice und Kundenzufriedenheit zu tun hat. Zum anderen ist es für das Unternehmen nicht sinnvoll, weil die verschiedenen Datensätze desselben Kunden typischerweise jedes Mal in einem etwas anderen Format angegeben werden und später nicht mehr konsolidierbar sind. Werden die Datenbanken im Unternehmen zusammengeführt, gibt es dann z. B. einen „Thomas Bark, Heidelhofstrasse 9, München-Pasing“ und einen „T. S. Bark, Heidelhofstr. 9, Pasing“. Diese Datensätze können nicht systemseitig zusammengeführt werden, weil die Software sie als zwei unterschiedliche Zeichenfolgen erkennt und daher nicht beurteilen kann, dass es sich um ein und dieselbe Person handelt. Die beiden vermeintlich verschiedenen Personen werden vom Unternehmen zukünftig als unterschiedliche Kunden gezählt und z. B. mit Direktwerbung angeschrieben. Unter beiden Kundendatensätzen werden Aufträge entgegengenommen und Rechnungen versandt. Neben der Belästigung des Kunden, der mehrfach Post erhält ohne zusätzlichen Nutzen, stellt dies für Unternehmen eine vertane Chance z. B. für eine korrekte Kundenanalyse dar.

Und somit ist der Grundstein für eine ganze Reihe zukünftiger Beschwerden gelegt: Nehmen wir an, der Kunde zieht um. Bei der nächsten Bestellung gibt er seine neue Adresse an. Die Adresse wird von dem Mitarbeiter des Unternehmens in einem der Datensätze geändert. Der Mitarbeiter kann ja nicht wissen, dass der Kunde im System zweimal angelegt ist. Die Ware und auch die Rechnung werden an die neue Adresse geschickt und alles scheint in Ordnung. Als der Kunde wieder anruft und eine weitere Bestellung aufgibt, hat der Kunde seine Kundennummer nicht parat. Der Mitarbeiter sucht ihn in der Datenbank mit seinem Namen und entdeckt zufällig Datensatz zwei. Die Bestellung wird dann unter diesem Datensatz eingegeben. Der Kunde macht den Mitarbeiter jedoch in diesem Fall nicht mehr auf die Adressänderung aufmerksam, denn die hat er ja bereits beim letzten Mal durchgegeben und die letzte Lieferung wurde ja auch an die neue Adresse geliefert. Damit nehmen die Probleme ihren Lauf. Diese zweite Bestellung wird nun an die alte Adresse geliefert und nach mehreren Wochen als unzustellbar an das Unternehmen zurückgesandt. In der Zwischenzeit hat der Kunde wieder beim Unternehmen angerufen, um nachzufragen, wo denn seine Bestellung bleibt und ob sie vielleicht an die falsche Adresse geschickt worden wäre, denn er wäre kürzlich umgezogen. Diesmal hat er auch seine Kundennummer parat und der Mitarbeiter findet prompt den ersten Datensatz. Eine Verifikation der Adresse zeigt, dass in der Datenbank die richtige Adresse abgespeichert ist. Gleichzeitig muss der Mitarbeiter dem Kunden aber mitteilen, dass überhaupt kein Auftrag vorliegt. Was der Mitarbeiter nicht wissen kann, ist dass der Auftrag sehr wohl vorliegt, aber unter dem anderen Datensatz gespeichert ist. Der Kunde ist erbost und versteht nicht, wie es sein kann, dass er eine telefonische Bestellung aufgibt, die dann „spurlos" verschwindet. Da er auf zuverlässige und termingerechte Lieferungen sehr viel Wert legt, überlegt er, ob er das nächste Mal nicht lieber bei der Konkurrenz bestellt.

Man kann in diesem Fall den Mitarbeitern des Unternehmens keinen Vorwurf machen. Jeder hat den Kunden nach bestem Wissen und Gewissen bedient und dennoch hat das Unternehmen den Kunden möglicherweise verloren.

Aber das Beispiel zeigt nur eines der Probleme, die mit der Inkonsistenz von Datensätzen auftreten können. Die Probleme erstrecken sich auch in viele andere Bereiche im Unternehmen. Nehmen wir an, das Unternehmen plant eine strategische Neuausrichtung und möchte dazu ein Programm mit einer besonderen Betreuung für Kunden mit einem besonders hohen Umsatz einrichten. Auf Grund der unternehmensinternen Datenbank wird zunächst einmal die Gesamtzahl der Kunden überschätzt, da Herr Bark zweimal angelegt ist. Eine Zusammenführung der Datensätze ist inzwischen auch manuell nicht mehr möglich, da die beiden Datensätze nun unterschiedliche Adressen enthalten und auch bei einer manuellen Prüfung nicht mehr feststellbar ist, dass es sich um ein und dieselbe Person handelt. Das Unternehmen geht also davon aus, dass es mehr Kunden hat, als es in Wirklichkeit der Fall ist. In einem nächsten Analyseschritt werden anhand der Umsätze der vergangenen Jahre die Kunden mit den höchsten Umsätzen herausgefiltert, die künftig in den Genuss von Sonderkonditionen und eines speziellen Premiumkundenservice kommen sollen. Herr Bark ist zwar einer der Topkunden dieses Unternehmens, was aber für das Unternehmen leider nicht feststellbar ist, da die Umsätze auf zwei verschiedene Kundenkonten verteilt sind und es für das Unternehmen aussieht, als handelt es sich um zwei Kunden mit durchschnittlichen Umsätzen. Und so wird Herr Bark leider nie in den Genuss des Premiumkundenservice kommen, sondern sich weiterhin mit Fehllieferungen und verschwindenden Aufträgen ärgern müssen.

„Ich habe erst viermal beim diesem Versand etwas bestellt, aber schon herrscht dort das reinste Verwaltungschaos. Nach meiner letzten Bestellung vor rund zwei Wochen erhielt ich nämlich eine Zahlungserinnerung mit den aufgeführten Rechnungen, Rücksendungen und Zahlungen. Darin entdeckte ich zwei Fehler: Zum einen war eine Rechnung vermerkt, die ich nie gesehen, geschweige denn die Ware erhalten hatte, zum anderen war meine letzte Bestellung nicht verbucht. Also antwortete ich dem Unternehmen schriftlich und teilte ihm die Unstimmigkeiten mit. Wenige Tage später rief mich eine freundliche Dame an. Es seien versehentlich zwei Kundenkonten auf meinen Namen eröffnet worden (bei vier Bestellungen!), auf dem ersten sei aber auch noch ein Rückstand von 10,51 DM. Wie der zustande käme, könne sie mir nicht sagen – aber nachdem ich anmerkte, nie etwas für 10,51 DM gekauft zu haben, willigte sie ein, den Betrag zu stornieren und das ‚fehlerhafte' Kundenkonto zu löschen. Dennoch seien auf dem anderen Konto rund 350 DM offen, nämlich für die Rechnung, die ich nie gesehen hatte. Also prüfte ich nochmals meine Unterlagen und stellte fest, dass die Ware von dem Unternehmen an die falsche Adresse – an meine Mutter – gesendet wurde. Diese hatte die Ware umgehend noch an der Tür zurückgegeben. Die entsprechende Rücksendequittung mit der gesamten ‚Geschichte' schickte ich vor rund einer Woche an das zuständige Kundencenter in Leipzig. Heute erhielt ich eine sehr unfreundliche ‚letzte Mahnung'. Kundenbuchhaltung und -verwaltung scheint bei Ihnen ein Chaos zu sein."

Herr C. L. aus Neumünster, Beschwerde zu einem Versandhändler

Das Beispiel zeigt, wie problematisch inkonsistente Kundendaten im Unternehmen sein können und wie durch inkonsistente Systeme der Grundstein für eine ganze Reihe von Problemen und Beschwerden gelegt wird, die für das Unternehmen sehr kostspielig sind und den Kunden unzufrieden machen. Deshalb ist es für jedes Unternehmen von elementarer Bedeutung, für jeden Kunden einen konsistenten Datensatz anzulegen, auf den die verschiedenen Abteilungen zugreifen können.

Bei der Frage nach der Identifikation des Kunden bei einer Beschwerde im Internet ist es daher notwendig, den Kunden eindeutig zu identifizieren, um die Beschwerde auch dem Kundenkonto zuordnen zu können. Das ist sicherlich in manchen Branchen einfacher als in anderen. Im Mobilfunkbereich braucht das Unternehmen nicht aufwendig nach Name und Adresse fragen. Über die Eingabe der Mobilfunknummer sind alle Kunden des Unternehmens eindeutig identifizierbar. Ein ähnliches Prinzip gilt für Lufthansakunden mit der Miles-&-More-Kartennummer und Bankkunden mit der Kontonummer.

Wenn der Kunde nicht über eine eindeutige Nummer identifizierbar ist oder möglicherweise noch gar kein Kunde des Unternehmens ist, sondern es erst werden will, dann muss das Unternehmen ein Minimum an Informationen abfragen. Möchte der Kunde Informationsmaterial zugesandt haben, ist ein Postadresse notwendig. Möchte der Kunde jedoch nur eine Information oder eine Antwort auf seine Beschwerde, dann genügt eine Kontaktmöglichkeit über E-Mail, Fax, Brief oder Telefon. Viele Unternehmen wollen hier gleich die kompletten Daten des Kunden aufnehmen und fragen nach E-Mail-Adresse, Telefon-, Handy-, Faxnummer und Postadresse. Tatsache ist, dass der Kunde keinen Offenbarungseid leisten, sondern einfach nur eine Antwort auf seine Beschwerde möchte. Und ganz im Sinne der Kundenzufriedenheit sollte es dem Kunden überlassen bleiben, auf welche Art er den Kontakt des Unternehmens wünscht.

„Auf meine E-Mail bekam ich von Ihnen per Post die Benachrichtigung, dass mein Kommentar bei Ihnen eingegangen ist und dieser weiterbearbeitet wird. Vielen Dank. Was mich jedoch etwas gestört hat, und was ich keinesfalls gewollt habe ist, dass auf jegliche Beschwerde oder Hinweis meinerseits, jetzt wahrscheinlich zwei Briefe à 1,10 DM bei mir ankommen. Ein Brief dafür, dass meine Beschwerde bearbeitet wird und einer mit der Antwort. Eine

E-Mail wäre mir ebenso recht gewesen und ist bedeutend billiger. Das eingesparte Geld haben Sie sicherlich an anderer Stelle nötiger. Mein Vorschlag wäre, dass Beschwerden oder Hinweise, welche auf elektronischen Weg bei Ihnen eingehen, auch auf selbigem Weg beantwortet werden. Und bitte, bitte schicken Sie mir auf diesen Verbesserungsvorschlag keine Briefpost!"

Herr J. E. aus Frankenberg, Meinung zu einem Verkehrsbetrieb

Viele Unternehmen sind in dieser Hinsicht erstaunlich unflexibel. Zwar nehmen sie Beschwerden und Kundenanliegen über alle möglichen verschiedenen Kanäle wie Telefon, Brief und E-Mail auf, haben aber häufig nur eine Antwortmöglichkeit. In den meisten Fällen ist dies entweder ein Anruf aus dem Call Center oder ein Brief durch das Unternehmen. Die meisten Kunden, die sich per E-Mail beschweren, hätten auch gerne eine Antwort per E-Mail. Und sie sind deshalb möglicherweise auch nicht bereit, etwas anderes als eine E-Mail-Adresse zur Identifikation anzugeben. Die Unternehmen müssen sich hier wie überall auf die Präferenzen ihrer Kunden einstellen. Fortschrittliche Unternehmen bieten ihren Kunden gleich auf der Website ein Auswahloption, auf welchem Weg der Kunde kontaktiert werden möchte. Dies minimiert den Eingabeaufwand für den Kunden und erhöht die Kundenzufriedenheit.

Check-up: Beschwerden erfassen

	Ja	Nein
1. Können sich die Kunden bei Ihrem Unternehmen sowohl per Brief, Fax, Telefon als auch per Internet beschweren?	◯	◯
2. Ist die Kontaktaufnahme, um ein Anliegen oder eine Beschwerde beim Unternehmen abzugeben, für den Kunden kostenlos?	◯	◯
3. Gibt es pro Kunde nur eine Postadresse, Telefonnummer und E-Mail-Adresse, an die er sich wenden kann?	◯	◯
4. Werden Kunden in Produktinformationen und Kunden-anschreiben auf die Beschwerdemöglichkeit hingewiesen?	◯	◯
5. Gibt es auf der Website ein strukturiertes Formular zum Erfassen von Beschwerden und Anregungen von Kunden?	◯	◯
6. Werden die Beschwerden in einer Struktur erfasst, die spätere statistische Auswertungen für das Unternehmen ermöglicht?	◯	◯

4. Beschwerden beantworten

Wie wir in den bisherigen Kapiteln gezeigt haben, ist nicht die Qualität der Antworten der Unternehmen das Problem, sondern die Quantität. Viel zu viele Unternehmen antworten gar nicht oder nur sehr sporadisch auf die Beschwerden ihrer Kunden. Dies ist besonders bemerkenswert, weil im Falle von öffentlichen Beschwerden im Internet auch die breite Öffentlichkeit erfährt, dass die Unternehmen nicht antworten.

Die Nichtbeachtung von Kundenmeinungen im Internet ist aus zwei Gründen überraschend: Zum einen weisen solche Kundenmeinungen eine Nähe zum Konzept der Mundpropaganda auf, dessen Bedeutung für den Erfolg von Produkten und Dienstleistungen empirisch belegt ist. Dadurch, dass die räumlichen und zeitlichen Restriktionen im Internet im Vergleich zu normaler Mundpropaganda entfallen, ist sogar eine höhere Relevanz als bei normaler Mundpropaganda zu erwarten, weil der Kunde sich die Informationen dann beschaffen kann, wenn er sie gerade benötigt und nicht wenn sie ihm ein Bekannter zufällig weitergibt. Zum anderen zeigen die ständig steigenden Nutzerzahlen und das starke Wachstum der entsprechenden Seiten, dass die Kunden das Internet heute bereits intensiv nutzen, um ihre Meinung zu artikulieren und auch die Meinungen anderer Nutzer zu lesen.

Der hohe Einfluss der Mundpropaganda beruht auf einem vermuteten neutralen Status des Empfehlenden im Hinblick auf die Kaufentscheidung des Empfehlungsempfängers und der damit verbundenen hohen Glaubwürdigkeit, die einer solchen persönlichen Kommunikation von Konsumenten normalerweise beigemessen wird. Mundpropaganda stellt neben der Kundenzufriedenheit und der Wiederkaufswahrscheinlichkeit eine zentrale Größe im Marketing dar, die auf die Gewinnung neuer und die Abwanderung bestehender Kunden Einfluss nimmt. Mundpropaganda hat eine so hohe Glaubwürdigkeit, weil die meisten Aussagen, die ein Konsument normalerweise zum Produkt erhält, entweder vom Unternehmen selbst oder von dessen Wettbewerbern kommen und daher in beiden Fällen sicherlich nicht als objektiv gelten können. Vergleichbar mit der Mundpropaganda sind nur noch Studien von unabhängigen Instituten wie beispielsweise der Stiftung Warentest, die kein wirtschaftliches Interesse daran haben, ob der Konsument nun ein bestimmtes Produkt kauft oder nicht.

Sowohl bei der Mundpropaganda als auch bei Meinungen im Internet, die in Anlehnung an das „Word of mouth" auch als „Word of mouse" bezeichnet werden, handelt es sich um eine Kommunikation zwischen Konsumenten. Zwar ist bei einigen Meinungsplattformen die Kommunikation mit anderen Konsumenten nicht das eigentliche Ziel der Aktion. Vielmehr wendet sich der Konsument über die Plattform im Internet an das Unternehmen. Aber dadurch, dass die Meinungen gleichzeitig im Internet veröffentlicht werden, kommt natürlich auch eine Kommunikation von Konsument zu Konsument zustande.

Der zentrale Unterschied zur Mundpropaganda liegt darin, dass die Veröffentlichung einer Meinung im Internet nicht an einen bestimmten Konsumenten, zu dem außerdem ein persönliches Verhältnis besteht, gerichtet ist, sondern an eine Vielzahl von Konsumenten. Während Mundpropaganda durch die Natur der Sache auf eine kleine Zahl von Familienmitgliedern, Freunden und Bekannten beschränkt ist, bekommt die öffentliche Kommunikation eine ganz andere Breitenwirkung, da sie an ein theoretisch unbeschränkt großes Publikum gerichtet ist.

Die Tatsache, dass sich die Konsumenten untereinander nicht kennen, wird von einigen Websites durch den Aufbau einer „Community" ausgeglichen. So werden beispielsweise bei Ciao.com die Meinungsbeiträge der einzelnen Nutzer von anderen Nutzern bewertet, um so eine bessere Orientierung in der Fülle der Meinungen zu erreichen. Außerdem kann der Nutzer auf Basis der Meinungen anderer bestimmte Nutzer für besonders vertrauenswürdig erklären und sich somit einen virtuellen Kreis persönlicher Internet-Bekannten schaffen. Dadurch rücken die Meinungsäußerungen im Internet immer näher an die reale Mundpropaganda.

Für die Unternehmen aber besteht der entscheidende Unterschied zwischen Mundpropaganda und Meinungsäußerung im Internet darin, dass sie bei den im Internet veröffentlichten Meinungen direkt an der Kommunikation zwischen den Konsumenten teilhaben können. Bei der klassischen Mundpropaganda weiß das Unternehmen nie, was ein Kunde seinen Freunden und Bekannten erzählt. Denn Mundpropaganda kann positiv oder negativ ausfallen. Das Unternehmen kann nicht überprüfen, ob seine Kunden mit ihren Freunden und Bekannten überhaupt über die Produkte des Unternehmens sprechen und wenn ja, ob sie sich positiv oder negativ äußern.

Mit der Veröffentlichung der Kundenmeinungen im Internet erhält das Unternehmen die Möglichkeit, von dieser Mundpropaganda zu erfahren. Diese Möglichkeit ist neu und führt bei den Unternehmen zunächst einmal nicht selten zu Irritationen. In dieser Form wird den Unternehmen nun der Spiegel der eigenen Leistung vorgehalten. Und viele mögen nicht, was sie da sehen. Die Strategien damit umzugehen sind jedoch unterschiedlich. Manche Unternehmen verschließen einfach die Augen. Andere versuchen der Auseinandersetzung mit ihrem Spiegelbild zu entgehen, indem sie auf allgemeine Probleme mit Veröffentlichungen im Internet verweisen. Um in dem Bild zu bleiben, ist das nichts anderes als zu behaupten, dass der Spiegel dreckig ist und verzerrt und daher das Bild nicht ein reales Abbild der Wirklichkeit ist. Oder die Unternehmen entrüsten sich darüber, dass der Spiegel überhaupt da ist. Denn schließlich sollte sich ein guter Kunde doch direkt an das Unternehmen wenden und nicht eine öffentliche Plattform nutzen.

Aber es existieren selbstverständlich auch Unternehmen, die sich intensiv mit dem Feedback ihrer Kunden auseinander setzen und versuchen, daraus zu lernen. Sie wissen um den großen Vorteil der öffentlichen Äußerungen im Internet und nutzen diese als Meinungsbarometer und strategische Handlungsanleitung.

„Nachdem mir im Internet-Angebot des Unternehmens zwei unterschiedliche Paar Turnschuhe schmackhaft gemacht wurde, aber noch eine Frage wegen der Schuhgröße offen war, rief ich die Hotline des Unternehmens an und bestellte die Schuhe. Drei Wochen später erhielt ich schließlich ein Schreiben, in dem mir mitgeteilt wurde, dass die Ware nicht vorrätig wäre, ich aber bei fehlendem Warennachschub benachrichtigt werde. Bis heute bekam ich keine Reaktion mehr. Aus Neugier informierte ich mich im Internet, ob es noch möglich ist, diese Turnschuhe zu bestellen. Bis jetzt ist es immer noch möglich, wahrscheinlich nicht lieferbare Ware zu bestellen. Daher meine Frage, erhalte ich meine Produkte noch, oder muss ich meine Ware woanders bestellen? Kann ich überhaupt

noch darauf zählen, eine Produktaktualität auf Ihrer Webseite zu finden? Wenn es sich wenigstens nur um ein Produkt handeln würde, wäre mein Verständnis ja noch auf Ihrer Seite, aber wenn ich schon zwei unterschiedliche Produkte bestelle und beide nicht lieferbar sind, dann wundert man sich doch."

Herr C.G. aus Schlierbach, Beschwerde über einen Versandhändler

Die Bearbeitungszeit

Die Erwartungen an das neue Medium Internet von Seiten der Kunden sind hoch. Den Kunden ist es ziemlich gleichgültig, ob dieses Medium für viele Unternehmen noch „Neuland" ist. Allein bedingt durch die technologischen Möglichkeiten elektronischer Medien, sehen sie eine rasche Antwort auf ihr E-Mail-Anliegen als selbstverständlich an. Das Internet transportiert Nachrichten sekundenschnell. Entsprechend hoch ist die Erwartung von Kunden, innerhalb kürzester Zeit Antwort zu erhalten.

Die Analysen in den vorangegangenen Kapiteln haben gezeigt, dass das Problem bei den meisten Unternehmen nicht darin besteht, dass der Kunden seine Antwort zu spät bekommt oder mit der Antwort nicht zufrieden ist. Das Problem beim Großteil der Unternehmen liegt vielmehr darin, dass der Kunde überhaupt kein Antwort bekommt. Keine Antwort zu erhalten ist für den Kunden das Unbefriedigendste, denn er fühlt sich ignoriert, als ob er mit einer Wand reden würde. Er fühlt sich machtlos gegenüber dem Unternehmen, das ihm noch nicht einmal antwortet.

Hat sich jedoch ein Unternehmen entschlossen, einen Customer-Care-Prozess zu installieren und die Beschwerden der Kunden zu beantworten, dann ist es wichtig, die Bearbeitungszeit zu kontrollieren. Interessanterweise zeigt eine Analyse, dass die Unternehmen in den meisten Fällen die Erwartungen der Kunden bezüglich der Bearbeitungszeit übertreffen. Dabei ist allerdings zu beachten, dass die Erwartung des Kunden sich darauf bezieht, wie schnell der Kunde glaubt, dass ihm das Unternehmen antworten wird. Dies ist davon zu unterscheiden, wie schnell der Kunde wünscht, dass das Unternehmen ihm antwortet.

Nach einer Studie von Vocatus erwarten nur 24 Prozent der Kunden eine Antwort des Unternehmens innerhalb von drei Tagen. Weitere 38 Prozent erwarten eine Antwort innerhalb einer Woche. Tatsache ist jedoch, dass die Unternehmen derzeit deutlich schneller antworten, als die Kunden es eigentlich erwarten würden. Immerhin 60 Prozent aller Kunden, die überhaupt eine Antwort erhalten, erhalten diese Antwort innerhalb der ersten drei Tage, obwohl nur 24 Prozent der Kunden dies erwartet haben.

Aber auch wenn die Kunden, möglicherweise auf Grund negativer Erfahrungen in der Vergangenheit mit relativ langsamen Antworten der Unternehmen zufrieden sind, heißt das nicht, dass dies nun die Zielgröße für die Unternehmen sein sollte. Denn die vom Kunden erwartete Antwortgeschwindigkeit hängt auch sehr stark davon ab, welche Beziehung ein Kunde zu dem Unternehmen hat und welches Problem er

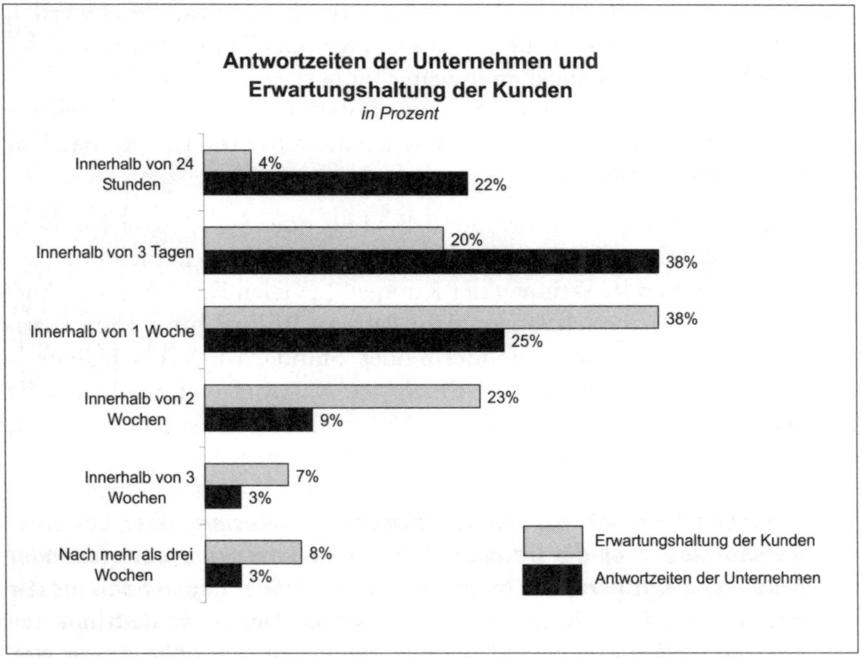

Abbildung 19: Die meisten Kunden erhalten von dem Unternehmen deutlich schneller eine Antwort, als sie es eigentlich erwartet haben, wenn sie überhaupt eine Antwort bekommen.
Quelle: Booz Allen Hamilton 2002

hat. Bei einer Kleinigkeit wird der Kunde sicherlich eher längere Antwortzeiten in Kauf nehmen als bei einer Beschwerde, die ihm sehr wichtig ist und eine hohe Bedeutung hat. Für die Unternehmen kann es daher Sinn machen, die Beschwerden nach Prioritäten zu bearbeiten, anstatt nach dem althergebrachten First-in-first-out-System zu arbeiten. So können beispielsweise Beschwerden von Top-Kunden bevorzugt behandelt werden, so dass diese Kunden schneller eine Antwort auf ihr Problem bekommen. Oder die Beschwerden können schon anhand des Beschwerdegrunds in verschiedene Prioritätskategorien unterteilt werden.

Grundsätzlich kann die Bearbeitungszeit natürlich auch ein Steuerungsmechanismus sein, um Kundenbeschwerden in verschiedene Zugangskanäle zu leiten. Denn die Analyse von Beschwerden zeigt, dass Kunden typischerweise solange verschiedene Zugangskanäle ausprobieren, bis sie auf einem der Kanäle schließlich eine Antwort erhalten. Wenn also für den Kunden die Erfolgsquote bei Online-Beschwerden höher ist als bei einem Anruf im Call Center oder mit einem Brief oder Fax, wird er diese Zugangskanal weiterhin bevorzugt verwenden. Möglich wäre sogar, den Kunden bei einer Überlastung des Call Centers darauf hinzuweisen, dass er sein Anliegen auch per Internet an das Unternehmen übermitteln kann.

Als problematisch sind Autorespond-E-Mails oder Standard-E-Mails zu bewerten. Sie führen im Einzelnen zu eher amüsierten, manchmal aber auch ungehaltenen Reaktionen der Kunden. („Vielen Dank für Ihre Antwort – aber das habe ich ja gar nicht gefragt!“). Eine hohe Kundenzufriedenheit ist mit Autorespondern oder Standard-E-Mails jedenfalls nicht automatisch sichergestellt. Einzig die Antwortgeschwindigkeit ist hoch und wenn das alles ist, was vom Unternehmen selbst erhoben wird, dann stehen Standardantworten natürlich hoch im Kurs.

„Kürzlich habe ich bei meiner Direktbank kritisiert, dass bei einer Kursabfrage über die Datenbank ein vom Kassakurs abweichender Kurs angezeigt wird, der teilweise deutlich höher liegen kann als der Kassakurs. Dieser Kassakurs aber wird im Depot, in dem alle gekauften Aktien eingebucht werden, angezeigt. Ich gehe davon aus, dass dieser Kassakurs auch als Verkaufskurs genommen wird. Liegt dieser nun niedriger als der bei der Datenbankabfrage ermittelte Kurs, können dadurch empfindliche ‚Verluste‘ für den Aktionär ent-

stehen bzw. der Verkäufer erhält für seine Aktien weniger Geld als er zunächst erwartet hat. Auf diese Kritik hatte die Bank nichts Besseres zu tun, als mit der lapidaren Mitteilung zu reagieren, dass die Kassakurse vom Vortag sind, weil bla bla bla ... Die Antwort hatte überhaupt nichts mit meiner Kritik zu tun und habe ich sofort als Standardantwort erkannt – denn die gleiche Antwort habe ich vor ein paar Wochen schon einmal erhalten, allerdings auf eine andere Frage!"

Herr H. V. aus Osnabrück, Beschwerde zur einer Direktbank

Im Einzelfall kann eine Standardantwort für den Kunden unbefriedigender sein als gar keine Antwort. Denn jetzt hat er es auch noch schwarz auf weiß, dass sich das Unternehmen nicht für sein Anliegen interessiert. Wenn sich ein Kunde an das Unternehmen wendet, dann erwartet er, als Person ernst genommen zu werden. Er erwartet eine individuell auf ihn zugeschnittene Antwort, wie er es auch von der telefonischen Anfragenbearbeitung her gewohnt ist. Individuelle Anliegen erfordern auch individuelle Antworten. Zwar sind Textbaustein-Antworten bequem für das Unternehmen, jedoch oft ärgerlich für den Kunden. Dann nämlich, wenn er das Gefühl hat, dass die Antwort vorgefertigt ist und nicht exakt sein Anliegen trifft. Und wenn dieses Gefühl entsteht, wird sich der Kunde eben beim nächsten Mal wieder telefonisch an das Unternehmen wenden und dort entsprechend höhere Kosten verursachen als per Internet.

Bei jeder Kundenbeschwerde ist aber zu beachten, dass der Kunde zu jedem Zeitpunkt wissen sollte, was mit seinem Anliegen gerade passiert. Wenn ein Call Center-Mitarbeiter zusagt, den Kunden am nächsten Tag zurückzurufen, dann muss dies auch passieren. Erfolgt der versprochene Rückruf nicht, wird sich der Kunde erneut und solange an das Unternehmen wenden, bis das Problem gelöst ist.

„Vor zwei Wochen habe ich im Telekommunikations-Shop eine Handy bestellt. Prompt kam auch gleich per E-Mail eine Bestellbestätigung zurück mit dem Hinweis, dass ich ‚in den nächsten Tagen' mein neues Handy in den Händen halten würde. Doch leider passierte zwei Wochen gar nichts. Nach diversen Telefonaten mit der Hotline, die meine Bestelldaten in ihrem System nicht finden konnte, schickte ich schließlich die Bestellbestätigung, die ich per

E-Mail erhalten hatte, an das Unternehmen. Was ich dann zwei Tage später als E-Mail zurückbekam, war wirklich der absolute Hammer. Das Unternehmen schrieb: ,Vielen Dank für Ihre E-Mail-Anfrage. Leider liegen uns keine Bestelldaten Ihrerseits vor. In Ausnahmefällen kann es zu Datenverlusten bei der Einspielung der Anfragen in unser Bestellsystem kommen. Die Bestätigung, die Sie beim Absenden der Bestellung erhalten haben, spielt dabei keine Rolle. Es handelt sich dabei um eine Routinebestätigung, die leider nicht gewährleisten kann, dass die Daten aus dem Internet auch korrekt in unserem Bestellsystem erfasst werden.'"

Frau M. I. aus München, Beschwerde zu einem Telekommunikationsunternehmen

Als Maß für die effiziente Organisation der internen Prozesse wird in Call Centern häufig die Once-and-Done-Quote erhoben. Dies bedeutet, dass das Problem des Kunden direkt während des ersten Anrufs gelöst werden kann, ohne dass der Kunde zurückgerufen werden muss. Diese Quote ist je nach Branche sehr unterschiedlich. Hervorragende Unternehmen in der Telekommunikationsbranche erreichen hier beispielsweise Quoten zwischen 90 und 95 Prozent. Diese Quote ist natürlich auch immer abhängig von der Art der Kundenanliegen und von den technischen Möglichkeiten, die den betreffenden Mitarbeitern zur Verfügung stehen. Um einen Fehler in der Telefonrechnung zu überprüfen, muss der Mitarbeiter auf die Kundendaten zugreifen können und möglicherweise direkt eine Gutschrift veranlassen können. Dazu ist die entsprechende systemseitige Unterstützung zwingend notwendig. Wenn der Kunde jedoch eine Frage zur Bedienung seiner Mailbox hat, kann ein entsprechend geschulter Mitarbeiter das Problem lösen, ohne auf EDV-Unterstützung angewiesen zu sein.

Die Erhebung der Once-and-Done-Quote ist wichtig, um zu prüfen, wie professionell aus der Sicht des Kunden mit Anfragen und Problemen umgegangen wird. Gleichwohl ist diese Quote auch ein Maßstab für die optimale Organisation der Prozesse in einem Unternehmen. Denn nur wenn die Qualifikation und die Befugnisse des Mitarbeiters optimal auf die von diesem Mitarbeiter bearbeiteten Gespräche abgestimmt sind, können diese Spitzenwerte erreicht werden. Jeder Rückruf des Kunden kostet Zeit und Geld und senkt die Zufriedenheit des Kunden.

„... Beim ersten Telefonat am Dienstag stellte sich heraus, dass ich zwar als Kunde noch registriert bin, jedoch schon länger nichts mehr bestellt hatte. U: Wie möchten Sie bezahlen, A: Auf Rechnung wie bisher auch. U: Was möchten Sie bestellen? Hier wurden die Bestelldaten für die Waschmaschine eingegeben. U: Sie erhalten dann eine Karte mit dem Liefertermin. A: Nein. Ich möchte einen kurzfristigen Liefertermin diese Woche. U: Das geht nicht, weil Sie auf Rechnung bezahlen. A: Dann ändern wir bitte die Zahlungsart. U: Das geht jetzt nicht mehr. Vielleicht kann ich das heute Mittag im anderen System machen. Ich rufe Sie zurück. Natürlich wurde nicht zurückgerufen. Nachmittags rief ich wieder an, neues Call Center, neues Glück. U: Selbstverständlich können Sie auf Rechnung bestellen, mit Aufpreis können wir sogar morgen liefern. A: Nein morgen geht nicht, bitte Donnerstag, ich zahle den Aufpreis U: Das geht nicht, entweder morgen oder am Freitag dann ganz normal. A: Im Internet steht aber „Wunschtermin ist möglich". U: Bei diesem Gerät leider nicht. Zähneknirschend wurde der Freitag akzeptiert (kostet einen Tag Urlaub). Nächster Anruf, selbes Call Center. A: Ich habe vorhin eine Waschmaschine bestellt und leider vergessen, dass das Altgerät abgeholt werden soll. U: Das können wir frühestens in einer Stunde nachtragen, Ihre Bestellung liegt im System noch nicht vor. Nächster Anruf eine Stunde später, dasselbe Thema. U: Ist registriert, wir können aber nicht garantieren, dass beides an einem Tag erledigt wird. Anruf am Donnerstagabend, um den Liefertermin einzugrenzen: U: Es gibt für Sie keine Auslieferung morgen in unserem System, den Liefertermin durfte der Kollege nicht zusagen. Sie sind Neukunde. Sie erhalten von uns eine Karte mit dem Liefertermin ..."

Herr E. S. aus Kelkheim, Beschwerde zu einem Versandhandelsunternehmen

Auch bei der Bearbeitung von Online-Anliegen macht es Sinn, die Once-and-Done-Quote zu erheben, um die Effizienz der Prozesse zu prüfen. Aus der Sicht des Kunden ist es nicht interessant, ob sich nun ein oder drei Mitarbeiter mit seinem Problem beschäftigen, aber aus Sicht des Unternehmens ist es ein signifikanter Unterschied auf der Kostenseite. Gerade bei Kundenanliegen, die per E-Mail an das Unternehmen herangetragen werden, ist es nur ein Knopfdruck, die Mail an einen anderen Mitarbeiter weiterzuleiten. Im Sinne einer effizienten Organisation der Prozesse sollte dies nur in einer geringen Zahl der Fälle vorkommen. Auch bei der Bearbeitung von E-Mails ist es wichtig, dass der Mitarbeiter, der die entsprechende Mail bearbeitet, über die notwendigen Qualifikationen und Befugnisse verfügt, um den Sachverhalt abschließend zu klären. Da der Mitarbeiter den Sachverhalt jedoch nur dann vollständig bearbeiten kann, wenn ihm alle notwendigen Informationen zum Kunden vorliegen, kommt der strukturierten und interaktiven Erhebung der Kundenanliegen im Internet auch im Hinblick auf die Prozessorganisation eine besondere Bedeutung zu.

Zusätzlich zur Once-and-Done-Quote als Monitor der internen Prozesse sollte bei Online-Anliegen auch die Antwortgeschwindigkeit des Unternehmens und die Zufriedenheit des Kunden mit der Antwort erhoben werden. Wenn das Unternehmen dem Kunden per E-Mail antwortet, ist der Kunde mit der Antwort möglicherweise nicht zufrieden, ohne dass das Unternehmen diese Tatsache erfährt. Bei einer aktiven Beschwerde, die nicht zur Zufriedenheit des Kunden gelöst wurde, wird der Kunde sich voraussichtlich erneut an das Unternehmen wenden. Daher sollte in diesem Fall auch erhoben werden, wie viel Prozent der Kundenanliegen und Beschwerden mit der ersten E-Mail des Unternehmens vollständig und zur Zufriedenheit des Kunden gelöst wurden.

Im Idealfall hat das Unternehmen eine sehr hohe Quote von Kundenanliegen, die gleich beim ersten Kontakt vollständig gelöst werden. Wenn dies im Einzelfall nicht in einer vertretbaren Zeit möglich ist, dann sollte das Unternehmen den Kunden zu jedem Zeitpunkt darüber auf dem Laufenden halten, wo sein Anliegen gerade bearbeitet wird und was der Stand der Bearbeitung ist. Ein zweiter Kontaktversuch des Kunden kann auf diese Weise vermieden werden.

Funktioniert der Prozess jedoch nicht, wird sich der Kunde voraussichtlich erneut an das Unternehmen wenden. In diesem Fall ist für das Unternehmen ein einheitliches Customer-Care-System, in dem alle Kundenkontakte mit einem bestimmten Kunden mitprotokolliert werden, von besonderer Bedeutung. So kann der Mitarbeiter, der den Kunden am Telefon hat oder eine E-Mail vom Kunden erhält, sofort nachvollziehen, was bei diesem Kunden schon alles passiert ist. Im Idealfall haben alle Mitarbeiter vollen Zugriff auf die Kundenhistorie und alle Kundenvorgänge, unabhängig vom Kontaktmedium. Dadurch sind alle Mitarbeiter zu allen Vorgängen jederzeit auskunftsfähig. Insbesondere verhindert eine einheitliche Datenbank, dass verschiedene Mitarbeiter – ohne es zu wissen – an demselben Kundenproblem arbeiten und möglicherweise dadurch die Probleme noch potenziert werden.

Wenn sich ein Unternehmen in diesem Bereich besonders profilieren möchte und einen hervorragenden Service-Level als Wettbewerbsvorteil gegenüber der Konkurrenz einsetzen möchte, kann eine Servicegarantie eine interessante Option sein. Um ein Serviceversprechen zu publizieren, sind allerdings einige Vorstufen empfehlenswert. Viele Unternehmen haben heute überhaupt keinen Überblick wie schnell oder erfolgreich sie die Beschwerden ihrer Kunden bearbeiten. Um ein Serviceversprechen abzugeben, ist es zunächst also erforderlich, die notwendigen Größen wie beispielsweise Reaktionszeit des Unternehmens und Zufriedenheit des Kunden mit der Antwort des Unternehmens zuverlässig und kontinuierlich zu erheben. In einem zweiten Schritt sollte dann zunächst ein interner Service-Level eingeführt werden. So kann es beispielsweise ein Ziel sein, 95 Prozent aller Kundenanliegen innerhalb der ersten 24 Stunden und die restlichen 5 Prozent innerhalb der nächsten 2 Tage abschließend zu bearbeiten.

„Ich habe ganz am Anfang des Jahres meine Stromlieferung über ein neues Stromunternehmen beantragt. Es hieß, dass das neue Stromunternehmen die Kündigung bei meinem bisherigen Stromlieferanten abwickeln würde und ich innerhalb von 3 Monaten den Strom über den neuen Anbieter beziehen würde. Nun: Im April wurde zwar bereits vom neuen Anbieter abgebucht, nur erhalte ich aber auch von meinem bisherigen Stromlieferanten Rechnungen. Nach einem Anruf beim neuen Stromlieferanten hieß es, sie würden sich um die Sache kümmern, der Einziehungsauftrag würde eingestellt werden und der bereits eingezogene Betrag wird meinem Kundenkonto gutgeschrieben. Jetzt ist der 8. Juni und ich habe weder von dem neuen noch von meinem bisherigen Stromlieferanten irgendetwas gehört. Welcher Papierkrieg steht mir nun bevor? Ich möchte wenigstens mein zuviel bezahltes Geld zurück, wenn schon keine Leistungen erbracht werden ... Mit der durch soviel Wut und Ärger freigesetzten Energie hätte ich meinen Haushalt bestimmt für einen Monat gratis mit Strom versorgen können, wenn's endlich die passende Technologie gäbe ...“

Herr H. W. aus München, Beschwerde zu einem Stromversorger

Erst wenn dieser Service-Level kontinuierlich über mehrere Monate eingehalten werden konnte, sollte an die Kommunikation eines Serviceversprechens in der Öffentlichkeit gedacht werden. So könnte beispielsweise eine vollständige Beantwortung aller Kundenanliegen innerhalb von drei Tagen zugesichert werden. Eine weitere Stufe wäre dann, diese Versprechen auch mit einer Servicegarantie zu hinterlegen. Ein Telekommunikationsunternehmen könnte beispielsweise allen Kunden anbieten, ihnen eine bestimmte Anzahl von Freieinheiten auf ihrer nächsten Telefonrechnung gutzuschreiben, wenn ihr Anliegen nicht innerhalb von drei Tagen geklärt werden konnte. Zu beachten ist dabei allerdings, dass die offizielle Kommunikation einer solchen „Versagensprämie“ schnell dazu führen kann, dass auch unbegründete Beschwerden an das Unternehmen herangetragen werden, nur um die Prämie zu „kassieren“. Sinnvoller erscheint es, nur die Servicegarantie, dass alle Anliegen innerhalb von drei Tagen beantwortet werden, zu kommunizieren. Das bietet die Möglichkeit, den Kunden in zweifacher Weise zu überraschen. Denn intern gilt ja die Regelung, dass 95 Prozent aller Anliegen innerhalb von 24 Stunden abschließend beantwortet werden. 95 Prozent der Kunden, die alle eine Reaktionszeit von drei Tagen erwarten, werden also von der schnelleren Reaktion des Unternehmens angenehm überrascht sein. Die wenigen Kunden, bei denen die Bearbeitung ihres Problems länger als drei Tage gedauert hat, werden ebenfalls positiv überrascht sein, wenn sie unerwartet die Gutschrift von 5 Euro auf ihrem Kundenkonto als kleine Entschuldigung für die längere Bearbeitungszeit vorfinden. Und diejenigen Kunden, die ihre Antwort innerhalb von drei Tagen erhalten, sind zufrieden, weil sie genau das bekommen haben, was ihnen versprochen wurde.

Schnelle und kundenorientierte Beantwortung der Beschwerden

Kundenbindung ist im härter gewordenen Verdrängungswettbewerb nicht allein durch hohe Produktqualität zu gewährleisten. Am Entstehen neuer Funktionstitel wie Customer Retention Manager, Leiter Customer Care oder des Customer-Satisfaction-Beauftragten lässt sich zumindest die Absicht ablesen, die Kundenorientierung zu steigern. Der Online-Kundenservice eines Unternehmens ist dabei wesentlicher Teil der Servicestrategie, weil er enorme Wirkung auf die Kundenbindung hat. Aber es genügt nicht, nur die Kundenschnittstelle zu optimieren. Es geht um ganz neue Herausforderungen an der Kundenschnittstelle, um neue Anforderungen an Back-Office-Prozesse und nicht zuletzt an die Technik, um aus Kundensicht selbstverständlichen Anforderungen zu genügen.

Die Kundenerwartung an eine zeitnahe und zugleich individuelle Antwort auf ihr Anliegen stellt Unternehmen vor vielschichtige Herausforderungen im Umgang mit dem elektronischen Feedback-Kanal. Kundenzufriedenheit und Kundenbindung entsteht an diesen kritischen Kontaktpunkten, wenn der Kunde mit einem Unternehmen in Berührung kommt und dessen Leistungen mit seinen Erwartungen vergleicht. Entsprechend breit hat das Themenspektrum zu sein, auf das das Bearbeiterteam vorbereitet sein muss, denn eine Beschwerde oder ein Problem kann grundsätzlich an jedem der Kundenkontaktpunkte im gesamten Kundenlebenszyklus auftreten.

Probleme und Beschwerden können beispielsweise auftreten, wenn der Kunde vor dem Kauf Fragen hat („Niemand konnte mir sagen, ob ich auch einen anderen Monitor in diesem Bundle wählen kann.“), die Ware bestellt („Ich warte bis heute auf die Auftragsbestätigung.“), die

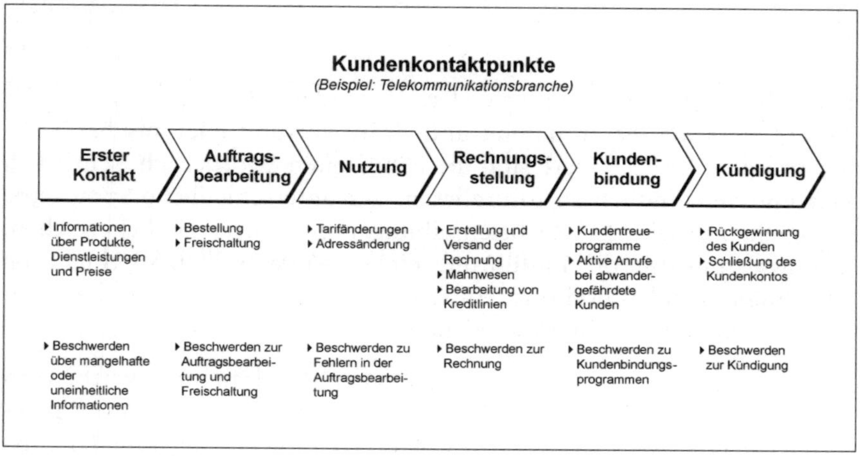

Abbildung 20: Beschwerden können zu den unterschiedlichsten Themen an allen Kundenkontaktpunkten im Kundenlebenszyklus auftreten.
Quelle: Booz Allen Hamilton 2002

Lieferung entgegennimmt („Warum kann die Gebrauchsanleitung nicht in deutsch sein?“), die Rechnung erhält („Sie stellen mir zwei Positionen in Rechnung, obwohl ich eine bereits zurückgesandt habe.“) oder einen Supportfall hat („Nach der Reparatur bestand immer noch derselbe Defekt.“).

„Ich hatte das erste Mal bei Ihnen online vor knapp einem halben Jahr bestellt. Die Ware kam schnell und war OK. Ich habe die Rechnung direkt bezahlt, trotzdem kam nach einigen Wochen eine Mahnung. Ich rief also bei der Hotline an und man sagte mir, es sei nur ein Versehen. 2 Wochen später kam die zweite Mahnung und wiederum 1 Woche später noch eine. Ich rief insgesamt viermal an, bis sie endlich Ruhe gaben. Trotz meiner schlechten Erfahrungen beim ersten Einkauf hatte ich im März 2001 wieder bestellt und überwies den Betrag sofort nach Eingang der Ware. Trotz alledem kam wieder eine Mahnung. Ich kannte das ja schon und rief die Hotline an. Man bestätigte mir den Geldeingang und ich soll mir keine Sorgen machen. Das war in der letzten Maiwoche! Einige Tage später bekam ich an einem Tag eine zweite Mahnung über 118,– DM und eine Zahlungsaufforderung eines Inkassounternehmens über 171,98 DM ...“

Herr M. S. aus Burbach, Beschwerde über ein Handelsunternehmen

Die E-Mail-Beantwortung erfordert ein anderes Kompetenzprofil des Mitarbeiters als die Annahme und Beantwortung telefonischer Kundenanliegen: Insbesondere sind die Fähigkeiten erforderlich, schriftlich klar und verständlich zu formulieren, auf unterschiedliche Sprachstile einzugehen sowie die Rechtschreibung einwandfrei zu beherrschen. Voraussetzung für die Einführung einer systematischen Optimierung des Online-Kundenservice ist ein schrittweises Vorgehen, um der komplexen Aufgabe gerecht zu werden.

Prozesse einrichten und optimieren

Im Folgenden werden die einzelnen Prozessschritte zur Einrichtung eines funktionierenden Beschwerdemanagements für E-Mails und Internetbeschwerden kurz erläutert. Auf die Beantwortung von Beschwerden per Telefon und die Einrichtung der notwendigen Call Center soll hier nicht weiter eingegangen werden, weil sich an der Beantwortung dieser Beschwerden durch das Medium Internet nichts verändert hat.

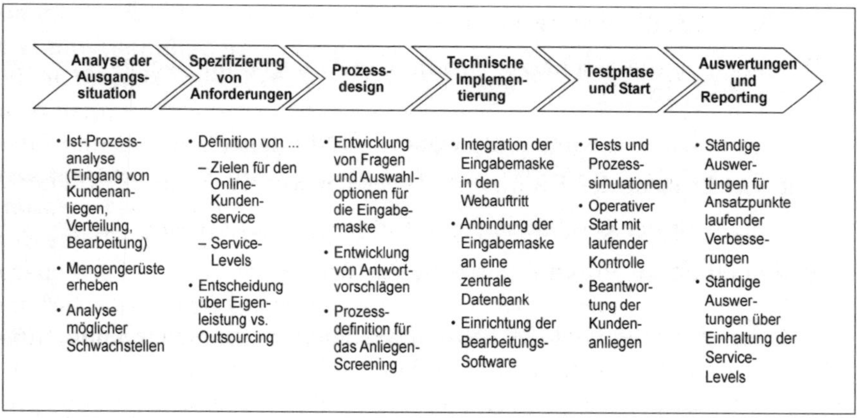

Abbildung 21: Zur professionellen Einrichtung eines Online-Kundenservice ist ein strukturierter Prozess notwendig.
Quelle: Booz Allen Hamilton 2002

Analyse der Ausgangssituation

Bei der Analyse der Ausgangssituation ist es besonders wichtig, sich zunächst einen Überblick über die eingehenden Kundenbeschwerden per E-Mail und Internet zu verschaffen. Bei der Abschätzung des Mengengerüsts ist zu beachten, dass die Nutzung des Mediums Internet in den vergangenen Jahren stark zugenommen hat und voraussichtlich weiter zunehmen wird. Die meisten Unternehmen stellen fest, dass sich Anfragen per E-Mail von 2000 auf 2001 verdreifacht haben, während die Anfragen im Call Center im gleichen Zeitraum um nur ca. 10 Prozent gestiegen sind. Außerdem sind die Effekte einer Verlagerung von Beschwerden per Telefon und Brief auf das Internet zu erwarten, wenn das Unternehmen den Zugangskanal Internet über gezielte Marketingmaßnahmen als bevorzugten Zugangskanal hervorhebt.

Im Rahmen der Analyse müssen vor allem folgende Fragen geklärt werden:

- An welchen Stellen und über welche Adressen im Unternehmen gehen Beschwerden und Meinungsäußerungen von Kunden ein?
- Wer im Unternehmen liest heute eingehende Beschwerden als erstes? An wie viele Adressaten in der Organisation werden Kundenanliegen zur Bearbeitung weitergeleitet?
- Wie hoch ist die geschätzte Anzahl der Anliegen mit welchen inhaltlichen Schwerpunkten?
- Wie verteilen sich Kundenanliegen im Zeitablauf?
- Wie viel Prozent der Kundenbeschwerden werden heute bearbeitet?
- Wie hoch ist der geschätzte Aufwand für die Bearbeitung heute?
- Wie hoch ist die durchschnittliche Antwortzeit?

Gerade bei der Erhebung des Prozentsatzes der bearbeiteten Kundenbeschwerden muss man ein kritisches Auge auf die erhobenen Daten werfen. Die Erfahrung zeigt, dass die Selbstwahrnehmung des Unternehmens und die Wahrnehmung der Kunden nicht selten sehr deutlich voneinander abweichen.

Unternehmen, die keinen strukturierten Prozess zur Bearbeitung von Kundenanliegen haben, wissen meistens, dass nur ein sehr geringer Teil der Kunden eine Antwort erhalten wird. In diesem Fall ist es schwierig, die tatsächliche Anzahl eingehender Kundenbeschwerden korrekt einzuschätzen. Da die Kundenbeschwerden an vielen verschiedenen Stellen im Unternehmen eingehen und nicht systematisch erfasst oder bearbeitet werden, kann das Gesamtvolumen der Beschwerden und Anliegen leicht falsch eingeschätzt werden.

Unternehmen hingegen, die bereits über einen funktionierenden Prozess für das Beschwerdemanagement verfügen, überschätzen häufig die Qualität des eigenen Prozesses. Folgt man unternehmensinternen Quellen, so werden 100 Prozent aller Kundenanliegen beantwortet. Befragt man jedoch die Kunden selbst, schaffen selbst die besten Unternehmen selten eine Quote von über 80 oder 90 Prozent.

Die Ursachen hierfür können vielfältig sein. Zunächst einmal kann es sein, dass im Beschwerdemanagement nur Beschwerden von Kunden beantwortet werden. Handelt es sich jedoch um eine Reklamation, einen Verbesserungsvorschlag oder ein Lob, so zählt dies nicht zum offiziellen Bereich des Beschwerdemanagements und wird folglich dort auch nicht erfasst. Gerade die Unterscheidung zwischen Beschwerde und Reklamation ist jedoch sehr uneinheitlich und weitestgehend akademisch. Der Kunde hat ein Problem, auf das er eine Antwort möchte. Dabei ist es dem Kunden völlig gleichgültig, ob dieses Problem unternehmensintern als Reklamation oder als Beschwerde eingestuft wird und welche Abteilung sich darum kümmert, solange er eine Antwort erhält, die das Problem löst.

„Da mir die Sprachqualität in diesem Handy-Netz zu schlecht war, wollte ich fristgerecht zum Ablauf der Mindestvertragslaufzeit meinen Vertrag kündigen. Also schickte ich einen Brief mit der Kündigung mit der Bitte, mir die Kündigung schriftlich zu bestätigen. Als zwei Wochen später noch keine Antwort kam, schickte ich noch einmal einen Brief mit der Kündigung. Eine weitere Woche später rief ich beim Unternehmen an. Nach ca. 20 Minuten mit diversen Warteschleifenmelodien erklärte mir der Mitarbeiter, er würde die Kündigung sofort in den Computer eingeben und mir schriftlich bestätigen. Zwei Wochen später noch immer nichts. Also rief ich nochmal an, wieder Warteschleife, wieder freundlicher Mitarbeiter, wieder nicht gehaltene Versprechungen. Zwischenzeitlich kündigte ich auch noch per Fax, half aber auch nichts. Da ich mindestens drei Monate vor Ablauf der Mindestvertragslaufzeit kündigen muss, wurde die Zeit langsam knapp. Also schickte ich eine sozusagen „finale" Kündigung auf dem Postweg ab, diesmal als Übergabe-Einschreiben, ein teurer Spaß. Als auch daraufhin keine Reaktion erfolgte, rief ich noch einmal die Hotline an und Hurra! Der Mitarbeiter fand im Computer tatsächlich einen Eintrag vor: „Kündigung eingegangen". Fazit nach drei telefonischen und vier schriftlichen Kündigungsversuchen in einem Zeitraum von drei Monaten: Dieses Unternehmen ignoriert sämtliche Kündigungen, die nicht per Einschreiben verschickt werden."

Herr T. F. aus Frickingen, Beschwerde zu einem Telekommunikationsunternehmen

Außerdem werden in vielen Unternehmen Lobe und Verbesserungsvorschläge von Kunden gar nicht beantwortet, weil ja offensichtlich kein konkretes Problem vorliegt. Doch gerade Kunden, die sich positiv über das Unternehmen äußern, können als treue Kunden gewonnen werden, wenn das Unternehmen ein kurzes Dankesschreiben für das Lob oder den Verbesserungsvorschlag übermittelt. Aber auch tatsächliche Beschwerden werden manchmal selbst bei einem funktionierenden Beschwerdemanagement nicht beantwortet. Selbst wenn die Abteilung für Customer Care nach bestem Wissen und Gewissen alle das Unternehmen betreffenden Beschwerden beantwortet, gibt es immer wieder Anliegen, die Kooperationspartner, Zweigstellen oder Tochterunternehmen betreffen und dorthin weitergeleitet werden. So haben Automobilunternehmen in der Regel einen Kooperationspartner für Autoleasing, einen Kooperationspartner für die Unternehmenskreditkarte und diverse Händler, die dem Unternehmen nicht direkt untergeordnet sind.

Nur die allerwenigsten Unternehmen sind in der Lage, die Beantwortung dieser weitergeleiteten Beschwerden nachzuverfolgen. In der Regel wird davon ausgegangen, dass diese Beschwerden vom Partnerunternehmen ordnungsgemäß beantwortet werden. Ob dies tatsächlich so ist, wird in den wenigsten Fällen hinterfragt oder gar überprüft. Und dennoch wäre genau diese Überprüfung dringend notwendig, denn der Kunde weiß nicht, dass sein Anliegen weitergeleitet wurde. Im besten Fall wird der Kunde sich zwei Wochen später noch einmal bei dem Unternehmen melden, um sein Problem gelöst zu bekommen. In den meisten Fällen jedoch wird das Unternehmen nie wieder etwas von dieser Person hören. Weder als Beschwerdeführer noch als Kunde. Und das schlechte Image einer nichtbeantworteten Beschwerde wird auf das Unternehmen selbst zurückfallen.

In diesem Zusammenhang kann ein Workflow-System sehr hilfreich sein, das mitverfolgt, ob eine eingehende Kundenbeschwerde bearbeitet wurde. In einem Call Center genügt es, die Anrufsabbruchrate zu erheben, weil alle Anrufe, die angenommen werden, in der Regel auch bearbeitet werden. Durch das Online-Medium verändert sich hier jedoch der Workflow. Allein die Tatsache, dass eine Beschwerde vom Unternehmen angenommen wird, also per E-Mail oder Web-Site bei dem Unternehmen eingeht, ist noch eine Garantie dafür, dass sie auch tatsächlich bearbeitet wird. Der Kunde aber geht natürlich davon aus, dass das

Unternehmen sein Anliegen erhalten hat und jetzt entsprechend seinen Wünschen agieren wird.

Im Gegensatz zu eingehenden Beschwerden im Call Center ist deshalb bei Online-Beschwerden das Tracking und Controlling wichtiger geworden. Es müssen zusätzliche Kontrollgrößen implementiert werden, um ein professionelles Beschwerdemanagement sicherzustellen. Denkbar ist hier beispielsweise ein Workflow-System, das automatisch vier Tage nach dem Eingang einer Beschwerde überprüft, ob diese bereits bearbeitet wurde. Sollte dies nicht der Fall sein, wird automatisch eine Meldung generiert. Dieses System ist insbesondere dann sinnvoll, wenn ein Großteil der eingehenden Kundenanliegen nicht direkt vom ersten Bearbeiter abschließend beantwortet wird, sondern zunächst an den zuständigen Bearbeiter weitergeleitet wird. Durch die verteilte Verantwortung kann es leichter passieren, dass Beschwerden zu spät oder überhaupt nicht beantwortet werden.

Wenn für unterschiedliche Kundengruppen verschiedene Service-Level definiert worden sind, kann die Meldung entsprechend mit unterschiedlichen Zeiten programmiert werden. So kann beispielsweise sofort eine Warnung generiert werden, wenn ein A-Kunde nicht innerhalb von 24 Stunden eine Antwort auf sein Anliegen erhalten hat, während bei einem C-Kunden erst nach einer Woche eine Warnung generiert wird. Die Anzahl der systemseitig generierten Meldungen eignet sich dann auch wieder zur Erstellung entsprechender Reports und Statistiken und die Anzahl der Meldungen, die überhaupt auftreten, kann auch als Zielgröße definiert werden.

Insofern lohnt es sich, zur Erhebung der Antwortquote des Unternehmens auch externe Quellen hinzuzuziehen und mit den internen Angaben zu vergleichen. Wenn sich größere Abweichungen ergeben, muss nach den Ursachen geforscht werden. Und möglicherweise werden Reklamationen, Verbesserungsvorschläge und Beschwerden über Tochterunternehmen und Kooperationspartner bei der Beschwerdequote einfach nicht mitgezählt. Eine Befragung der Kunden, ob sie eine Antwort auf ihre Beschwerde erhalten haben, kann dem Unternehmen regelrecht die Augen öffnen.

Spezifizierung der Anforderungen

Eine kompetente, auf den persönlichen Stil eingehende Beantwortung von Beschwerden ist ein Erfolgsfaktor im Wettbewerb. Durch einen professionell geführten Dialog werden Kunden emotional stärker an das Unternehmen gebunden. Bezüglich der Anforderungen ist es vor allem wichtig, die Qualität der Antworten in Kombination mit der Zeit der Antwort zu definieren. So kann das Unternehmen beispielsweise festlegen, dass 80 Prozent aller Kundenanliegen innerhalb von 24 Stunden und die restlichen 20 Prozent innerhalb der nächsten drei Tage abschließend beantwortet werden müssen.

Längere Antwortzeiten deuten in der Regel darauf hin, dass der Prozess noch nicht optimal gestaltet ist. Entweder haben die Mitarbeiter nicht die notwendigen Unterlagen zur Verfügung oder sie besitzen nicht die notwendigen Kenntnisse oder Befugnisse, um die Anliegen zu bearbeiten. In diesem Fall müssen der Prozess und die dahinterliegenden IT-Systeme auf ihre Übereinstimmung mit den Zielen überprüft und gegebenenfalls angepasst werden.

„Um eine Übersicht über den aktuellen Stand meiner Sammelbestellungen bei einem Versandhändler zu erhalten, bemühe ich mich seit nunmehr sechs Wochen um einen Kontoauszug. Ich habe bis gestern schon fünfmal bei der Kundenbetreuung angerufen. 1. Anruf: Um Zusendung des Kontoauszuges gebeten; 2. Anruf: Nach genau einer Woche kein Kontoauszug da – laut Kundenbetreuerin ‚komisch, es ist gar kein Kontoauszug bestellt!' – also 2. Kontoauszugsbestellung; 3. Anruf: Nach wiederum einer Woche kein Kontoauszug da – laut Kundenbetreuer ‚ist bereits unterwegs!'; 4. Anruf: Nach eineinhalb Wochen immer noch kein Kontoauszug da – laut Kundenbetreuerin ‚Kontoauszüge werden immer nur am 15. und 30. eines Monats gedruckt. Zwischendurch ist das leider nicht möglich. Der Kontoauszug ist am 29.06. versandt worden.' Toll! Dann am Samstag, den 07. Juli die Überraschung: Ein Brief ... und ... es waren Überweisungsträger! Das kann ja wohl nicht sein, zumal ich diese im Zeitalter des Online-Bankings überhaupt nicht brauche und diese auch niemals bestellt habe! ... Dann habe ich meinen nun 5. Anruf getätigt: laut Kundenbetreuerin ‚ist wohl ein Versehen mit den Überweisungsträgern. Den Kontoauszug veran-

lasse ich und dieser geht umgehend raus.' Na ja, wer's glaubt. Ich mittlerweile nicht mehr. Und außerdem geht das doch angeblich nur zum 15. und 30. eines Monats. ... Ich möchte doch nur einen KONTOAUSZUG!!!"

Frau M. S. aus Langenfeld, Beschwerde zu einem Versandhandelsunternehmen

Auch die Qualität der Antwort ist von Bedeutung, denn Standardmails werden von den Kunden in der Regel schnell als solche erkannt. Der Kunde ist zwar mit der Antwort nicht zufrieden, wendet sich aber, zumindest auf diesem Weg, nicht noch einmal an das Unternehmen, weil er davon ausgeht, noch einmal eine Standardantwort zu bekommen. Die Unzufriedenheit des Kunden ist dadurch bestimmt nicht gesenkt worden. Auch hier kann eine externe Validierung der Daten helfen, indem die Kunden von einem unabhängigen Institut befragt werden, ob sie eine Antwort des Unternehmens erhalten haben und wie zufrieden sie mit der Antwort waren.

Prozessdesign

Gerade bei Beschwerden, die nicht per E-Mail, sondern über ein strukturiertes Eingabeformular im Internet eingegeben werden, ist es wichtig, dass dieses Formular eine sinnvolle Struktur hat. Dies wurde bereits weiter oben im Abschnitt „Strukturierte Erfassung der Beschwerden" ausführlich diskutiert. Zu erwähnen ist noch, dass hier bei einem Neudesign des gesamten Customer-Care-Prozesses natürlich darauf geachtet werden sollte, dass nach Möglichkeit alle Beschwerden, die das Unternehmen über die verschiedenen Zugangskanäle erhält, in der gleichen Struktur erfasst und somit auch in der gleichen Struktur ausgewertet werden können.

Für jede Themen-Kategorie sollten Antwortvorschläge auf mehreren hierarchischen Ebenen entwickelt werden. Dies erlaubt den Bearbeitern, sich ganz auf die Individualisierung der Antworten zu konzentrieren. In einem zeitoptimierten Prozess wird natürlich der Mitarbeiter nicht für jeden Kunden eine individuelle Antwort schreiben. Einer der großen Vorteile der Online-Beschwerden liegt ja gerade darin, dass die Beantwortung schneller erfolgt als die Beantwortung eines Telefonanrufes. Ein Teil dieser zusätzlichen Effizienz ist auch darin begründet, dass an verschiedene Kunden, die sich zu ähnlichen Sachverhalten beschweren, auch ähnlich Antworten geschickt werden können.

Typischerweise arbeiten die Unternehmen hier mit einem Tool, dass die Beantwortung der Beschwerden erleichtert. Wenn die Beschwerde per E-Mail bei dem Unternehmen eingeht, liest der Mitarbeiter die Beschwerde und wählt dann eine Antwortkategorie mit entsprechenden Unterkategorien aus. Wenn die Beschwerde über eine standardisierte Eingabemaske im Internet erfolgt, kann dieser Prozess in der Regel automatisiert ablaufen, weil anhand der Vorkategorisierung durch den Kunden bereits systemseitig die passenden Optionen ausgewählt werden können. Dadurch wird dem Mitarbeiter viel Arbeit erspart, weil er bereits eine fertige E-Mail mit Adressat, Begrüßungszeile, einem Textvorschlag und einer Verabschiedungszeile vorfindet. Wichtig ist dann aber, dass diese E-Mails nicht gedankenlos verschickt werden, sondern der Mitarbeiter noch Änderungen am Text vornehmen kann und dies auch tut, damit das Problem oder die Fragestellung des Kunden wirklich geklärt wird.

Wichtig ist aber nicht nur die systemseitige Unterstützung der Mitarbeiter sondern auch deren Qualifikation und Kompetenzen. Das Ziel des „Once-and-Done"-Prozesses besteht darin, die Kundenbeschwerde gleich beim ersten Kontakt zum Unternehmen vollständig und zur Zufriedenheit des Kunden zu bearbeiten. Dazu ist notwendig, dass die Mitarbeiter, die im Erstkontakt mit dem Kunden stehen, alle nötigen Qualifikationen haben und eher als Generalisten denn als Spezialisten ausgebildet sind. Die Mitarbeiter benötigen neben den entsprechenden Qualifikationen die entsprechende Handlungsfreiheit und Kompetenzen, um im Einzelfall auch eigenständig eine Entscheidung treffen zu können. Bei einem Telekommunikationsunternehmen haben die Kundenberater beispielsweise das Recht, eigenständig bei Beschwerden bis zu einem Betrag in Höhe einer jährlichen Rechnung für Privatkunden bzw. bis zu einem festen Betrag für Gewerbe- und Geschäftskunden zu entscheiden. Ab einer bestimmten festgelegten Summe gilt das Vier-Augen-Prinzip. Eine Weiterleitung erfolgt nur in klar definierten Sonderfällen. Kundenanliegen, die nicht sofort geklärt werden können, werden innerhalb von drei Tagen erledigt oder es wird dem Kunden eine Rückmeldung über den Bearbeitungsstand gegeben.

> ***„Auf meine letzte Beschwerde wegen der ungenügenden Bearbeitung von Anträgen auf das Stromsonderangebot erhielten wir zwei leere Antragsformulare, mit der Bitte, die Anträge noch einmal zu stellen, da diese bei den Stadtwerken nicht mehr aufzufinden waren. Ärgerlich, aber dennoch mit der Hoffnung auf baldige Antragsbearbeitung übersandten wir zwei Anträge noch einmal an die Stadtwerke. Eine telefonische Anfrage am heutigen Tage ergab, dass die Stadtwerke die neuen Anträge wiederum verschlampt haben. Ich frage mich allen Ernstes: benutzt man bei den Stadtwerken die Anträge der Kunden als Butterbrotpapier oder landen Neuanträge grundsätzlich im Müll, um weniger Arbeit zu haben?"***
>
> Frau M. A. aus München, Beschwerde zu den Stadtwerken

Die Vorteile einer derartigen Organisation der Prozesse und Verteilung der Kompetenzen sind nicht auf den Kunden beschränkt. Neben der höheren Kundenzufriedenheit sind auch direkte Kostenvorteile für das Unternehmen zu erwarten. Durch eine Optimierung des Customer-Care-Bereichs, die eine hohe Antwortquote der Kundenanliegen innerhalb von 24 Stunden überhaupt erst möglich macht, werden auch die Prozesse schneller und schlanker organisiert. Dies senkt die Kosten für das Unternehmen für die Bearbeitung des einzelnen Kundenanliegens. Gleichzeitig reduziert sich auch die Gesamtzahl der Kundenanliegen. Denn für jedes Kundenanliegen, das nicht direkt im ersten Anlauf für den Kunden zufrieden stellend bearbeitet wird, wird der Kunde wieder und wieder anrufen oder mailen. Und die Bearbeitung jedes dieser Kundenanliegen kostet für das Unternehmen wieder Geld.

Technische Implementierung, Testphase und Start

Bei der technischen Implementierung werden die Eingabemasken programmiert und live gestellt und die notwendige Datenbankanbindung hergestellt. Über Tests und Prozess-Simulationen wird sichergestellt, dass die technischen Systeme von der Eingabe über das Bearbeitungs-Tool bis zum Eingang der Antwort beim Absender einwandfrei funktionieren und dass auch die Antwort der Bearbeiter den inhaltlichen Anforderungen und den vereinbarten Antwortzeiten entspricht.

Kontinuierliche Auswertungen und Reporting

Über ein Leistungsreporting, das Beschwerdegründe und Bearbeitungszeiten differenziert analysiert, erfährt das Unternehmen regelmäßig, in welchen Bereichen die Kunden akute Probleme mit dem Unternehmen haben. Wie das Unternehmen diese Erkenntnisse sinnvoll für Benchmarking und Marktforschung einsetzen kann, wird ausführlich in Kapitel 5, „Beschwerden auswerten", erläutert werden.

Im Vordergrund sollte bei der Beantwortung jeder Kundenbeschwerde natürlich zunächst einmal stehen, sich bei dem Kunden für die wertvolle Information zu bedanken, die er dem Unternehmen durch die Beschwerde liefert. Im Falle einer aktiven Beschwerde muss das Problem zur Zufriedenheit des Kunden gelöst werden. Im Falle einer passiven Beschwerde kann das Problem nicht mehr gelöst werden, weil der Vorfall bereits in der Vergangenheit liegt. Der Kunde beschwert sich mit dem Ziel, dass das Unternehmen etwas ändert und solche Dinge in Zukunft nicht mehr passieren. Wichtig ist also, dem Kunden zu kommunizieren, dass seine Beschwerde ernst genommen wird und auch innerbetriebliche Konsequenzen haben wird. Dazu ist es nicht notwendig, dem Kunden zu versprechen, dass das „halbe Unternehmen reorganisiert" wird, damit es zu dem Vorfall nicht mehr kommt. Solche Versicherungen wirken unglaubwürdig und rufen bei dem Kunden nur weiteren Ärger hervor. Sinnvoll ist aber ein glaubwürdiges Schreiben, in dem detailliert auf den Grund der Kundenbeschwerde eingegangen wird, darauf hingewiesen wird, dass das Unternehmen die Sache sehr ernst nimmt und an sie die zuständige Stelle im Unternehmen weiterleiten wird.

Nehmen wir an, ein Kunde ist mit einer Fluggesellschaft von München nach London geflogen und hat an Bord ein warmes Essen zu sich genommen. Am Tag nach dem Flug haben sowohl er als auch zwei seiner mitreisenden Kollegen starke Magen-Darm-Probleme, die sie auf das Essen im Flugzeug zurückführen. Sie beschließen, sich bei der Fluggesellschaft zu beschweren. Grundsätzlich handelt es sich dabei um eine passive Beschwerde. Die Fluggesellschaft kann nachträglich an dem Sachverhalt nichts mehr ändern. Der Kunde hat sich aber dennoch beschwert, einerseits weil er verärgert ist und dies dem Unternehmen auch mitteilen möchte und andererseits, weil er verhindern möchte, dass so etwas in Zukunft wieder vorkommt. Welche Reaktionsmöglichkeiten hat nun das Unternehmen? Das Unternehmen kann ein Antwortschreiben mit folgendem Inhalt an den Kunden schicken:

> Sehr geehrter Herr Müller,
>
> wir bedauern, dass Sie nach einem unserer Flüge gesundheitliche Probleme hatten. Wir gehen aber davon aus, dass diese nicht von den von uns angebotenen Nahrungsmitteln verursacht sein können, da diese unter gesundheitsärztlicher Aufsicht produziert werden.
>
> Wir würden uns freuen, Sie bald wieder an Bord einer unserer Maschinen begrüßen zu können.
>
> Mit freundlichen Grüßen
>
> Ihre Fluggesellschaft

Was hat das Unternehmen damit erreicht? Immerhin hat der Kunde eine Antwort erhalten. Wird der Kunde mit dieser Antwort zufrieden sein? Eher nicht. Weder hat sich das Unternehmen angemessen bei ihm entschuldigt, noch gibt es irgendeinen Hinweis darauf, dass die Beschwerde ernst genommen wurde. Das Antwortschreiben ist eine Standardantwort, die Tausende von Kunden auf ähnliche Beschwerden ebenfalls erhalten. Der Kunde hat dadurch weder das Gefühl, ernst genommen worden zu sein, noch wird dadurch die Kundenbindung an das Unternehmen signifikant erhöht. Dabei könnte der gleiche Sachverhalt auch sehr viel kundenorientierter kommuniziert werden, wie das Beispiel auf der folgenden Seite zeigt.

Bei dieser Antwort handelt es sich offensichtlich nicht um ein Standardschreiben, sondern ein Mitarbeiter des Unternehmens hat sich mit dem Sachverhalt beschäftigt. Das Schreiben kommt zu dem gleichen Ergebnis wie das erste Schreiben, nämlich dass das Essen auf dem Flug nicht für die gesundheitlichen Probleme des Kunden verantwortlich sein kann. Dennoch fühlt sich der Kunde im zweiten Fall ernst genommen. Während im ersten Schreiben trotz des Wortlautes eigentlich kommuniziert wird, dass die Fluggesellschaft sich einfach nicht für dieses Problem interessiert, wird dem Kunden im zweiten Fall der Eindruck vermittelt, dass die Angelegenheit sehr wohl ernst genommen und geprüft wird. Außerdem wird er für die entstandenen Unannehmlichkeiten mit einer kleinen Aufmerksamkeit entschädigt. Die Wahrscheinlichkeit, dadurch die Kundenbindung zu steigern, ist deutlich höher als im ersten Fall.

Sehr geehrter Herr Müller,

vielen Dank für Ihre E-Mail vom 23. Januar. Zunächst möchten wir uns herzlich bei Ihnen bedanken, dass Sie sich die Mühe gemacht haben, uns auf mögliche Hygieneprobleme bei unserem Catering-Service aufmerksam zu machen. Da uns der Komfort und die Gesundheit unserer Fluggäste sehr am Herzen liegt, nehmen wir solche Hinweise sehr ernst.

Um die Sicherheit unserer Fluggäste an Bord sicherzustellen, wird von jedem Menü, dass auf unseren Flügen serviert wird, eine Probe entnommen und eingefroren. Auf dem Flug 674 von München nach London am 20. Januar 2002 wurden von uns zwei warme Menüs serviert: Rinderlendchen mit Bratkartoffeln und Lachsfilet an Weißweinsoße. Wir haben von beiden Menüs die jeweilige Probe auftauen lassen und von unseren Medizinern auf eine mögliche Kontamination mit Bakterien oder Viren untersuchen lassen. In beiden Fällen waren die Ergebnisse negativ. Es konnte keine Verunreinigung des Essens festgestellt werden.

Wir bedauern dennoch sehr, dass Sie nach einem unserer Flüge gesundheitliche Probleme hatten und möchten Ihnen hiermit eine kleine Entschädigung überbringen. Sie erhalten in den nächsten Tagen mit getrennter Post eine Flasche Champagner.

Wir würden uns freuen, Sie bald wieder an Bord einer unserer Maschinen begrüßen zu dürfen.

Mit freundlichen Grüßen,

Ihre Fluggesellschaft

Check-up: Beschwerden beantworten

	Ja	Nein
1. Wird die Bearbeitungszeit für Beschwerden bis zur endgültigen Lösung des Problems systematisch erhoben?	○	○
2. Sind klare Service-Level für die Beantwortungszeit und Beantwortungsqualität definiert?	○	○
3. Werden diese Service-Level eingehalten?	○	○
4. Werden diese Service-Level auch an die Kunden kommuniziert und garantiert?	○	○
5. Wird die Zufriedenheit der Kunden mit der Antwort des Unternehmens systematisch erhoben?	○	○
6. Wird die Beantwortung von Beschwerden, die an Tochter- oder Partnerunternehmen weitergeleitet werden, systematisch verfolgt und ausgewertet?	○	○

5. Beschwerden auswerten

Die bisherigen Kapitel dieses Buches haben sich mit der Frage beschäftigt, wie ein Unternehmen Kundenbeschwerden erhalten und wie es darauf reagieren kann. Beschwerdemanagement muss aber auf zwei Ebenen betrachtet werden.

Ebene 1 befasst sich mit dem Kunden, der sich gerade beschwert. Ein Kunde beschwert sich beispielsweise darüber, dass ein bestellter Computer bereits defekt war, als er geliefert wurde. Auf der ersten Ebene geht es nun darum, das Problem dieses Kunden zu lösen, damit er weiterhin treu bleibt und zukünftige Computer wieder bei diesem Unternehmen kauft. Der Kunde ist bereits verärgert, und der Umstand, der ihn verärgert hat, lässt sich nicht mehr rückgängig machen, da er in der Vergangenheit liegt. Durch eine professionelle und kundenorientierte Lösung kann es dem Unternehmen aber gelingen, denn Kunden trotzdem an des Unternehmen zu binden. Für ein professionelles Beschwerdenmanagement genügt das aber nicht.

Auf der zweiten Ebene geht es nun darum, wie das Unternehmen das Auftreten solcher Probleme in Zukunft vermeiden kann. Das folgende Kapitel beschäftigt sich mit der Frage, wie das Unternehmen aus Beschwerden lernen kann.

Reaktive Marktforschung: Die Auswertung der Beschwerden im eigenen Unternehmen

Zunächst scheint es, als wären Marktforschung und Customer Relationship Management zwei getrennte Bereiche mit wenig Überschneidungspunkten. Tatsache ist jedoch, dass das Beschwerdemanagement Erkenntnisse für die Marktforschung liefert, die auf regulärem Weg kaum denkbar gewesen wären.

Wenn Unternehmen Marktforschungsinstitute damit beauftragen, Kundenbedürfnisse und -präferenzen zu analysieren, dann sind verschiedene Schritte notwendig: Zunächst muss das Marktforschungsunternehmen erst einmal mit zum Teil hohem Aufwand eine geeignete Zielgruppe für eine Befragung selektieren. Der Aufwand wird vor allem dadurch determiniert, wie spezifisch die Gruppe der Befragten ist. Wenn beispielsweise für Maggi einen neue Fertigsuppe getestet werden soll, lassen sich mit relativ geringem Aufwand Testpersonen von der Straße in Teststudios einladen, um dort die Suppe zu testen. Geht es darum D2-Handy-Besitzer nach ihren Erfahrungen mit der Benutzerführung der Mailbox zu befragen, wird die Rekrutierung der Versuchspersonen schon schwieriger. Und wenn BMW eine Befragung der Kunden von 7er BMWs mit hochwertigem Audiosystem machen möchte, ist die Selektion der Versuchspersonen mit hohen Kosten verbunden.

Aktive Marktforschung, in der das Marktforschungsunternehmen aktiv auf die Verbraucher zugeht, um sie zur Teilnahme an einer Befragung zu motivieren, ist in solchen Fällen nicht immer der geeignete Weg, um schnell und günstig zu validen Ergebnissen zu kommen. Viel einfacher ist es, die Beschwerden der Kunden zu analysieren, die das Unternehmen erhalten hat. Dort lässt sich schnell eine große Anzahl von Kunden mit einem 7er BMW finden, die Fragen, Anregungen oder auch Beschwerden, Lob oder Verbesserungsvorschläge zu dem Audiosystem hatten. Dadurch wird die Rekrutierung der Versuchspersonen für die aktive Marktforschung deutlich vereinfacht und verbilligt.

Das Internet und die Möglichkeiten durch Online-Beschwerdemanagement eröffnen auch Möglichkeiten in der Marktforschung, die bisher auf Grund mangelnder Infrastruktur nicht umsetzbar waren. Statt aktiv Versuchspersonen zu selektieren (aktive Marktforschung) besteht nun die Möglichkeit, die Leute zu befragen, die von sich aus mit dem Unternehmen in Kontakt treten (reaktive Marktforschung).

Die reaktive Marktforschung hat die Analyse des „kundengetriebenen Dialogs“ zum Ziel. Unter „kundengetriebenem Dialog“ versteht man die vom Kunden initiierte Kommunikation mit einem Unternehmen. Im Kern handelt es sich dabei um kritische Ereignisse wie Lob, Beschwerden oder Anregungen. Dennoch können dazu im weiteren Sinne auch Fragen oder gar Bestellungen gerechnet werden, deren Auswertung aber normalerweise weniger aufschlussreich ist. Die reaktive Marktforschung umfasst die Strukturierung der Datenerhebung, die weitergehende Qualifizierung der Daten durch Expertenratings sowie die Auswertung und Entwicklung von Handlungsempfehlungen. Dabei kann sich die reaktive Marktforschung im spezifischsten Fall auf die Auswertung der Daten aus der telefonischen Beschwerdeannahme eines einzelnen Unternehmens beschränken. Im theoretisch allgemeinsten Fall können aber auch die Daten des gesamten kundengetriebenen Dialogs aus allen Kommunikationskanälen über verschiedene Unternehmen hinweg zur Auswertung herangezogen werden.

Die wichtigsten Unterschiede reaktiver und aktiver Marktforschung können entlang der Dimensionen in Abbildung 22 veranschaulicht werden. Dabei lassen sich Unterschiede in der Methodik und der resultierenden Datenqualität feststellen.

Unterschiede in der Vorgehensweise

Aktive Marktforschungsmethoden lassen sich vor allem durch das Verfahren, wie die Teilnehmer rekrutiert werden, von reaktiven Methoden differenzieren: In der Regel werden bei aktiven Methoden nach verschiedenen Verfahren gezogene Stichproben von Personen befragt, in selteneren Fällen auch eine Grundgesamtheit. In jedem Fall ist es eine aktive Entscheidung des Forschers, wen er befragen möchte. Die Untersuchungspersonen in der reaktiven Marktforschung rekrutieren sich hingegen „selbst“, indem sie sich aus eigenem Antrieb mit dem Unternehmen in Verbindung setzen. Reaktive Verfahren verfügen üblicherweise nicht über eine definierte Feldphase, denn die Daten werden kontinuierlich erhoben. Demgegenüber sind aktive Quer- oder Längsschnittbefragungen durch eine oder mehrere zeitlich festgelegte Feldphasen charakterisiert.

Unterschiede in der resultierenden Datenqualität

Der wohl wichtigste Unterschied zwischen den Daten aus aktiven und reaktiven Verfahren ergibt sich aus der Tatsache, dass die Inhalte in der reaktiven Marktforschung selbstbestimmt, d.h. vom Kunden gewählt sind, während sie in der aktiven Marktforschung vom Marktforscher vorgegeben werden. Damit einher geht die Tatsache, dass die Kunden, die über die Kontaktaufnahme mit dem Unternehmen Daten verfügbar machen, intrinsisch motiviert sind, sich also von sich aus melden, ohne aufgefordert oder durch ein Incentive motiviert worden zu sein. Ein weiterer Unterschied ist der Umfang, mit dem im Rahmen der reaktiven

Markforschung qualitative Daten erhoben werden können. Während in der aktiven Marktforschung in der Regel einige hundert Personen befragt werden, können in der reaktiven Marktforschung mehrere Tausend oder Zehntausend Konsumenten eine Meinung zu einem bestimmten Produkt oder Thema abgeben. Die dabei entstehenden großen Datenmengen erlauben auch die statistische Analyse qualitativer Daten.

Diese Unterscheidungsdimensionen sind jedoch nicht gleichermaßen zentral für eine Abgrenzung zwischen beiden Verfahren. Die drei wichtigsten Unterschiede beziehen sich auf die Rekrutierung, die Inhalte und die Motivation. Insbesondere die intrinsische Motivation als Ausgangspunkt der reaktiven Marktforschung sichert eine hohe Authentizität der Informationen. Diese Ausrichtung führt dazu, dass die Ergebnisse, die mit diesem Ansatz gewonnen werden können, in ihrer Aussagekraft einmalig sind, jedoch darüber hinaus auch neue Aspekte beachtet werden müssen. Zudem stellt sich die Frage, wie die gewonnenen Ergebnisse mit denen traditioneller Methoden kombiniert werden können.

Der spezifische und im Vergleich zu traditionellen Methoden „ungewöhnliche" Ansatz der reaktiven Marktforschung ist der Grund dafür,

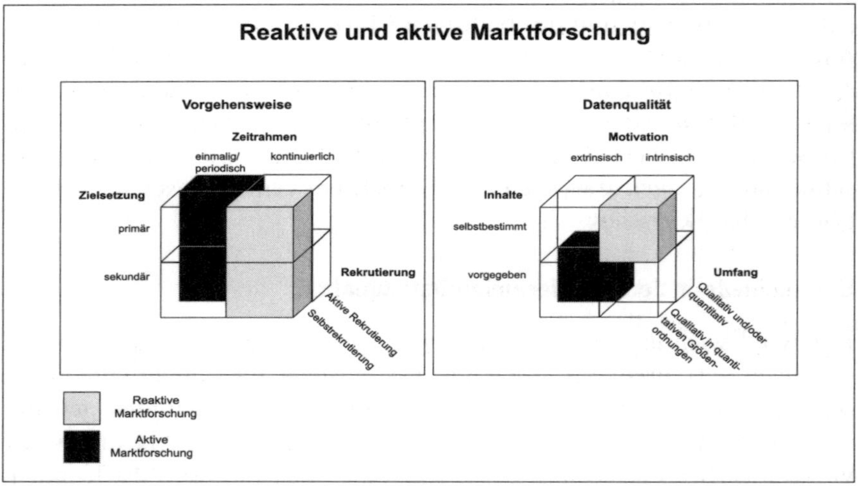

Abbildung 22: Reaktive Marktforschung beruht auf Selbstrekrutierung und zeichnet sich dadurch durch eine höhere intrinsische Motivation der Befragten aus.
Quelle: Vocatus 2002

dass damit Informationen gewonnen werden, die mit klassischen Methoden nicht erfasst werden können. Diese Vorteile reaktiver Marktforschung lassen sich folgendermaßen zusammenfassen:

Aktualität

Die Initiative der Dateneingabe geht bei der reaktiven Marktforschung vom Kunden aus. Die geschilderten Erlebnisse sind zum Zeitpunkt der Datenerhebung naturgemäß hochaktuell. Verfälschungen durch diverse Erinnerungsartefakte werden ausgeschlossen. Typischerweise werden in der aktiven Marktforschung Versuchspersonen zu Ereignissen befragt, die bereits eine gewisse Zeit zurückliegen. Dadurch tritt das psychologische Phänomen des „Hindsight Bias" auf. Eine Person wird heute gefragt, wie sie einen Sachverhalt, der vor einigen Monaten stattgefunden hat, damals empfunden hat. Dies führt normalerweise zu einem anderen Ergebnis als wenn die Person unmittelbar nach dem Ereignis befragt wird. Ein Beispiel soll dies verdeutlichen: Ein Kunde einer Luftfahrtgesellschaft fliegt am 15. März 2002 von München nach Hamburg. Der Flug hat über drei Stunden Verspätung und der Kunde verpasst seinen Termin, zu dem er ursprünglich nach Hamburg geflogen war. Um den Hindsight Bias auszuschließen, müsste der Kunde am selben Tag von einem Marktforschungsinstitut zu seinen Erfahrungen befragt werden. Bei der aktiven Marktforschung werden Kunden jedoch typischerweise mehrere Monate oder Jahre nach dem Ereignis befragt, wie sie die Verspätung damals empfunden haben. Psychologische Experimente beweisen, dass es hier zu deutlich unterschiedlichen Ergebnissen kommen kann. Die Konsumenten können sich an einzelne Details nicht mehr erinnern, andere werden falsch erinnert oder überbewertet. Der Vorteil der reaktiven Marktforschung besteht im Gegensatz dazu darin, dass der Konsument sein aktuelles Empfinden direkt am Tag des Vorfalls als Beschwerde an das Unternehmen schreibt und somit eine Datenverzerrung durch Zeitablauf ausgeschlossen wird.

Kontinuität

In der reaktiven Marktforschung werden die Daten von den Konsumenten kontinuierlich eingegeben, wenn der Konsument eine Beschwerde, ein Lob oder einen Verbesserungsvorschlag für das Unternehmen hat. Diese kontinuierliche Datenerhebung erlaubt eine sensitivere Verfolgung von Trends als dies bei Längsschnittstudien der Fall ist.

Kritische Punkte, die normalerweise nur verzögert erkannt werden, können so ohne Zeitverlust identifiziert werden. Auf diese Weise können Unternehmen beispielsweise sehr zeitnah Probleme mit der Produktqualität erkennen und in der Produktion beheben, weil sie von den Kunden sofort Feedback bekommen. Bei der aktiven Marktforschung wären solche Probleme abhängig vom Zeitpunkt der Durchführung der Untersuchung möglicherweise erst Monate später aufgedeckt worden. Und eine frühere Entdeckung eines Problems kann dem Unternehmen Kosten sparen. Wenn beispielsweise ein Fehler bei der Produktion eines Automobils zwei Wochen früher entdeckt wird, sind Einsparungen in zweistelliger Millionenhöhe möglich, da Rückrufaktionen und Kulanzfälle deutlich reduziert werden können.

> ***„Ich fahre seit Mitte Mai 2000 mein neues Auto. ... Am 21.5.2001 habe ich mein Fahrzeug zum dritten Mal zur Überprüfung verschiedener Probleme zum Händler in Frankfurt gebracht. Unter anderem wurde die Heckklappe zum dritten Mal seit Auslieferung des Neufahrzeugs reklamiert, da es bei starkem Regen oder in der Waschstraße hineinregnet. Dies wurde bisher auch bereits zweimal abgedichtet bzw. ein neuer Heckklappengummi eingezogen, aber leider ohne Erfolg. Nun klappert außerdem noch das Fenster an der Fahrertür. Man teilte mir bei Abholung mit, dass die Heckklappe zum dritten Mal abgedichtet wurde und dass das Fensterklappern ein bekanntes Problem beim Hersteller sei, für das man aber bisher noch keine Lösung gefunden habe."***
>
> Frau S. K. aus Frankfurt, Beschwerde zu einem Autohersteller

Datentiefe und Datenbreite

Mit einer entsprechend strukturierten Datenerhebung können aus dem kundengetriebenen Dialog nicht nur qualitative Informationen (freie Schilderung des Anliegens durch den Kunden), sondern auch quantitative Daten erhoben bzw. durch die mehrdimensionale Kodierung der Freitexte generiert werden. Die typischerweise große Datenflut ermöglicht über entsprechend hohe Fallzahlen deren statistische Auswertung. So wird sichergestellt, dass jederzeit problemlos von hoch aggregierten Daten bis zum konkreten Einzelfall heruntergebrochen werden kann. Beispielsweise kann berechnet werden, welche Themen in welchem

Branchensegment am häufigsten kritisiert werden. Gleichzeitig können die so ermittelten, kritischen Themen anhand von zahlreichen Einzelfällen im ungefilterten Originalton der Kunden illustriert werden, wie dies beispielhaft auch in diesem Buch erfolgt.

Durch diese Strukturierung der Daten kann auch die Erhebung ausgeweitet werden. Die gestellten Fragen sollten sich dazu keineswegs nur auf das kritische Ereignis beziehen, auf Grund dessen sich der Kunde ursprünglich gemeldet hat. Gleichzeitig sollten auch allgemeine Bewertungen (Kundenzufriedenheit, Wiederkaufswahrscheinlichkeit, Empfehlungsverhalten etc.) und soziodemographische Daten erhoben werden. Die Kombination dieser Daten ermöglicht eine detaillierte, multivariate Analyse der branchen- oder unternehmensspezifischen Loyalitätstreiber sowie die Identifikation spezifischer Zielgruppensegmente.

Authenzität und Relevanz

Die Kunden, die über die Meinungseingabe Daten verfügbar machen, sind intrinsisch motiviert. Dies führt zu sehr authentischen Daten und schließt eine Reihe möglicher Datenverzerrungen aus, die in der aktiven Marktforschung die Datenqualität beeinträchtigen können, so beispielsweise Effekte der sozialen Erwünschtheit oder so genannte Antworttendenzen. Die Tatsache, dass sich Kunden im Rahmen der reaktiven Marktforschung von sich aus über konkrete, kritische Ereignisse äußern können, sichert die außergewöhnlich hohe Relevanz der Daten, die mit traditionellen Methoden nicht erreicht wird. Denn die Wahrscheinlichkeit, dass ein Kunde just zu dem Zeitpunkt aktiv befragt wird, zu dem sich ein solches kritisches Ereignis zugetragen hat, ist naturgemäß sehr gering. Gleichzeitig haben aber genau diese Kunden besonders relevante Informationen, um das Angebot eines Unternehmens zu optimieren, denn hinter jeder Meinungsäußerung steht ein konkretes, verhaltensrelevantes Erlebnis und nicht nur die Antwort auf die Frage, wie z. B. bestimmte Leistungsdimensionen bei Anbieter A bewertet werden, die der Kunde im Zweifelsfall noch nie wirklich bewusst erfahren hat. Im Rahmen der reaktiven Marktforschung können so Leistungsdimensionen gezielt identifiziert werden, entlang derer es zwischen Kundenerwartung und -erleben besonders große Diskrepanzen (im positiven wie negativen Sinne) gibt.

Verhaltensebene

Im einfachsten Fall kann man durch die Interaktionsanalyse der Themenfrequenz kritischer Ereignisse und der Kundenloyalität gezielt die Leistungsdimensionen extrahieren, die besonders valide Kundenbindungen vorhersagen. So kann es beispielsweise sein, dass zwar viele Kunden einen bestimmten Sachverhalt kritisieren oder loben, diese Tatsache aber die Wiederkaufswahrscheinlichkeit tatsächlich kaum beeinflusst. Gleichermaßen ist es möglich, dass bestimmte Produkteigenschaften das Kundenverhalten besonders stark beeinflussen, obwohl sie deutlich seltener genannt werden. Diese verhaltensbezogenen Loyalitätstreiber oder Loyalitätshemmer gilt es zu identifizieren, indem beispielsweise auf Basis der Beschwerden ausgewertet wird, welche Arten von Beschwerden bei Kunden, die danach nie wieder bei diesem Unternehmen einkaufen, besonders häufig auftreten. Das Unternehmen kann anhand dieser Analysen die Budgetierung und Umsetzung einzelner Maßnahmen sinnvoll priorisieren und effizient steuern. Über die zusätzliche Erhebung soziodemographischer, psychographischer und branchenspezifischer Kundendaten lassen sich profitable von weniger profitablen Kundensegmenten getrennt analysieren. Dadurch kann die Priorisierung auf der Verhaltensebene weiter verfeinert werden.

Die beschriebene hohe Relevanz der Daten sowie die Möglichkeit, Priorisierungen auf verschiedenen Dimensionen vorzunehmen, stellt die zentrale Stärke der reaktiven Marktforschung dar. Grundsätzlich scheinen die Anforderungen an die Ergebnispriorisierung durch den Marktforscher hin zur Entwicklung konkret umsetzbarer Handlungsimplikationen an Bedeutung zuzunehmen. Gerade hier bietet die reaktive Marktforschung deutliche Vorteile, da sie eine unternehmensbezogene Priorisierung nach Umsetzbarkeit der Handlungsimplikationen erlaubt und zwar sowohl im Hinblick auf finanzielle, personelle Ressourcen oder auch operative Anforderungen. Diese Umsetzungspriorisierung schließt sich an die eigentliche Marktforschung an und fiel bisher eher in den Bereich der klassischen Unternehmensberatung. Die Erfahrung zeigt jedoch, dass Marktforschungsergebnisse eine umso größere Chance haben umgesetzt zu werden, je stärker neben der Konsumentenseite auch die Unternehmensseite in die Analyse einbezogen wird. Hier ist das kombinierte Fähigkeitsprofil von Marktforscher und Unternehmensberater gefragt, denn die Dinge, die im Rahmen der reaktiven Marktforschung thematisiert werden, reichen meist bis tief in die Geschäftsprozesse eines Unternehmens hinein.

Doch natürlich hat ein Ansatz wie die reaktive Marktforschung im Vergleich zur traditionellen aktiven Marktforschung nicht nur Stärken, sondern es gibt auch kritische Bereiche. Die Selbstbestimmtheit der Inhalte durch den Kunden hat zwar den Vorteil, Daten hoher Relevanz zu Tage zu fördern, wird aber mit dem Nachteil erkauft, dass nicht alle marktforschungsrelevanten Fragen mit reaktiv erhobenen Daten analysiert werden können. Auch die im Kontext der Meinungseingabe gestellten Fragen können nicht ohne weiteres temporär verändert werden, da dies auf Kosten der Vergleichbarkeit im Zeitverlauf geschähe. So können weder Untersuchungsinhalte noch -design gravierend verändert oder spontan angepasst werden.

Im kundengetriebenen Dialog berichten Kunden primär von Leistungsdimensionen, die während des Konsums eines Produktes nicht erwartungskonform waren, d. h. die überraschenderweise positiver oder negativer waren als erwartet. Dies schließt weitgehend Themen aus, die bereits vor dem Kauf vollständig bekannt und folglich selten überraschend sein können. Beispiele hierfür sind häufig der Preis eines Produktes oder sein Design. Dies sind Leistungsdimensionen, die vor dem Kauf meist vollständig bekannt sind. Dies bedeutet aber auch, dass diese Themen vergleichsweise selten vom Kunden angesprochen werden. Allgemein gesagt: mit der reaktiven Marktforschung werden vor allem Erlebniskriterien (nach dem Kauf) angesprochen. Diese müssen nicht immer mit den Entscheidungskriterien (vor dem Kauf) übereinstimmen. Diese Tatsache muss kein Nachteil sein. Gerade in gesättigten Märkten, in denen es primär um Kundenbindung geht, ist die Auswertung der Erlebniskriterien von besonderer Relevanz. Man sollte sich aber bewusst sein, dass die Ergebnisse der reaktiven Marktforschung nicht immer geeignet sind, die Gewichtung der Leistungsdimensionen vor dem Kauf zu analysieren. Während das Instrument dadurch also sehr gut geeignet ist, Faktoren der Kundenzufriedenheit und -bindung aufzudecken, lassen sich Erfolg versprechende Strategien zur Gewinnung neuer Kunden nicht immer gleichermaßen gut identifizieren.

Reaktive Verfahren sind in ähnlicher Weise wie andere selbstrekrutierte Panels mit der Schwierigkeit behaftet, dass in wichtigen soziodemographischen Merkmalen keine repräsentative Stichprobe „gezogen" wird. Wie bereits dargestellt, wird in der reaktiven Marktforschung implizit im Hinblick auf die Relevanz und Authentizität der Inhalte rekrutiert, während dies in der aktiven Marktforschung im Hinblick auf die Repräsentativität der Teilnehmer geschieht.

Umsetzung und Organisation reaktiver Marktforschung

Im folgenden Abschnitt soll nun auf die konkrete Umsetzung und Organisation der reaktiven Marktforschung eingegangen werden. Der besondere Charakter der reaktiven Marktforschung impliziert auch besondere Anforderungen an die folgenden Aspekte im Forschungsprozess. Beachtet man diese Punkte, sind die Daten nicht nur deutlich aussagekräftiger, sondern man kann damit auch die oben erwähnten Schwächen deutlich reduzieren.

Die Dateneingabe sollte möglichst über alle Zugangskanäle (Telefon, Brief, Fax, E-Mail, Internet-Eingabemaske) einheitlich organisiert werden. Hier stehen viele Unternehmen noch am Anfang. Selbst der dafür am besten geeignete Kanal, das Internet, wird zur Förderung des Kundendialogs nur selten effektiv genutzt. Die Fragenstruktur sollte zudem verschiedene Anforderungen erfüllen: Es sollten grundsätzlich so wenig Fragen wie möglich gestellt werden. Die Fragen die gestellt werden, sollten den Kunden zum einen strukturiert und nachvollziehbar durch den Dialogprozess führen. Zum anderen sollten sie alle Punkte abdecken, die zur späteren Auswertung notwendig sind. Insbesondere gehören dazu geschlossene Fragen, die die spätere Kodierung des Freitextes erleichtern, wie z. B. die Frage zu welchem Thema der Kunde sich äußern will. Die Antwortoptionen, die hierbei ausgewählt werden können, erlauben es dem Unternehmen, den Freitext ohne tiefergehende Analyse vorab zu sortieren und gegebenenfalls auch an die entsprechenden Stellen weiterzuleiten. Neben den ereignisbezogenen Fragen sollten aber in jedem Falle auch einige allgemeine unternehmensbezogene Fragen (z. B. Kundenzufriedenheit) und Fragen zur Soziodemographie gestellt werden, denn diese Frageninhalte potenzieren den späteren Informationsgewinn.

Am Beispiel der geschlossenen Frage nach dem Thema des Kundenanliegens lässt sich noch eine weitere Anforderung demonstrieren: Die Fragen und Antwortoptionen müssen kontinuierlich validiert werden. So müssen die Kundenanliegen, die bei dieser Frage in keine der angegebenen Themenoptionen eingeordnet werden können, regelmäßig analysiert werden, um die Antwortoptionen dem Erlebnisraum des Kunden anzupassen. Zudem müssen die zusätzlich gestellten Fragen beispielsweise mit den Segmentierungskriterien des jeweiligen Unternehmens synchronisiert werden. Nur dann ist es möglich, die Ergebnisse auf der oben erwähnten Profitabilitätsebene zu priorisieren. Die Probleme und Anforderungen an die strukturierte Erhebung der Daten wurden bereits im Abschnitt „Strukturierte Erfassung der Beschwerden“ ausführlich erläutert.

Die Masse der Kundenanliegen erlaubt beispielsweise eine Auswertung nach Themenhäufigkeit, wie sie oben beispielhaft dargestellt wurde. Dies reicht für eine sinnvolle Auswertung nicht aus. Neben der reinen Frequenz muss auch die Relevanz der Kundenanliegen entlang verschiedener Dimensionen bewertet werden. Dies kann aus verständlichen Gründen nicht durch den Kunden geschehen. Würde der Kunde die Frage gestellt bekommen „Wie wichtig ist Ihre Beschwerde?“ würde er natürlich mit großer Wahrscheinlichkeit die Option „sehr wichtig“ auswählen, denn für ihn ist seine Beschwerde selbstverständlich sehr wichtig. Das Unternehmen muss jedoch zwischen verschiedenen Beschwerden von Kunden gewichten. Und es macht eben einen Unterschied, ob sich ein Kunde bei einer Bank beschwert, dass ihm im letzten Monat die Kontoauszüge zwei Tage zu spät zugeschickt wurden, oder ob sich ein Kunde bei einer Bank beschwert, dass sein Kontostand seit Monaten nicht korrekt ausgewiesen wird.

„Über ein halbes Jahr wurde mir im Kontoauszug bei meiner Bank der Vermögensstatus fehlerhaft angezeigt. Erst als eine Lastschrift mangels Deckung zurückgegeben wurde und ich hierauf eine Anfrage stellte, fiel auch der Bank die Fehleinspielung auf. Statt einer Entschuldigung erhielt ich eine Aufforderung, das Konto auszugleichen, mit Androhung rechtlicher Schritte. Man sei davon ausgegangen, ich hätte den fehlerhaften Vermögensstatus bereits bemerkt. Nur die Bank selbst tat dies nicht, denn 2 Tage vorher führte sie noch anstandslos eine Überweisung durch und sorgte dafür, dass ich noch weiter ins Minus rutschte. Solche Fehler darf sich eine Bank nicht leisten. Für das halbe Jahr der Überziehung wurden mir selbstverständlich auch noch Sollzinsen berechnet, obwohl ich gar keinen Kreditrahmen vereinbart hatte.“

Herr C. A. aus München, Beschwerde zu einer Direktbank

Die Bewertung der Relevanz einer Beschwerde kann also nicht durch den Kunden, sondern muss post hoc durch geschulte Mitarbeiter vorgenommen werden, die einen einheitlichen Bewertungsmaßstab sicherstellen. Die zusätzliche Qualifizierung jedes Kundenanliegens entlang verschiedener Dimensionen ermöglicht zum einen eine weit präzisere und tiefergehende Auswertung, zum anderen werden dadurch die vielfach gefürchteten „Querulanten“ neutralisiert. Zuverlässige Expertenratings setzen jedoch intensive Schulungsmaßnahmen und ein permanentes „Training-on-the-job“ voraus.

Obwohl selbstrekrutierte Daten meist hinsichtlich wichtiger soziodemographischer Merkmale verzerrt sind, besteht die Möglichkeit, die gesammelten kritischen Ereignisse auf Basis verschiedener Merkmale der sich jeweils äußernden Kunden post hoc zu quotieren bzw. die einzelnen Gruppen unterschiedlich zu gewichten. Damit lässt sich der Nachteil unzureichender Repräsentativität zumindest teilweise ausgleichen. Wenn also beispielsweise auf Grund der Datenerhebung im Internet die Gruppe der 50- bis 60-Jährigen in der Datenerhebung gegenüber jüngeren Jahrgängen unterrepräsentiert ist, dann können die Daten der älteren Gruppe einfach im Vergleich zu der jüngeren Gruppe stärker gewichtet werden. Quotierungen von Stichproben bzw. auch nachträgliche Gewichtungen haben in der Regel das Ziel, die Struktur einer bestimmten Grundgesamtheit hinsichtlich relevanter unabhängiger – meist soziodemographischer – Merkmale abzubilden. Auf Grund des immensen Umfangs der auf reaktivem Weg gewonnenen Daten ist eine derartige Quotierung in der Regel problemlos durchführbar.

Ein anderer, unkonventionellerer Weg zum Nachweis einer hohen Datenqualität und dementsprechend übertragbarer Ergebnisse stellen externe Validierungen der Daten dar. In diesem Falle wird nicht eine Verteilung zentraler unabhängiger Variablen wie in der Grundgesamtheit angestrebt, sondern die Struktur intermediärer oder abhängiger Variablen wird mit derjenigen anderer „repräsentativer“ Quellen abgeglichen. Ein Beispiel für die Repräsentativität der Daten wird im Abschnitt „Benchmarking: Kunden-Beschwerden der Wettbewerber“, S. 187 ff., dargestellt werden.

Aktive und reaktive Marktforschung komplementär einsetzen

Die innovative Positionierung des reaktiven Ansatzes macht deutlich, dass aktive und reaktive Marktforschung sich nicht gegenseitig ersetzen, sondern komplementär eingesetzt werden sollten. Die Stärken beider Ansätze ergänzen sich in zweifacher Hinsicht: Reaktiv erhobene Daten lassen sich als Ausgangspunkt für darauf aufbauend aktiv durchgeführte Marktforschungsprojekte nutzen. Die Themen, die sich in der Auswertung reaktiv gewonnener Daten als kritisch erwiesen haben, können daraufhin im Rahmen aktiver Forschungsprojekte weiter analysiert werden. So greifen reaktive und aktive Marktforschung nahtlos ineinander: Die reaktive Marktforschung priorisiert die kritischen Leistungsdimensionen, deren Verbesserungsmöglichkeiten im aktiven Angang identifiziert und evaluiert werden.

Eine weitere zentrale Schnittstelle des reaktiven und aktiven Ansatzes besteht im Aufbau und der Nutzung des Panels hoch involvierter Konsumenten, das sich auf diesem Wege bildet. Die Kunden, die sich im Rahmen des kundengetriebenen Dialogs geäußert haben, sollten in diesem Zusammenhang auch nach der Bereitschaft zur Teilnahme an aktiven Projekten befragt werden. Gegenüber klassisch rekrutierten Teilnehmern besitzen sie mehrere Vorteile. Zum einen haben sie sich bereits intensiver mit bestimmten Produkten auseinander gesetzt, was für manche Fragestellungen sehr wünschenswert ist. Zum anderen kann man diese Teilnehmer themenspezifisch und verhaltensbezogen rekrutieren. Man muss sich bei der Quotierung nicht nur an soziodemographischen Merkmalen oder Einstellungsäußerungen orientieren, sondern kann nach Kenntnissen und konkreten Verhalten rekrutieren. Soll z. B. die Gestaltung der Telefonrechnung (einer der meistkritisierten Punkte bei Telekommunikationsanbietern) verbessert werden, ist es äußerst sinnvoll, dafür Personen zu rekrutieren, die sich bereits mit diesem Thema auseinander gesetzt haben.

> ***„Ich habe heute meine Telefonrechnung für den Monat September bekommen. Ich muss sagen, wenn man bei den Rechnungen durchsehen will, braucht man eine Menge Zeit! Wieso werden denn die einzelnen Leistungen für so unterschiedliche Zeiträume abgerechnet? Ich war ja schon drauf und dran, bei meinem Internet Service Provider eine Beschwerde loszulassen, weil ich seit 1 1/2 Monaten nicht mehr über diesen Anbieter gehe und trotzdem was bezahlen muss. Bis ich dann doch noch entdeckte, das der Zeitraum für die-***

se Rechnung vom 29.06.–22.07. war. Die Beträge für die Verbindungen von meinem Telekommunikationsanbieter wurden mit dem 22.07.–19.08. angegeben und die monatlichen Leistungen vom 01.09.–30.09. Das ist alles ganz schön verwirrend! Auch die DSL-Flat wird gleich für 1 1/2 Monate abgerechnet. Kann man das nicht ein bisschen übersichtlicher gestalten?"

Frau S. S. aus Usingen, Beschwerde zu einem Telekommunikationsunternehmen

Ebenso kann es an anderer Stelle sinnvoll sein, diejenigen Kunden zu rekrutieren, die angegeben haben, bei nächster Gelegenheit zu einem anderen Anbieter zu wechseln. Die Anwendungsmöglichkeiten dieser neuartigen Rekrutierungsmöglichkeiten sind fast unerschöpflich. Dabei sollte dieses Panel aus Gründen der Marktforschungshygiene niemals auch für Direktmarketingmaßnahmen genutzt werden, wenngleich dies im Falle eines einzelnen Unternehmens – auf Grund der Tatsache, dass sich der Kunde im Rahmen einer bestehenden Geschäftsbeziehung von sich aus gemeldet hat – rechtlich möglich sein mag.

„Ich habe mindestens einmal in der Woche einen Brief von Ihrer Bank bekommen, wo man mir einen Kredit oder ähnliches angeboten hat. Ich bin aber nicht Kundin bei Ihnen und habe es auch nicht vor zu werden. Ich habe Ihnen dies auch mitgeteilt und auch, dass ich keine weitere Post von Ihnen wünsche, da mich das wirklich schon nervt. Es folgte keine Reaktion. Einige Zeit später habe ich meine Beschwerde per E-Mail an Sie weitergeleitet, wonach ich einen Brief bekam, dass man mich auf eine Liste gesetzt hat mit denjenigen, die keine Post wünschen. Super! Nur leider kam einige Tage später wieder ein Brief von Ihrer Bank. Diesen Brief samt der Kopie des Briefes mit dem Versprechen, ich würde keine Post mehr bekommen habe ich an Sie gefaxt. Ich war wirklich froh, als eine zeitlang kein Brief mehr gekommen ist. Nun bin ich aber umgezogen und nun möchte ich wissen, woher Sie meine neue Adresse haben!! Ich habe nämlich hier wieder Post bekommen! Das ist wirklich unmöglich! So gewinnt die Bank bestimmt keine Kunden und empfehlen werde ich diese Bank bestimmt niemandem, ganz im Gegenteil! Ich bin wirklich verärgert!"

Frau J. J. aus Heiligenhaus, Beschwerde bei einer Bank

Sowohl die aktive als auch die reaktive Marktforschung liefert mit hochentwickelten und zunehmend verfeinerten Methoden Erkenntnisse über die Bedürfnisse des Kunden. Dieses Wissen allein genügt aber nicht, denn nur die Ableitung, Priorisierung und Umsetzung konkreter Maßnahmen machen Unternehmen erfolgreich.

Die Stärke moderner Marktforschung ist ihre hohe Methodenkompetenz. Die Umsetzung der gewonnenen Erkenntnisse in betriebswirtschaftlich nutzbare Ergebnisse wird aber häufig nicht als Aufgabe der Marktforscher gesehen. Die Gründe dafür können vielfältig sein: Der Marktforscher sieht sich vielleicht lieber als Wissenschaftler denn als Berater und überlässt die Schwierigkeit der Übersetzung der Ergebnisse in konkrete Maßnahmen lieber dem (internen wie externen) Kunden. Dies kann darin begründet sein, dass der Marktforscher zwar genau die Bedürfnisse des Kunden, aber weniger genau die Situation des Unternehmens kennt. Es kann jedoch auch in den Erwartungen des Kunden begründet liegen: Viele Auftraggeber sehen genau im Schritt von den Ergebnissen zur Umsetzung ihr „Hoheitsgebiet" und vergeben nur Teile eines Projektes an Marktforscher als „Informationsbeschaffer". Auf Basis dieser bruchstückhaften Kenntnis lassen sich jedoch keine ganzheitlich sinnvollen Maßnahmen empfehlen.

So vielfältig die Gründe auch sein mögen, das Resultat ist häufig identisch: Die im „Elfenbeinturm" entstandenen Konzepte und die aufwendig erhobenen Daten werden mithilfe komplexer statistischer Methoden analysiert und in umfangreichen Berichten detailliert dokumentiert und landen schließlich in der Schublade des Unternehmens. Diese Berichte sind häufig so wissenschaftlich verfasst, dass sie nur von Marktforschungsspezialisten verstanden werden. Nur leider sind die Mitarbeiter im operativen Geschäft zwar verantwortlich für die Umsetzung der Marktforschungsergebnisse, nicht aber in der Lage, deren Ableitung nachzuvollziehen. Hier stockt die Kommunikation.

Fachwissen ist die notwendige Qualifikation für Marktforscher. Dieses Know-how ist sicherlich der wichtigste „Hygienefaktor", aber eben noch kein Erfolgsgarant. Methodenkenntnis allein macht keinen Marktforscher erfolgreich. Nur wenn es gelingt, diese Kenntnis in Empfehlungen umzusetzen, die Nicht-Marktforscher verstehen und nachvollziehen können, wird es gelingen, den Bruch zwischen theoretischer Erkenntnis und Umsetzung in der Praxis zu bewältigen. Hier bedarf es eines neuen

Berufsbildes: Der Marktforscher muss sich selbst stärker als Berater verstehen, dessen Aufgabe es ist, priorisierte Handlungsempfehlungen zu geben. Priorisiert nicht nur nach den Wünschen des Kunden, sondern auch nach den internen Anforderungen des Unternehmens, denn diese determinieren letztlich, ob ein Ergebnis auch umgesetzt werden kann.

Auch wenn dieses Bild etwas überzeichnet sein mag, so charakterisiert es doch eine Tendenz, die man in der Praxis immer wieder antrifft: Der Bruch zwischen Datenerhebung und Umsetzung. Von Marktforschern sollte diese Situation als Herausforderung gesehen werden. Wer verstanden werden will, muss zuerst die Situation seiner Kunden verstehen. Während Mitarbeiter im operativen Geschäft das Wissen über die Prozesse und Strukturen des Unternehmens haben, kennen Marktforscher die Bedürfnisse der Kunden. Erst durch eine Integration beider Ansätze kann wirklicher zusätzlicher Wert geschaffen werden. Doch die beiden Funktionen müssen erst noch lernen, miteinander zu kooperieren.

Der Zusammenhang zwischen der Leistungsveränderung von Unternehmen wie beispielsweise der Verbesserung bestimmter Produkteigenschaften und der Veränderung der Ergebnisse wie Umsatz oder Profitabilität ist in der Regel indirekter Natur. Natürlich wäre ein direkter Zusammenhang zwischen Leistung und Ergebnis aus Unternehmenssicht wünschenswert. Das Produkt wird verbessert und die Umsätze steigen. So einfach ist es aber in der Realität nicht, denn es gibt eine entscheidende Größe, die diesen Zusammenhang moderiert: der Kunde. Das Unternehmen kann also nicht unmittelbar auf den eigenen Umsatz (Ergebnis) Einfluss nehmen, sondern nur auf die wahrnehmbare Qualität (Bewertung) und darüber auf die Loyalität des Kunden (Verhalten). Das Kundenverhalten wiederum determiniert die Ergebnisse eines Unternehmens. So entscheidet letztlich immer der Kunde über Erfolg und Misserfolg eines Unternehmens, den dieses somit nur mittelbar steuern kann.

Nehmen wir an, ein Telekommunikationsunternehmen möchte seine Umsätze erhöhen. Eine Korrelation verhaltensrelevanter Indikatoren wie Kundenzufriedenheit und Loyalität mit dem Umsatz wurde hier bereits in früheren Untersuchungen nachgewiesen. Über eine weitere Marktforschungsstudie sollte nun der Zusammenhang zwischen der subjektiven Bewertung bestimmter Leistungsparameter und dem Indi-

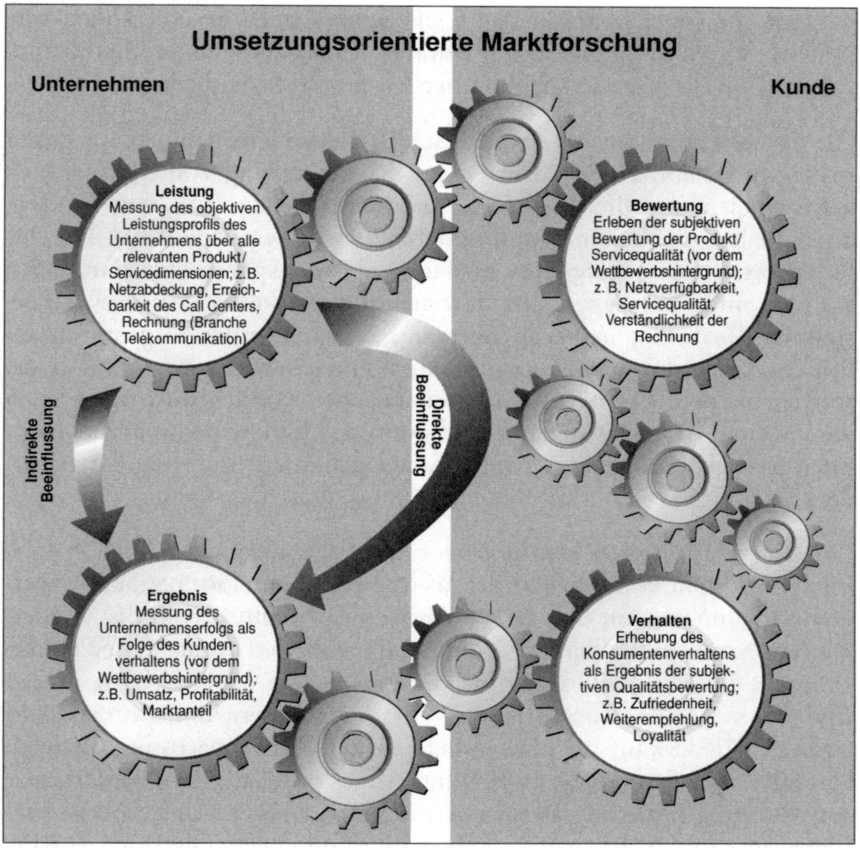
Umsetzungsorientierte Marktforschung
Unternehmen
Kunde
Leistung
Messung des objektiven Leistungsprofils des Unternehmens über alle relevanten Produkt/ Servicedimensionen; z.B. Netzabdeckung, Erreichbarkeit des Call Centers, Rechnung (Branche Telekommunikation)
Bewertung
Erleben der subjektiven Bewertung der Produkt/ Servicequalität (vor dem Wettbewerbshintergrund); z. B. Netzverfügbarkeit, Servicequalität, Verständlichkeit der Rechnung
Direkte Beeinflussung
Indirekte Beeinflussung
Ergebnis
Messung des Unternehmenserfolgs als Folge des Kundenverhaltens (vor dem Wettbewerbshintergrund); z.B. Umsatz, Profitabilität, Marktanteil
Verhalten
Erhebung des Konsumentenverhaltens als Ergebnis der subjektiven Qualitätsbewertung; z.B. Zufriedenheit, Weiterempfehlung, Loyalität

Abbildung 23: Das Unternehmen kann durch seine Leistung nicht direkt auf das Ergebnis Einfluss nehmen, sondern nur auf Faktoren wie Qualität der Produkte, die wiederum das Verhalten der Kunden bestimmen.
Quelle: Vocatus 2002

kator „Loyalität" geklärt werden. Diese Untersuchung ergibt, dass die Kundenloyalität primär durch die Faktoren Netzabdeckung, telefonische Erreichbarkeit des Call Centers und Verständlichkeit der Rechnung getrieben wird. Zudem konnte in weiteren Detailauswertungen herausgefunden werden, welche dieser Leistungsparameter bei welchem Kundensegment besonders bedeutsam sind. So wurde ermittelt, dass sich gerade das hochprofitable Kundensegment besonders über die telefonische Erreichbarkeit des Call Centers und die Netzabdeckung beschwert, während weniger profitable Kunden vor allem die Grundgebühr und die Verständlichkeit der Rechnung bemängeln.

Die nächste Frage ist nun, welche Schlüsse das Unternehmen aus dieser Erkenntnis zieht. Denn wenn es um die Umsetzung von Maßnahmen geht, spielen natürlich nicht nur die Wünsche der Kunden, sondern auch die Möglichkeiten des Unternehmens eine wichtige Rolle. Der differenzierten Bewertung verschiedener Leistungsparameter durch den Kunden muss auf Seiten des Unternehmens, also bei der Leistungserstellung, Rechnung getragen werden. Erst vor dem Hintergrund dieser Informationen können sinnvolle unternehmerische Entscheidungen getroffen werden. Erst wenn zum Wissen über Kundenbedürfnisse auch die internen Anforderungen hinzukommen, können die im Sinne maximierter Ergebnisse besten Maßnahmen gefunden und umgesetzt werden.

Eine Korrelation zwischen Indikator und Ergebnis muss natürlich auch immer vor dem Hintergrund des Wettbewerbsumfeldes betrachtet werden. So kann es sein, dass bei einem Unternehmen sowohl die Wiederkaufswahrscheinlichkeit der Kunden als auch die Umsätze des Unternehmens im Vergleich zum Vorjahr um jeweils 10 Prozent gestiegen sind. Diese Daten müssen jedoch vor dem Hintergrund der Umsätze und der Wiederkaufswahrscheinlichkeit der Wettbewerbsunternehmen betrachtet werden. Denn immerhin wäre es möglich, dass die Umsätze der gesamten Branche – beispielsweise auf Grund einer technischen Innovation – um 20 Prozent gestiegen sind und ebenso die Wiederkaufswahrscheinlichkeit bei der Konkurrenz. Gerade für die Interpretation dieser Zahlen sind also Wettbewerbsanalysen von entscheidender Bedeutung.

Das Verständnis von Marktforschung hat sich damit auch auf die Erforschung der Unternehmenssituation als Teil des „Marktes“ ausgedehnt. So muss das Unternehmen selbst ebenso als Marktforschungsobjekt verstanden werden, das vor dem Hintergrund des Wissens über die Wünsche der Kunden auf das Kriterium der Machbarkeit hin analysiert wird. Natürlich sind die Zusammenhänge in der Regel nicht so monokausal, wie es die Abbildung 23 darstellt. Aber die Vereinfachung auf die wesentlichen Prinzipien dient der Klarheit des Gedankens. Wichtig für die umsetzungsorientierte Marktforschung ist vor allem, dass bei jedem Projekt alle vier Elemente – Leistung, Bewertung, Verhalten, Ergebnis – in die Überlegung mit einbezogen werden, um die Ursache-Wirkungs-Kette zu schließen. Auch wenn man sich im Einzelfall dafür entscheidet, nur einen Teilbereich durch die Marktforschung abdecken zu lassen, so muss man sich der anderen Elemente bewusst sein.

Die reaktive Marktforschung kann also eingesetzt werden, um kostengünstig und vor allem schnell zu validen Ergebnissen zu kommen, die sich auf eine breite Datenbasis zu stützen. Durch die Schnelligkeit, die durch das Medium Internet möglich wird, kann reaktive Marktforschung jetzt auch eingesetzt werden für Sachverhalte, die allein auf Grund der notwendigen Geschwindigkeit der Entscheidungserfordernis normalerweise nicht durch ein Marktforschungsprojekt untermauert werden können. Durch die kostengünstige Umsetzung kann reaktive Marktforschung jetzt auch in Bereichen eingesetzt werden, die sonst kein Budget für Marktforschung zur Verfügung stellen können.

Auch aus Kostengründen kann reaktive Marktforschung das Mittel der Wahl sein. Wenn die Website des Unternehmens standardmäßig die Möglichkeit bietet, eine zusätzliche Marktforschungsfrage zu stellen, dann kann diese Möglichkeit auch aktiv innerhalb des Unternehmens angeboten werden. Möglich wäre zum Beispiel, dass im Unternehmen die Möglichkeit zu reaktiven Marktforschung kostengünstig oder kostenlos für alle Abteilungen angeboten wird. Der betreffende Mitarbeiter kann ohne lange Prozeduren der Budgetgenehmigung und langwieriger Auswahl von Marktforschungsunternehmen seine aktuelle Fragestellung an die Verantwortlichen für die Website schicken. Die Frage wird in den folgenden Tagen für insgesamt 24 Stunden ins Netz gestellt und von allen Kunden beantwortet, die in diesem Zeitraum ein Anliegen an das Unternehmen geschickt haben. Der auftraggebende Mitarbeiter erhält am nächsten Tag eine Auswertung über die Antworten. Da jede dieser Auswertungen auf Basis von 500 bis 1000 Kundenmeinungen entstanden ist, bietet sie eine vernünftige Basis für Entscheidungen.

So könnte z. B. bei einem Lebensmittelkonzern an einem Montag gefragt werden, ob die Kalorienzahl bei Fertigsuppen für den Kunden wichtig ist. Am Dienstag lautet die Frage, ob die Kunden Interesse an Mozzarella mit dreimonatiger Haltbarkeit haben und am Mittwoch lautet die Frage, ob die ökologische Kompostierbarkeit von Obstverpackungen für die Kaufentscheidung relevant ist. So kann ein Unternehmen mit entsprechendem Traffic auf der Website viele kleine Fragestellungen abarbeiten, die schnell beantwortet werden müssen, aber kein eigenes Marktforschungsprojekt rechtfertigen würden.

Die Kunst liegt hier, wie so oft, im rechten Maß. Viele Unternehmen nutzen heute die Möglichkeit, auf ihrer Website zusätzliche Fragen zu stellen überhaupt nicht. Werden sie auf diese Möglichkeit aufmerksam, schlagen die Bemühungen häufig in das andere Extrem um. Sobald die Möglichkeiten des neues Mediums klar werden, werden in den verschiedenen Abteilungen eine Fülle von interessanten Fragestellungen entwickelt, die sich für eine Online-Beantwortung eignen. Es besteht dann die Gefahr, zu viele Fragen gleichzeitig stellen zu wollen und damit die Kunden zu überfordern. Ein vernünftiges Maß für die Anzahl Fragen liegt erfahrungsgemäß bei etwa drei bis fünf zusätzlichen Fragen. Mehr ist kaum ein Kunde bereit, nebenbei zu beantworten. Meinungsforschungsfragebögen mit zehn Fragen müssen bereits mit Incentives von durchschnittlich zwei bis vier Euro oder einem Gewinnspiel versehen werden, sonst sind die Antwortquoten so gering, dass eine Auswertung kaum sinnvoll erscheint. Deshalb sollte die Anzahl der zusätzlich gestellten Fragen nach Möglichkeit die Zahl von drei bis fünf einfach zu beantwortenden, geschlossene Fragen nicht überschreiten.

Der Kunde wird in der Regel ein paar Fragen, die nichts mit seinem konkreten Problem zu tun haben, zusätzlich beantworten. Voraussetzung hierfür ist, dass er nicht den Eindruck erhält, die freundliche Annahme seiner Beschwerde ist nur ein Trick, um ihm andere Informationen zu entlocken. Kommt also nach der Frage „Zu welchem Thema möchten Sie eine Meinung eingeben?“ gleich die Frage „Und wie finden Sie unser neues Logo?“, ist der Kunde zu Recht irritiert und fühlt sich nicht ernst genommen. Das kann zur Folge haben, dass nicht nur die Fragen nicht beantwortet werden, sondern der Ärger des Kunden noch verstärkt wird und völlig kontraproduktiv zum gewünschten Ergebnis ist. Die Fragen sollten daher nach den Informationen, die zur Bearbeitung der individuellen Beschwerde gebraucht werden, gestellt werden und freiwillige Angaben sein.

Auch die Komplexität der Fragestellung spielt eine Rolle. Wenn ein Kunde einfach nur auswählen muss, ob er einmal pro Woche, einmal pro Monat oder einmal pro Jahr in einem bestimmten Geschäft einkauft, dann ist die Frage schnell beantwortet. Komplexere Fragestellungen wie beispielsweise semantische Differentiale benötigen mehr Erklärungsaufwand. Bei einem semantischen Differential muss der Kunde beispielsweise verschiedene Eigenschaften eines Produktes wie „innovativ“, „praktisch“ oder „modern“ auf einer mehrstufigen Skala von „Trifft sehr stark zu“ bis „trifft überhaupt nicht zu“ bewerten. Der Kunde muss hier erst einmal verstehen, was mit der Frage eigentlich gemeint ist, bevor er antworten kann. Mit steigender Komplexität der Fragen muss die Anzahl der Fragen weiter reduziert werden, um den Gesamtaufwand für den Kunden nicht zu erhöhen. Fünf einfache Fragen können akzeptabel sein, drei komplexe Fragen können den Kunden schon überfordern.

Wie kann nun das Dilemma gelöst werden, dass einerseits eine interne Liste mit Hunderten von Fragen vorliegt, die gestellt werden sollen, andererseits aber der Kunde nur bereit ist, maximal eine Handvoll Fragen zu beantworten? Die Lösung liegt in der Flexibilität der Fragestellung. Im Internet ist es sehr einfach möglich, wöchentlich oder täglich neue Fragen auf die Website zu integrieren. Ein Kunde, der also am Montag eine Meinung auf der Website des Unternehmens eingibt, bekommt drei Fragen gestellt. Am Dienstag stellt das Unternehmen fest, dass diese drei Fragen bereits von 500 Kunden beantwortet worden sind und damit genügend Ergebnisse vorliegen, um eine statistisch validierte Auswertung zu erstellen. Deshalb werden nun drei neue Fragen auf die Seite gestellt. So bekommt jeder Kunde nur drei Fragen gestellt, aber im Laufe der nächsten Wochen oder Monate werden für das Unternehmen dennoch alle Fragen beantwortet.

Wenn allerdings auf der Website des Unternehmens nur zehn Kunden pro Tag überhaupt eine Meinung eingeben, sind die Möglichkeiten des Unternehmens stark eingeschränkt. Um die in diesem Beispiel notwendige Anzahl von 500 Antworten zu erhalten, sind rund 50 Tage erforderlich. Dies zeigt wiederum, wie wichtig es für das Unternehmen ist, die Möglichkeiten zur Meinungsäußerung auf der Website möglichst proaktiv anzubieten. Denn je mehr Kunden sich zum eigenen Unternehmen äußern, umso schneller kann die reaktive Marktforschung Ergebnisse liefern.

Auf Grund der neuen Online-Möglichkeiten wird die primär soziodemographische Auswahl von Zielgruppen in der Marktforschung immer häufiger durch die verhaltensbezogene Auswahl ersetzt. Traditionell wurden in der Marktforschung die Teilnehmer an einer Befragung nach soziodemographischen Merkmalen ausgewählt. Alter und Geschlecht waren relevante Kriterien, wahlweise mit Zusatzfaktoren wie Einkommen oder Wohnort. Diese Kriterien haben sicher nach wie vor ihre Berechtigung, gerade wenn es darum geht, die neu erhobenen Daten auch im Vergleich zu älteren Erhebungen zu sehen.

Häufig macht aber eine verhaltensbezogene Auswahl der Personen mehr Sinn. Wenn eine Fluggesellschaft die Vielflieger der Konkurrenz befragen möchte, um zu erfahren, warum sie mit der Konkurrenz fliegen, kann man die Zielgruppe z. B. definieren als männliche Versuchspersonen zwischen 30 und 50 mit einem Einkommen über 100.000 Euro. Und man wird in dieser Gruppe sicherlich einen höheren Prozentsatz an Vielfliegern finden als in einer Zufallsauswahl aus der Bevölkerung. Aber wäre es nicht sehr viel effektiver und zielführender, einfach direkt die Vielflieger der Konkurrenz zu befragen? Diese Daten zu bekommen ist im Zeitalter des Internet kein Problem mehr. Vielflieger lassen sich beispielsweise ganz einfach identifizieren, weil sie sich öffentlich im Internet über ein Vielfliegerprogramm beschwert haben. Die Kosten für die Auswahl der Personen für die Marktforschung können durch diese Ansätze deutlich reduziert werden, während gleichzeitig die Qualität der Analyse steigt. Es kann nämlich nicht nur danach selektiert werden, ob eine Versuchsperson Kunde des Unternehmens ist, sondern es kann sehr viel spezifischer auch danach selektiert werden, ob er schon einmal ein bestimmtes Problem mit einem bestimmten Produkt oder Service gehabt hat. Diese Selektion nach kritischen Ereignissen ist mit traditionellen Methoden nur mit unverhältnismäßig hohem Aufwand zu erreichen.

„Auf dem Flug von Helsinki nach München am 6. Juli hat es die Fluggesellschaft wieder einmal geschafft, die Passagiere in der Business Class mehr als frisch zu halten. Bei Außentemperaturen in Helsinki von plus 28 Grad und plus 30 Grad in München mussten die Passagiere während des fast dreistündigen Fluges frieren. Meine Bitte an das Bordpersonal die Temperatur zu erhöhen wurde erst beim zweiten Anlauf erhört, aber auch nur für ca. 30 Minuten, danach wurde es wieder eiskalt. Andere Passagiere der Business

Class haben derweil Pullover aus dem Gepäckfach geholt und sich damit versucht zu wärmen. Die Fluggesellschaft sollte endlich verstehen, dass Passagiere im Sommer bei hohen Außentemperaturen nicht mit Winterkleidung ausgestattet sind, um sich vor der Eiseskälte der an Bord ausströmenden Luft zu schützen. Dann wäre auch bei Ihnen ein weniger verkrampftes Fliegen möglich."

Herr A. L. aus München, Beschwerde zu einer Fluggesellschaft

Qualitätsmanagement durch Beschwerden

Durch die Möglichkeit, Online-Beschwerden direkt von den eigenen Kunden zu bekommen, eröffnen sich für viele Unternehmen ungeahnte Perspektiven im Bereich des Qualitätsmanagements. Kunden-Feedback über Handelskanäle kommt deshalb nicht unbedingt beim Hersteller an.

Zunächst einmal wird eine Information in der Regel nicht dadurch besser, dass sie mehrmals von einer Person zur nächsten weitergegeben wird. Das Problem dabei ist weniger, dass die Übermittler der Nachricht bewusst versuchen, diese zu verfälschen. Allein die Übertragung durch Sprache führt zu Fehlern. Eine Person hat es ein bisschen anders verstanden als der andere es gemeint hat. Wenn sie es selbst drei Tage später weitergibt, vergisst sie wiederum einen Teil und setzt einige Akzente anders usw.

Wenn dieses „Stille-Post-Spiel" zusätzlich über verschiedene Groß- und Einzelhändler läuft, werden Informationen häufig bewusst verfälscht, weil jeder der Handelspartner versucht, seine eigenen Interessen getarnt als Wunsch des Kunden beim Hersteller mehr Bedeutung zu verleihen. So kann z.B. vom Einzelhändler gegenüber dem Hersteller vehement vertreten werden, dass sich die Kunden regelmäßig über eine neue Verpackung beschweren und diese unbedingt geändert werden muss. Der Hersteller kann nicht wirklich überprüfen, ob sich die Kunden tatsächlich über die Verpackung beschweren, oder ob die Verpackung dem Händler nur zu unpraktisch ist und in Wirklichkeit bei den Kunden hervorragend ankommt.

In jedem Fall muss eine Verfälschung der Tatsachen befürchtet werden, wenn sich die Kunden über Fehler beschweren, die der Händler selbst verursacht hat. Kaum ein Händler wird wahrheitsgemäß an den Hersteller berichten, dass das Produkt des Herstellers sich nur deshalb so schlecht verkauft, weil das Verkaufspersonal des Händlers nicht entsprechend ausgebildet ist. Für das Unternehmen wäre das aber natürlich bei der Entscheidung über zukünftige Vertriebskanäle eine sehr wichtige Information.

Aber auch wenn das Unternehmen das Vertriebsnetz selbst betreibt, sind solche Informationen wertvoll. Für das Unternehmen sind meistens nur Statistiken verfügbar, wie viel Stück von einem bestimmten Produkt eine bestimmte Filiale verkauft. Und so sieht sich der Vertriebsleiter in der Zentrale möglicherweise vor die Situation gestellt, dass die Filiale am Marienplatz bei gleicher Ladengröße doppelt so viel Umsatz macht wie die Filiale am Hauptbahnhof. Warum das so ist, ist jedoch nicht so einfach aus den Zahlen herauszulesen. Gleichzeitig ist diese Information aber von höchster Wichtigkeit, wenn es darum geht, Entscheidungen über diese Filialen zu treffen. Die niedrigeren Umsätze am Hauptbahnhof können schließlich viele Ursachen haben. Es kann sein, dass in der Filiale am Hauptbahnhof die Mitarbeiter schlecht geschult sind und deshalb die Kunden nicht optimal betreuen können. Es kann sein, dass in der Filiale am Hauptbahnhof die falschen Produkte angeboten oder die Produkte schlecht präsentiert werden. Es kann sein, dass auf Grund mangelhafter Logistik die Produkte ständig ausverkauft bzw. für den Kunden nicht verfügbar sind. Oder es kann sein, dass am Hauptbahnhof direkt gegenüber die Filiale des direkten Konkurrenzunternehmens steht, der einen Großteil des Umsatzes abzieht.

Fragt die Konzernzentrale in der Filiale nach, dann werden tendenziell immer externe Faktoren wie beispielsweise eine schlechtere Lage für niedrigere Umsätze verantwortlich sein. Kaum ein Filialleiter wird freiwillig an die Zentrale berichten, dass seine Mitarbeiter inkompetent sind oder die eigene Logistik und Warenplanung nicht wirklich funktioniert. An diese Informationen kann die Zentrale nur gelangen, wenn sie beispielsweise so genannte Mystery Shopper stichprobenartig in die Filialen schickt. Dabei handelt es sich meist um externe Unternehmen, die im Auftrag der Zentrale als Kunden getarnt Probeeinkäufe in den verschiedenen Filialen tätigen und dann einen detaillierten Bericht in der Zentrale abliefern. Natürlich handelt es sich dabei um eine relativ teure Vorgehensweise, die deshalb nicht als ständiges Überwachungstool eingesetzt wird, sondern nur stichprobenartig ein- oder zweimal pro Jahr in Frage kommt. Aber die Notwendigkeit für Mystery Shopper besteht eigentlich gar nicht, denn täglich betreten Tausende von tatsächlichen Kunden das Unternehmen, um dort einzukaufen. Wenn das Unternehmen eine Möglichkeit hat, die Meinung dieser Kunden zu erfahren, dann erhält es einen optimalen und ständig aktuellen Überblick über die genaue Situation in den einzelnen Filialen. Genau diese Möglichkeit bietet sich durch die Kundenbeschwerden, die das Unternehmen über das Internet erhält.

„Im August wurden in einer Zeitungsbeilage mehrere DVDs für knapp 28 DM angeboten, so auch ‚Akte X-Fight the future'. Mittwoch war die Werbung in der Zeitung, Donnerstag bin ich hingefahren. Doch: Keine DVDs aus dem Angebot da. Laut Verkäufer: ‚Probleme im Lager, aber morgen ist sie da!' Freitag also wieder hin, nichts da. ‚Aber morgen.' Also auch am Samstag wieder hin, doch immer noch nichts da. So langsam kam ich mir veralbert vor. Dreimal hingefahren, jedesmal umsonst. Nach knapp zwei Wochen gab es die DVDs dann endlich mal. Schade, dass Sie Werbung für Ware schalten, die noch gar nicht da ist. Das trübt meine gute Meinung, die ich eigentlich über Ihr Unternehmen habe, doch etwas."

Herr N. B. aus Ratingen, Beschwerde zu einem Handelsunternehmen

Die Internetwebsite wird in der Regel zentral vom Unternehmen betrieben und nicht von einzelnen Filialen. Bei der Möglichkeit, eine Meinung einzugeben, sollte sinnvollerweise auch die Frage gestellt werden, welche Filiale von dem Anliegen betroffen ist. Dies bietet für das Unternehmen einen zweifachen Vorteil. Zum einen kann das Kundenanliegen direkt und automatisiert per E-Mail an die betreffende Filiale weitergeleitet werden, die sich dann direkt um diesen Kunden kümmern kann. Zum anderen kann die Zentrale ebenfalls automatisiert Auswertungen und Benchmarkings über die Performance der verschiedenen Filialen aus Sicht der Kunden erstellen.

Der Vorteil dieser Methode liegt im Vergleich zu anderen Methoden der Datenerhebung wie Mystery Shopping, Kundenbefragung oder Marktforschung vor allem darin, dass neben der regulären Bearbeitung der

Kundenbeschwerde keine zusätzlichen Kosten für die Datenerhebung anfallen. Auch die Datenauswertung verursacht nur geringe Kosten, da die Daten bereits in strukturierter Form vorliegen. Ein weiterer Vorteil: die Datenerhebung erfolgt kontinuierlich und ist nicht auf Stichprobenwerte einmal im Jahr beschränkt. So können neu auftretende Missstände schnell erkannt und zeitnah behoben werden.

Die ist vor allem auch bei auftretenden Produktmängeln von höchster Bedeutung. Nehmen wir an, ein Kaffeefiltertüten-Hersteller hat Probleme in der Produktion der Kaffeefilter. Die produzierten Filter sind unten alle offen und somit für die Filterung von Kaffee unbrauchbar. Nehmen wir weiter an, die Qualitätssicherung bemerkt dieses Problem nicht, weil die Tüten nur in trockenem Zustand kontrolliert werden, das Problem aber erst auftritt, wenn das Papier mit 100 Grad heißem Wasser in Kontakt kommt. Die fehlerhaften Tüten werden an den Großhandel ausgeliefert, der den Einzelhandel beliefert, der sie wiederum dem Endkunden verkauft. Der Endkunde stellt dann fest, dass die Tüten fehlerhaft sind. Er beschwert sich beim Einzelhändler. Der Einzelhändler informiert den Großhändler, dass er die gelieferten fehlerhaften Tüten zurückgeben und stattdessen neue Tüten geliefert bekommen möchte. Der Großhändler informiert dann seinerseits den Hersteller. Der ganze Prozess der Informationsweitergabe vom Endkunden an den Hersteller kann ohne weiteres drei bis fünf Tage dauern. Während dieser ganzen Zeit ist der Hersteller in Unkenntnis über das Problem und produziert weiterhin fehlerhafte Filtertüten.

Das Beispiel zeigt, wie essenziell wichtig es für den Hersteller ist, die Information über einen Produktionsfehler so schnell wie möglich zu erhalten. Bis der Hersteller die Information erhält, produziert er weiterhin fehlerhafte Produkte. Diese Produkte können erstens nicht verkauft werden und müssen zweitens auch noch teuer vernichtet werden. Außerdem werden diese fehlerhaften Produkte auch während der gesamten Zeit ausgeliefert und verkauft. Neben einer immer größer werdenden Zahl von unzufriedenen Kunden kann es auch je nach Produkt zu teuren Rückholaktionen und sogar zu Schadensersatzforderungen kommen.

Auch hier bietet das Beschwerdemanagement im Internet signifikante Zeitvorteile. Sobald sich der erste Kunde auf der Website des Unternehmens über die fehlerhaften Filterbeutel beschwert, ist die Information direkt für das Unternehmen verfügbar. Entscheidend ist dann natürlich, dass die unternehmensinternen Prozesse zur Aufnahme und Weiterleitung der Information funktionieren. Liegt die E-Mail allerdings erst einmal zwei Wochen unbeachtet in der Inbox einer Sachbearbeiterin, die gerade in Urlaub ist, dann wurde natürlich zeitlich nichts gewonnen. Aber davon ausgehend, dass ein funktionierendes Beschwerdemanagement implementiert ist und die E-Mails schnell gelesen werden, kann schon kurz darauf eine Information an den Fertigungsleiter gehen, der dem Problem sofort auf den Grund gehen kann.

Dass Fehler erst durch den Kunden entdeckt werden, ist zwar vielleicht in der industriellen Massenfertigung nicht mehr so häufig. In Bezug auf Internet-Websites oder Softwareprodukte ist es aber an der Tagesordnung. Es ist schlichtweg unmöglich, z.B. die Überprüfung der Funktionalität einer Website so vorzunehmen, dass ein Auftreten von Fehlern ausgeschlossen werden kann. Die unterschiedlichen Kunden des Unternehmens verwenden verschiedene Computersysteme, unterschiedliche Browser oder Browserversionen und zeigen ein unterschiedliches Nutzungsverhalten. Ein Problem, dass nur bei einem Netscape-Browser auf einem Macinstosh-Rechner auftritt, ist in der Regel für das Unternehmen auf Grund der geringeren Verbreitung viel schwieriger zu identifizieren als ein Problem mit Outlook auf einem PC, und wird häufig erst vom Kunden entdeckt.

Auch und gerade hier ist es von Bedeutung, dass Probleme schnell identifiziert und behoben werden. Und die Wahrscheinlichkeit, dass ein Problem schnell an das Unternehmen weitergegeben wird, ist deutlich höher, wenn direkt auf der Website eine Möglichkeit zu Meinungseingabe besteht. Nehmen wir an, ein Unternehmen hat eine neue Version seiner Software eingespielt. Trotz ausführlicher Vortests und Friendly-User-Tests ist es sehr unwahrscheinlich, dass bei der Life-Schaltung keine Probleme auftreten. Angenommen das Unternehmen ist ein Buchhändler im Internet und durch den Update funktioniert bei der Bezahlfunktion im Netz die Bezahlung mit Kreditkarte nicht mehr. Ein Großteil der Internet-Kunden gerade im Buchhandel sind klassische Convenience Shopper, d.h. sie kaufen nicht deshalb im Internet, weil es dort billiger ist, sondern weil es bequemer ist. Wenn bei der Bestellung irgendetwas nicht funktioniert, weil sich beispielsweise die Kreditkartennummer nicht eingeben lässt, dann sind diese Kunden innerhalb von Sekunden bei einem Konkurrenzanbieter und bestellen dort. Jede Minute, in der die Funktionalität nicht zur Verfügung steht, kann so für das Unternehmen sehr teuer werden.

Glücklicherweise gibt es immer ein paar Kunden, die sich so sehr über die Fehlfunktion ärgern, dass sie sofort eine Beschwerde an das Unternehmen schreiben. Wobei es gar nicht immer eine Beschwerde im eigentlichen Sinne sein muss. Gerade die Kunden, die bisher schon viele Käufe bei einem bestimmten Unternehmen getätigt haben und das Angebot einfach gut finden, möchten dem Unternehmen eine Fehlfunktion einfach nur gerne mitteilen, damit es den Fehler beheben kann. Die Erfahrung zeigt jedenfalls, dass natürlich in Abhängigkeit vom Traffic auf der Website Fehlfunktionen von Nutzern in der Regel innerhalb weniger Stunden aufgespürt und an das Unternehmen kommuniziert werden.

Aber das Internet bietet nicht nur den Herstellern deutliche Vorteile in der Kommunikation, sondern auch den Händlern. Nicht selten befinden sich nämlich gerade kleine Händler gegenüber großen Herstellern in einer schlechteren Position. Ein Beispiel soll dies verdeutlichen: Handy-Händler leiden häufig darunter, von den Herstellern nicht genug Informationen zu bekommen, insbesondere wenn dadurch ein Fehler auf Seiten des Herstellers aufgedeckt werden würde. Nehmen wir an, bei einem bestimmten Handy ist bei einem Kunden das Display defekt. Bei einem kleinen Händler, der von diesem speziellen Handy nur zehn Stück verkauft hat, kann der Händler nicht beurteilen, ob das Problem häufig auftritt oder selten, ob es ein Produktions- oder Konstruktionsfehler ist oder nicht und ob der Hersteller es normalerweise auf Kulanz reparieren müsste oder nicht. Wenn es sich um ein Problem handelt, dass bei 30 Prozent aller Handys dieses Modells auftritt, hat der Händler auch für seinen Kunden eine ganz andere Verhandlungsposition gegenüber dem Hersteller, als wenn es sich um ein Problem handelt, dass zum ersten und einzigen Mal auftritt.

Auch hier können Online-Beschwerden helfen. Denn ein bestimmter Teil der Kunden wird sich immer auch über eine der öffentlichen Beschwerdeplattformen beim Unternehmen beschweren. Da die Beschwerden im Internet veröffentlicht werden, können Händler und auch der Kunde selbst jederzeit überprüfen, ob er mit diesem Problem alleine ist, oder ob sich möglicherweise bereits Tausende von anderen Kunden zum gleichen Problem geäußert haben. Dadurch wird natürlich den Kunden und auch den Händlern viel mehr Macht in die Hand gegeben, um gegenüber dem Unternehmen entsprechend aufzutreten und auf die eigenen Rechte zu pochen.

Allein die Tatsache, dass Probleme mit dem Unternehmen überhaupt im Internet veröffentlicht sind, führt in der Regel bereits dazu, dass der Angelegenheit unternehmensintern eine größere Bedeutung beigemessen wird. Denn neben der Wirkung für den einzelnen unzufriedenen Kunden hat eine öffentliche Beschwerde auch immer Auswirkungen auf andere Kunden oder potenzielle Kunden, die dann evtl. auf Grund der Kenntnis über einen Sachverhalt sich dazu entschließen, nicht mehr bei diesem Unternehmen zu kaufen. Dies gilt insbesondere dann, wenn der Kunde selbst mit dieser speziellen Dienstleistung des Unternehmens noch keine Erfahrungen gemacht hat. Ein gutes Beispiel sind hier Versicherungen. Die meisten Kunden haben noch keine Erfahrung mit der Schadensabwicklung bei ihrer Haftpflichtversicherung gemacht, weil sie (glücklicherweise) noch nie einen Haftpflichtschaden hatten. Die Entscheidung für oder gegen eine Versicherung wird also typischerweise nicht auf Basis der tatsächlichen Leistung im Schadensfall getroffen, da diese nicht beurteilt werden kann, sondern die Entscheidung wird auf Basis der Höhe der Versicherungsprämie und auf Basis des Renommees der Versicherung getroffen.

Öffentliche Beschwerden im Internet können hier für den Kunden eine wertvolle Hilfe bei der Entscheidung für oder gegen einen Versicherer sein. Wenn sich bei bestimmten Unternehmen beispielsweise abzeichnet, dass sie im Schadensfall immer Probleme verursachen, wird sich der potenzielle Kunde möglicherweise für eine andere Versicherung entscheiden. Aus Unternehmenssicht ist es deshalb besonders wichtig, gerade die im Internet veröffentlichten Kundenbeschwerden sehr schnell und professionell zu beantworten und nach Möglichkeit auch direkt im Internet an der Stelle der Veröffentlichung der Beschwerde auch die Reaktion des Unternehmens zu veröffentlichen.

„Es begann Anfang 1999, als ich mir einen Zweitwagen kaufte und ihn bei Ihnen versichern wollte. Da wir zu diesem Zeitpunkt alle unsere Versicherungen bei Ihnen hatten, wurde auch ein besonderer Rabatt eingeräumt. Die ersten Probleme traten auf, als wir die Police erhielten. Der ausgewiesene Rechnungsbetrag differierte um lächerliche 250,– DM im Vierteljahr gegenüber dem ursprüngli-

chen Angebot. Auf meine telefonische Anfrage ergab sich, dass ein Fehler passiert war und dass alles geklärt werden würde. Ich wartete also auf die „berichtigte" Police. Den viel zu hohen Beitrag der ersten habe ich natürlich nicht bezahlt. Und das war der Fehler! Inzwischen hatte ich nämlich einen Unfall. Und auf einmal zeigte sich die Versicherung überhaupt nicht kulant. Die Versicherung wäre gar nicht zustande gekommen, da der Erstbetrag nicht rechtzeitig bezahlt worden wäre. Also mussten wir den Schaden selbst bezahlen. Nach weiterem Ärger das ganze Jahr über haben wir dann Ende des Jahres alle unsere Versicherungen zu einem anderen Unternehmen verlegt. Tja, und jetzt der Hammer! Im März bekam ich eine Mitteilung von der neuen Versicherung über die Höherstufung meiner Kfz-Versicherung. Auf meine Nachfrage teilte mir Ihr Unternehmen mit, das wäre schon richtig. Die Versicherung wurde also, obwohl wir den Schaden selbst bezahlt haben, hochgestuft! Wir haben jetzt unseren Rechtsanwalt eingeschaltet."

Frau S. R. aus Manching, Beschwerde zu einer Versicherung

Dadurch ergeben sich natürlich signifikante Änderungen im Wettbewerbsumfeld. Da das Customer-Relationship-Verhalten des Unternehmens durch die öffentlichen Plattformen im Internet einer großen Zahl von Menschen potenziell bekannt ist, wird CRM immer mehr zum Wettbewerbsfaktor für das Unternehmen.

Doch die Auswertung der eigenen Beschwerden kann viel mehr als dem Unternehmen nur die Chance zu geben, die betreffenden Kunden zu binden und einen positiven Eindruck bei den anderen Kunden zu hinterlassen. Denn schließlich zeigen die Beschwerden der Kunden häufig Problemfelder und Verbesserungspotenziale in verschiedenen Bereichen des Unternehmens auf. Wenn beispielsweise in der Customer-Care-Abteilung viele Beschwerden eingehen, weil Produkte beschädigt bei dem Kunden angekommen sind, dann muss zunächst einmal der betreffende Kunde ein neues Produkt erhalten. Aber die Beschädigung von Produkten beim Transport ist nicht nur für den Kunden ärgerlich, sondern sie verursacht auch für das Unternehmen hohe Kosten. Die Beschwerde des Kunden muss angenommen werden, das beschädigte Produkte muss auf Kosten des Unternehmens zurücktransportiert werden, ein neues Produkt muss versandt werden und das beschädigte Produkt muss entweder repariert oder entsorgt werden. Die Kosten des Vorfalls können je nach Produkt den Wert des Produktes um ein Vielfaches übersteigen. In jedem Fall kommt es zu einer Aufzehrung der Marge für das Unternehmen.

Ein geringer Prozentsatz der ausgelieferten Produkte wird immer beschädigt ankommen, egal welche Vorsichtsmaßnahmen das Unternehmen ergreift. Und genau für diese Einzelfälle muss ein funktionierendes Customer Relationship Management installiert sein, das sicherstellt, dass sich der Ärger der Kunden in Grenzen hält und er so schnell wie möglich ein unbeschädigtes Produkt geliefert bekommt. Gleichzeitig ist es aber von elementarer Bedeutung, den Prozentsatz der Beschwerden zum Thema „beschädigte Produkte“ im Auge zu behalten. Wenn die Quote steigt oder sich generell als sehr hoch erweist, kann es ein Hinweis auf Probleme in anderen Bereichen sein. Möglicherweise sind die Produkte nicht fachgerecht verpackt und es kommt deshalb zu Beschädigungen. Oder das Transportunternehmen transportiert die Produkte nicht sachgerecht. Oder die Produkte sind nicht stabil genug gebaut. Egal was sich im Rahmen der Analyse als Ursache herausstellt, der Fehler wird zuerst im Customer-Care-Bereich entdeckt. Für die Wettbewerbsfähigkeit des Unternehmens ist entscheidend, wie lange es dauert, bis die Ursache schließlich behoben ist.

Generell liefert die Analyse der Beschwerden nach dem Beschwerdegrund für das Unternehmen wichtige Hinweise auf akute Qualitätsprobleme im Unternehmen. Innerhalb eines Unternehmens kann eine Segmentierung der Beschwerden nach Beschwerdeursache und Kundensegment sehr aufschlussreich sein. Denn allein die Tatsache, dass 20 Prozent der Beschwerden bei einer Bank zum Thema „Kontoführungsgebühren“ eingehen, heißt noch nicht unbedingt, dass dies wirklich ein Problem darstellt. Interessant ist dann natürlich auch zu betrachten, welche Kunden sich zu welchen Themen beschweren. Und da wiegt das Urteil der hochprofitablen Kunden natürlich schwerer als das Urteil wenig profitabler Kunden, wenn es um strategische Entscheidungen zur Neuausrichtung des Unternehmens geht.

Eine Analyse der Kundenbeschwerden eines Telekommunikationsunternehmens zeigt, dass sich die meisten Kunden über den Preis beschweren. Wenn man nun einfach undifferenziert die Anzahl der Beschwerden der Kunden als Maßstab zu Grunde legt, kann es leicht zu unternehmerischen Fehlentscheidungen kommen. Die Auswertung würde möglicherweise zu dem Schluss verleiten, dass der Preis der Telekommunikationsleistung ein größeres Problem darstellt als die Erreichbarkeit des Call Centers. Wenn das Unternehmen dann noch in einer schwierigen wirtschaftlichen Lage ist und von Analysten und Investoren schnelle Maßnahmen und Erfolge gefordert werden, haben Fehlentscheidungen gravierende Folgen.

Natürlich ist es einfacher und schneller realisierbar, die Preise für eine bestimmte Dienstleistung zu senken, als die Erreichbarkeit eines Call Centers zu verbessern. Denn zur Verbesserung der Erreichbarkeit müssen möglicherweise zunächst einmal neue Mitarbeiter eingestellt und geschult werden und neue Call-Center-Arbeitsplätze eingerichtet werden. Alles in allem handelt es sich dabei um einen Implementierungszeitraum von mehreren Monaten. Die Unternehmensleitung könnte also zu dem Schluss kommen, aufgrund der angespannten wirtschaftlichen Situation und der Notwendigkeit zu schnellen Maßnahmen, lieber

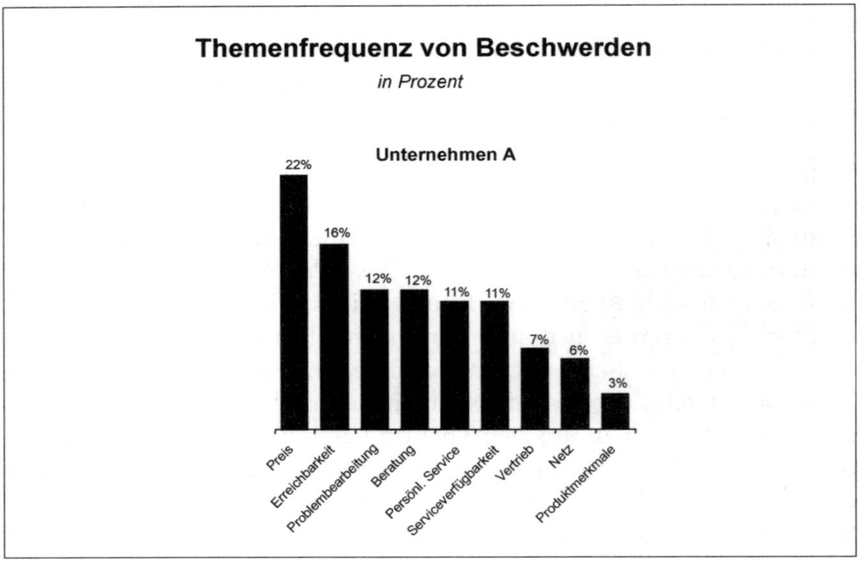

Abbildung 24: Eine Analyse der Beschwerden nach Themenfrequenz zeigt, dass bei diesem Unternehmen vor allem Beschwerden über den Preis im Vordergrund stehen.
Quelle: Vocatus 2002

die Preise zu senken. Die Konsequenzen wären in diesem Fall jedoch eher nicht erwünscht. Denn eine Analyse der Beschwerdegründe nach Kundensegment zeigte im konkreten Analysefall ein anderes Bild.

Das hochprofitable Kundensegment profitiert zwar ebenfalls von den Preissenkungen. Dies hat aber nur einen geringen Einfluss auf die Kundenbindung, weil dieses Segment ohnehin keine Probleme mit den Preisen hatte. Diese Kunden haben sich anhaltend über die schlechte Erreichbarkeit des Call Centers beschwert. Abwanderungen von Kunden in diesem Segment erscheinen unvermeidbar, wenn die Erreichbarkeit nicht verbessert wird. Das unprofitable Kundensegment hingegen ist mit der Preissenkung hochzufrieden. Die unprofitablen Kunden werden an das Unternehmen gebunden und tendenziell werden auf Grund der niedrigeren publizierten Preise noch mehr unprofitable Kunden dazukommen.

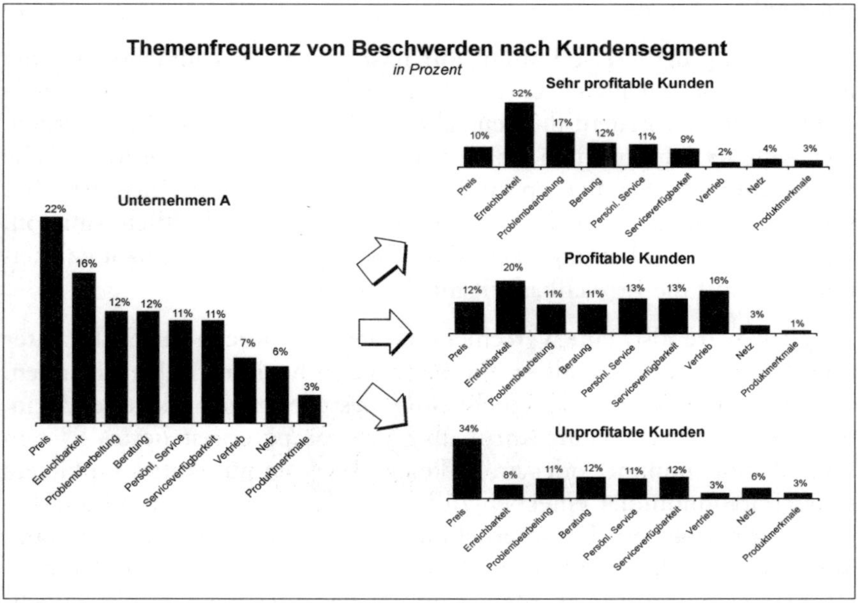

Abbildung 25: Die detaillierte Analyse der Daten zeigt, dass das Segment der sehr profitablen Kunden sich vor allem über die telefonische Erreichbarkeit beschwert, während für die unprofitablen Kunden primär der Preis entscheidend ist.
Quelle: Vocatus 2002

Was ist nun also erreicht worden? Das Unternehmen hat auf Grund der Preissenkung niedrigere Margen. Gleichzeitig gibt es einen steigende Zahl von unprofitablen Kunden und eine sinkende Zahl profitabler Kunden. In diesem Fall wäre es wohl besser gewesen, keine Maßnahmen zu ergreifen, denn die ergriffenen Maßnahmen haben das Problem deutlich verschärft.

Eine detaillierte Analyse hätte jedoch andere Daten geliefert und sicherlich auch zu einer anderen Entscheidung geführt. Wenn nämlich die Beschwerden nach der Profitabilität der Kunden segmentiert worden wären, zeigt sich in diesem Beispiel deutlich, dass das hochprofitable Kundensegment primär Probleme mit der Erreichbarkeit des Call Centers hat, während das unprofitable Kundensegment sich über die zu hohen Preise beschwert. In der Gesamtstatistik tritt jedoch die Preisproblematik einfach deshalb in den Vordergrund, weil das unprofitable Kundensegment anzahlmäßig (nicht umsatzmäßig) bei diesem Unternehmen so groß ist.

Ein Senkung der Preise kommt auf Basis der nach Kundensegmenten ausdifferenzierten Daten natürlich nicht in Frage, weil es kontraproduktiv wäre. Trotzdem müssen schnell Maßnahmen ergriffen werden. Der Aufbau der gesamten Call-Center-Kapazität auf das erforderliche Niveau, um alle Kunden optimal zu betreuen, ist in der Kürze der Zeit schwierig und auch nicht notwendigerweise wirtschaftlich sinnvoll. Denn die Analyse hat ja gezeigt, dass das unprofitable Segment gar keinen Wert auf die Erreichbarkeit im Call Center legt.

Möglich wäre also eine Verschiebung der Ressourcen im Call Center von den weniger profitablen Kunden zu den hochprofitablen Kunden. Technische Umsetzungsmöglichkeiten bestehen beispielsweise darin, den Kunden direkt beim Anruf über ein computergesteuertes System seine Kundennummer oder im Fall eines Telekommunikationsanbieters seine Telefonnummer eingeben zu lassen. Durch die Verknüpfung dieser Information mit der unternehmensinternen Datenbank kann dann auf Grund der Profitabilität des Kunden direkt die Position in der Warteschlange zugewiesen werden. Konkret bedeutet dies, dass ein hochprofitabler Kunde in der Warteschlange nach vorne priorisiert wird und ein unprofitabler Kunden länger warten muss.

Wenn die technischen Vorraussetzung für die Implementierung einer Warteschlangenpriorität beim Unternehmen nicht gegeben sind, dann würde eine Umsetzung dieser Alternative zu lange dauern. Denn es gibt natürlich auch andere, wenn auch vielleicht nicht so elegante Möglichkeiten, Kunden zu priorisieren. Als schnellste Maßnahme könnte beispielsweise allen Kunden aus dem hochprofitablen Segment per Brief eine neue Servicenummer mitgeteilt werden, die mit Priorität bearbeitet wird. Technisch gesehen bekommen alle Anrufe, die im Call Center über eine bestimmte Nummer eingehen, Priorität vor allen anderen Anrufen.

Gerade für Kunden aus dem hochprofitablen Segment, die sich selbst über die Erreichbarkeit der Hotline beschwert haben, ist dies natürlich eine besondere Kundenbindungsmaßnahme. Denn das Unternehmen zeigt damit ganz deutlich, dass es die Meinung seiner Kunden ernst nimmt und auf die Probleme und Verbesserungsvorschläge Einzelner eingeht.

Wie sieht nun die Situation für das Unternehmen aus? Die Gesamtkosten für das Unternehmen haben sich nicht erhöht, da nur Call-Center-Kapazitäten von wenig profitablen Kunden zu hochprofitablen Kunden verschoben wurden. Die hochprofitablen Kunden sind nun deutlich stärker an das Unternehmen gebunden und werden dem Unternehmen eher treu bleiben. Bei den weniger profitablen Kunden wird sich auf Grund der schlechteren Erreichbarkeit des Call Centers die Kundenbindung möglicherweise senken. Große Effekte sind jedoch nicht zu erwarten, da die Erreichbarkeit für diese Kunden kein zentrales Thema war und außerdem der Wegfall unprofitabler Kundensegmente vom Unternehmen gewünscht ist.

Die komplexe Realität in Unternehmen ist selten so einfach wie in diesem Beispiel. Aber die differenzierte Analyse gibt dem Unternehmen häufig wichtige Hinweise darauf, in welchen Bereichen sich Investitionen in Prozess- oder Produktverbesserungen lohnen.

Ähnlich wie die Auswertung der Beschwerden kann natürlich auch die Auswertung von Kundenfragen, Lob und Verbesserungsvorschlägen wichtige Hinweise für die zukünftige Strategie des Unternehmens geben. Fragen von Kunden zeigen, dass entweder die Produktinformationen oder die sonstigen Informationen in Marketing-Broschüren, im Internet oder auch in der Gebrauchsanweisung nicht einfach oder nicht eindeutig genug sind. Wenn immer wieder die gleichen Fragen auftauchen, dann zeigt das einen Handlungsbedarf an. Denn für jeden Kunden, der beim Unternehmen anruft, gibt es viele andere, die einfach kommentarlos zur Konkurrenz wechseln.

Kundenlob kann in zweifacher Weise für das Unternehmen sinnvoll verwendet werden. Einerseits ist es interessant für das Unternehmen auszuwerten, von welchen Produkt- oder Serviceleistungen die Kunden so begeistert sind, dass sie sich die Mühe machen, dies dem Unternehmen mitzuteilen. Auch hier ist natürlich – wie im Bereich der Beschwerden – wieder die Frage, welche Kunden von welchen Dingen begeistert sind. Insofern kann Lob genauso eine Steuerungsfunktion und Aussagekraft für das Unternehmen haben wie Beschwerden. Andererseits kommt dem Lob im Rahmen der Mitarbeitermotivation eine ganz besondere zusätzliche Bedeutung zu. Gerade in Großunternehmen hat der Großteil der Mitarbeiter keinen direkten Kontakt zum Kunden. Auch bei den Mitarbeitern, die in direktem Kontakt mit dem Kunden stehen, stehen meistens die Problembewältigung und das Routinegeschäft im Vordergrund. Ein Unternehmen kann daher Lobe von Kunden, die es per E-Mail erhält, auch zur Motivation der eigenen Mitarbeiter einsetzen, indem ein besonders schönes Lob an alle Mitarbeiter im Unternehmen weitergeleitet wird.

Der große Vorteil dieser Maßnahme liegt darin, dass alle Mitarbeiter im Unternehmen, egal ob in der Poststelle, in der Entwicklung, im Call Center, in der Sachbearbeitung oder im Vorstand regelmäßig aus erster Hand exemplarisches Feedback von Kunden bekommen und miterleben, was die Kunden am eigenen Unternehmen gut oder weniger gut finden. Interessanterweise haben solche exemplarischen Kundenerlebnisse häufig einen höheren Motivationsgehalt als eine abstrakte Statistik über die Bedürfnisse und Wünsche der Kunden. Und außerdem erinnert es regelmäßig alle Mitarbeiter des Unternehmens daran, woran sie mitarbeiten: nämlich an der Befriedigung der Bedürfnisse und Wünsche ihrer Kunden.

Gerade die Weiterleitung von Lob und Beschwerden an alle Mitarbeiter im Unternehmen wird effizient erst möglich, wenn die Kundenanliegen im Unternehmen auch per E-Mail vorliegen. In den wenigsten Unternehmen wird sich ein Mitarbeiter hinsetzen und ein besonders schönes Kundenlob, das per Brief eingegangen ist, elektronisch erfassen, um es schließlich an alle Mitarbeiter zu verschicken. Ebenso wenig erscheint es plausibel, den Brief zu kopieren und allen Mitarbeitern in die Postfächer zu verteilen. Der Empfang von Kundenanliegen, sei es Lob oder Beschwerde, per E-Mail vereinfacht die Weiterleitung und Kommunikation im Unternehmen deutlich.

Bei der Auswertung der unternehmensinternen Daten auf Basis der erhaltenen Kundenanliegen muss immer auch überprüft werden, ob wirklich alle relevanten Aspekte betrachtet werden. Wie oben gezeigt genügt es eben nicht, die Beschwerden nach Häufigkeit zu bestimmten Themengebieten zu gliedern, um daraus vernünftige Schlüsse zu ziehen. Eine Gliederung nach Profitabilität der Kunden kann hier eventuell zu ganz anderen Ergebnissen führen.

Auch die Analyse der Zufriedenheit der Kunden ist hier häufig ein zweischneidiges Schwert. Oft werden CRM-Maßnahmen so dargestellt, als ob zufriedene Kunden das Hauptziel der Maßnahmen wären. Zufriedene Kunden sind natürlich angenehm, aber was das Unternehmen eigentlich möchte, sind Wiederholungskäufer. Oft wird implizit unterstellt, dass zufriedene Kunden automatisch auch treue Kunden sind und immer wieder bei diesem Unternehmen kaufen werden. Wenn ein Kunde mit den Leistungen des Unternehmens zufrieden ist, dann wird er auch zukünftig dort kaufen, sagt die Theorie. In vielen Fällen ist das auch richtig. Die Praxis zeigt jedoch, dass zufriedene Kunden manchmal eben doch nicht wiederkommen. Und genauso gibt es Kunden, die mit den Leistungen des Unternehmens sehr unzufrieden sind, aber dennoch immer wieder dort einkaufen. Und gerade diesen Kundengruppen sollten die Unternehmen besondere Beachtung schenken, denn aus deren Bedürfnissen und ihrer Motivation lassen sich interessante Schlüsse ziehen.

Hat ein Unternehmen Kunden, die unzufrieden sind und dennoch immer wieder kommen, deutet das auf eine sehr starke Marktposition des Unternehmens hin. Zwar ist der Kunde mit der Leistung des Unternehmens nicht zufrieden, scheut aber einen Wechsel, entweder weil er die Konkurrenz noch schlechter beurteilt oder einfach aus Gewohnheit. Denn jeder Wechsel ist auch für den Kunden mit bestimmten Kosten verbunden.

Bei dem Wechsel von einer Bank zur anderen zum Beispiel müssen Konten und Depots transferiert, Daueraufträge neu eingerichtet und eine Vielzahl von Unternehmen die neue Kontonummer mitgeteilt werden. Dies bedeutet für den Kunden einen relativ hohen Aufwand. Ein nur leicht unzufriedener Kunde wird nicht sofort sein Girokonto zu einer anderen Bank transferieren, weil er den Aufwand des Wechsels scheut. Aber er zieht vielleicht einen Teil seiner Geldanlage zu einem anderen Institut ab, ohne dass die Hausbank dies überhaupt bemerkt.

Auf der anderen Seite gibt es zufriedene Kunden, die dennoch nicht wiederkommen. Sie sind ein Hinweis auf das ungenutzte Zufriedenheitspotenzial eines Unternehmens. Der Kunde hat beispielsweise ein Auto einer bestimmten Marke gekauft und ist mit diesem Auto auch sehr zufrieden. Dennoch ist dies keine Garantie dafür, dass er das nächste Mal wieder ein Auto des gleichen Herstellers kaufen wird. Ein Unternehmen mit einem hohen ungenutzten Zufriedenheitspotenzial sollte analysieren, wie die Wiederkaufswahrscheinlichkeit bei diesen Kunden erhöht werden kann.

> ***„Ein Kunde unseres Unternehmens beschwerte sich bei uns, er habe bereits bezahlt, jedoch von uns eine Mahnung erhalten. Die Buchung tauchte jedoch nicht in unseren Kontoauszügen auf. Wir rieten dem sehr erbosten Kunden zu einem Nachforschungsauftrag bei seiner Bank. Dieser brachte zu Tage, dass der Betrag tatsächlich auf unserem Konto eingegangen sei. Der wütende Kunde bezichtigte uns daraufhin des Betrugs und drohte mit seinem Anwalt. Ein Anruf bei der zuständigen Dame bei der Reklamationsabteilung unserer Bank führte dazu, dass mir diese relativ patzig mitteilte, dass dies mein Problem sei, ich unfähig sei, die Auszüge richtig zu lesen und sie ja alles schriftlich vorliegen habe. Zum Beweis wollte sie mir diese Unterlagen zufaxen. Nachdem drei Stunden nach diesem Telefonat immer noch kein Fax angekommen war, rief ich erneut an. Diesmal meldete sich eine andere Dame und teilte mir mit, dass meine vorherige Gesprächspartnerin bereits „im Wochenende sei". Eine Anfrage, bei wem ich mich über diese Dame beschweren könne, wurde damit beantwortet, dass man mir eine falsche Telefonnummer des zuständigen Abteilungsleiters gab. Mehr durch Zufall entdeckten wir, dass eine Differenz zwischen dem Endsaldo des Auszugs Nummer 14 und dem Anfangssaldo des Auszugs Nummer 15 bestand und zwar von mehr als DM 5000. Es handelt sich also um einen eindeutigen Fehler unserer Bank. Unser Kunde wurde mit viel Aufwand und Kosten zwar einigermaßen beruhigt, doch der Schaden für unser Unternehmen bleibt. Von der Bank habe ich bis heute nie auch nur eine Antwort auf eine einzige meiner Beschwerden erhalten."***
>
> Herr J. S. aus Langelsheim, Beschwerde über eine Bank

Die Gründe, warum ein Kunde trotz Zufriedenheit nicht mehr bei diesem Unternehmen kauft, sind besonders interessant. Bei dem Unternehmen in diesem Beispiel (vgl. Abbildung 26) wurde von Kunden speziell die fehlenden Produktinnovationen gerügt. Kunden hingegen, die zwar unzufrieden waren, aber dennoch wieder bei dem Unternehmen gekauft haben, gaben als Ursache für die Unzufriedenheit primär hohe Wechselkosten an. Gerade in der Kombination mit der Ursache der Kundenbeschwerde können hier wichtige Daten über Wiederkaufstreiber erhoben werden, die für die strategische Ausrichtung des Unternehmens von entscheidender Bedeutung sind.

Die Analyse zeigt, dass auch in dieser Hinsicht aus einer einfachen Auswertung der eigenen Kundenanliegen, in denen im Web beispielsweise zusätzlich die Frage nach der Zufriedenheit und Wiederkaufswahrscheinlichkeit gestellt wird, gerade auch in Kombination mit dem Grund der Beschwerde sehr interessante Ergebnisse abgeleitet werden können. Noch interessanter und aussagekräftiger werden die Auswertungen, wenn die erhobenen Daten im Branchenvergleich analysiert werden können.

Benchmarking: Kunden-Beschwerden der Wettbewerber

Benchmarking hilft den Unternehmen, Prioritäten zu setzen. Erst im Vergleich zur Konkurrenz zeigt sich, wo mögliche Wettbewerbsvorteile liegen. Deshalb kann Benchmarking auf der Basis von Beschwerden ein wichtiges Instrument zur Unternehmenssteuerung sein.

Der Sinn des Benchmarking wird häufig darin gesehen, Verbesserungspotenziale im eigenen Unternehmen aufzudecken und Ideen zu generieren, wie Prozesse und Strukturen optimiert werden können. An guten Ideen mangelt es im eigenen Unternehmen jedoch meistens nicht. Die entscheidende Frage ist vielmehr, wie die Maßnahmen priorisiert werden sollen.

Nur aus der Nabelschau des eigenen Unternehmens ist es häufig schwierig zu beurteilen, welche Veränderungen von Kunden gewünscht oder erwartet werden. Nimmt man jedoch die externe Sicht der Kunden auf das Unternehmen ein und zieht Vergleichswerte von Konkurrenzunternehmen heran, kann der Entscheidungsprozess objektiviert

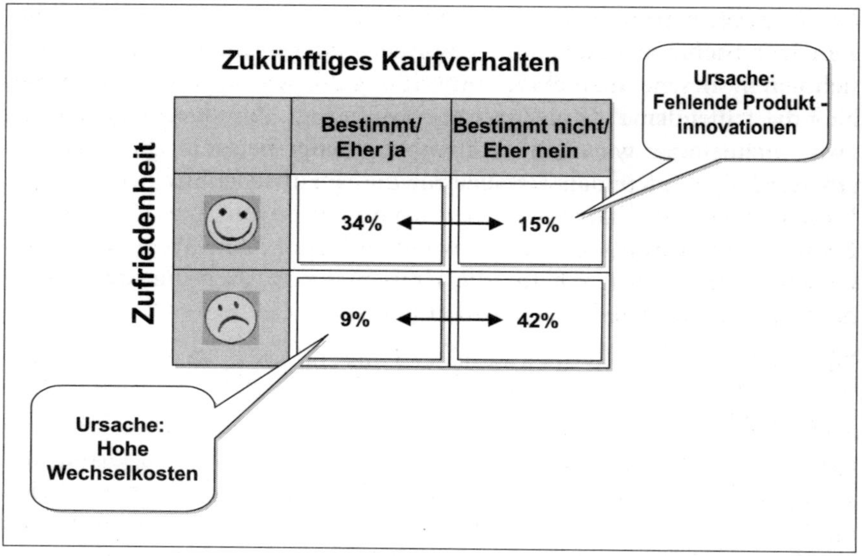

Abbildung 26: Ein eindeutiges Indiz für ungenutztes Zufriedenheitspotenzial: 15 Prozent der zufriedenen Kunden dieses Unternehmens kaufen das nächste Mal bei der Konkurrenz ein.
Quelle: Vocatus 2002

werden. Ein Sachverhalt, der intern als Problem wahrgenommen wird, muss sich im Branchenvergleich nicht unbedingt bestätigen, während umgekehrt einige Problembereiche erst durch externe Vergleichsdaten aufgedeckt werden können. So hilft das Benchmarking dabei, die Prioritäten im Unternehmen richtig zu setzen.

Neben der Priorisierung hat das Benchmarking aber auch eine wichtige interne Kommunikationsfunktion. Externe Daten schaffen bei allen Beteiligten erst die motivationale Basis, Veränderungen einzuleiten. Dies ist insbesondere dann wichtig, wenn die notwendigen Änderungen auch mit einschneidenden Budgetkürzungen einhergehen. Benchmarking kann durch eine objektive und vergleichbare Datenbasis dazu beitragen, die Akzeptanz von unpopulären aber notwendigen Maßnahmen deutlich zu erhöhen.

Doch woher bekommt man zuverlässige Daten, die als Basis für das Benchmarking benötigt werden? Das Dilemma ist alt: Jeder hätte gerne die Zahlen der Konkurrenz, aber natürlich möchte niemand seine Zahlen weitergeben. Neben der Analyse der eigenen Zahlen interessiert sich jedes Unternehmen auch immer für die Zahlen der Wettbewerber. Normalerweise sind diese Zahlen nicht einfach zu bekommen oder in vielen Fällen auch gar nicht erhältlich. Zugang zu den Beschwerden zu erhalten, die die Kunden der Wettbewerber haben, war bis vor einigen Jahren undenkbar. Durch das Internet hat sich diese Situation jedoch grundlegend gewandelt. Da viele Beschwerden, Lobe, Verbesserungsvorschläge und sonstige Kundenanliegen von den Kunden öffentlich ins Netz gestellt werden, kann natürlich nicht nur die breite Öffentlichkeit darauf zugreifen, sondern auch die Konkurrenz. Öffentliche Meinungsplattformen im Internet können zur Wettbewerbsanalyse und -beobachtung herangezogen werden.

Ohne den Vergleich zum Wettbewerb kann es sehr schwierig sein, die eigene Position einzuschätzen. Nehmen wir als Beispiel ein Unternehmen, das von seinen Kunden 50 Prozent Beschwerden erhält. Die verbleibenden 50 % verteilen sich auf Lob (30 %) und Verbesserungsvorschläge (20 %). Ist das nun positiv oder negativ? Rein aus der internen Perspektive des Unternehmens ist diese Frage kaum zu beantworten. Man kann zwar festhalten, dass das Unternehmen mehr Beschwerden als Lob erhält, aber daraus schon zu schließen, dass mehr als die Hälfte der Kunden unzufrieden sind, wäre eine Fehleinschätzung. Denn eine Person, die mit dem Unternehmen unzufrieden ist, wird sich mit viel höherer Wahrscheinlichkeit an das Unternehmen wenden, als eine Person, die mit dem Unternehmen zufrieden ist. Die Zahlen der Wettbewerber sind hier für die Einschätzung der eigenen Position elementar.

Über unabhängige Beschwerdeplattformen im Internet kann man Einblicke in die Beschwerden der Wettbewerber erhalten. Denn eine Beschwerdenquote von 50 Prozent ist in der Telekommunikationsbranche bei einer durchschnittlichen Beschwerdenquote von 69 Prozent ein hervorragendes Ergebnis, während dieselben 50 Prozent Beschwerden im Online-Buchhandel zum „Branchenschlechtesten" gereichen. Typisch für den Online-Buchhandel ist nämlich nur eine Beschwerdenquote von 22 Prozent.

Und genauso wie sich die Gesamtquoten an Beschwerden, Lob und Ideen im Branchenvergleich unterscheiden, unterscheiden sie sich auch innerhalb der einzelnen Branchen von Unternehmen zu Unternehmen.

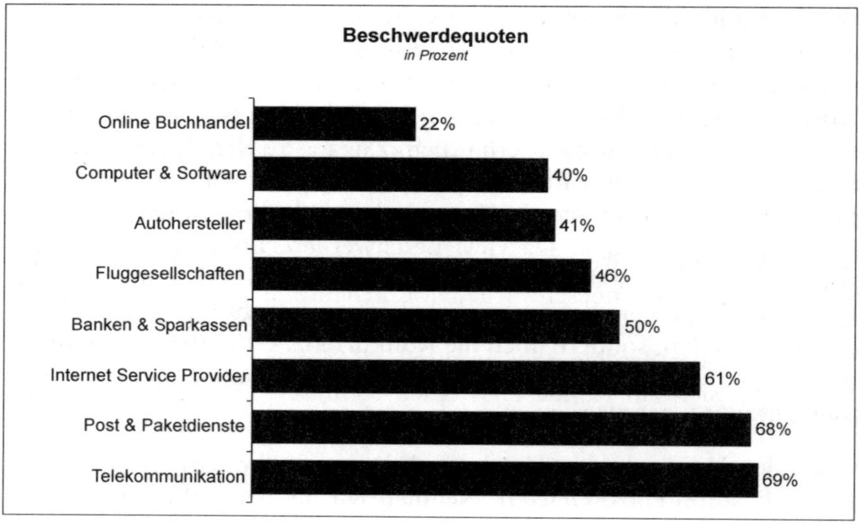

Abbildung 27: Der Vergleich der Beschwerdequoten in den verschiedenen Industrien zeigt erhebliche Unterschiede im Branchenvergleich auf.
Quelle: Vocatus 2002

Deshalb ist es für Unternehmen sehr aufschlussreich, die eigene Positionierung im Branchenvergleich zu erfahren.

Abbildung 28 verdeutlicht die Chancen eines kontinuierlichen Benchmarkings. Sie zeigt die Anzahl Beschwerden im Unternehmen A gruppiert nach deren Ursache. Die meisten Kunden dieses Unternehmens beschweren sich über Produktqualität und falsche Rechnungsstellung. Somit scheint aus Sicht des Unternehmens in diesen Bereichen der dringendste Handlungsbedarf zu bestehen. Ein Vergleich mit dem Beschwerdeprofil der gesamten Branche zeigt jedoch ein anderes Bild: Die Produktqualität ist sicherlich ein Thema, aber im Vergleich zu anderen Unternehmen in dieser Branche schneidet Unternehmen A hier sehr gut ab. Eine weitere Verbesserung dieses Bereichs schafft also keine wirkliche Differenzierung zur Konkurrenz. Im Gegensatz dazu zeigt der Branchenvergleich ein deutliches Verbesserungspotenzial im Bereich telefonische Erreichbarkeit. Zwar entfallen nur 20 Prozent der Beschwerden auf diesen Bereich, im Branchendurchschnitt hingegen sind nur 5 Prozent üblich.

Durch den Branchenvergleich relativiert sich die Bewertung der Analyse der eigenen Daten. Doch auch aus dem Branchenvergleich lassen sich noch keine abschließenden Schlüsse ziehen. Denn im Bereich der telefonischen Erreichbarkeit weit hinter der Konkurrenz zu liegen, ist per se noch nicht unbedingt ein Problem. Wenn nämlich die relevanten Kunden die Produktqualität höher einschätzen als die Erreichbarkeit, zeigt dies für das betrachtete Unternehmen ein eher positives Bild.

Neben der reinen Bewertung der Themenfrequenz ist natürlich auch die Relevanz der Kundenbeschwerden von Bedeutung. Bei der Auswertung der Beschwerden und bei der Aufbereitung für die Statistik sollte auch die Schwere der Beschwerden in die Betrachtung mit einbezogen werden. Wenn sich ein Kunde über einen technischen Defekt bei seinem Wagen beschwert, dann ist es sowohl für das Unternehmen als auch für

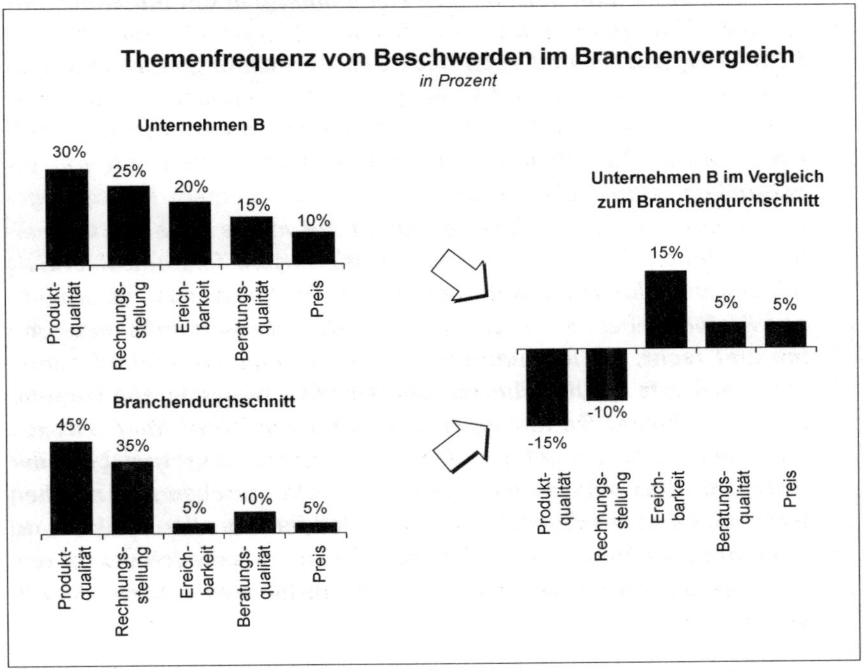

Abbildung 28: Die Anzahl der Beschwerden in Unternehmen B im Vergleich zum Branchendurchschnitt weist auf deutliche Verbesserungspotenziale im Bereich telefonische Erreichbarkeit hin.
Quelle: Vocatus 2002

den Kunden ein erheblicher Unterschied, ob fehlerhafterweise immer wieder die Kontrolllampe für einen geöffneten Kofferraumdeckel aufleuchtet, oder ob fehlerhafterweise die Bremsen des Fahrzeuges versagen. Die Konsequenzen sowohl für den Kunden als auch für das Unternehmen sind im zweiten Fall natürlich deutlich gravierender und deshalb kommt dieser Beschwerde auch ein höheres Gewicht zu. Ein anderes Beispiel wäre eine Beschwerde über die Rechnungsstellung eines Telekommunikationsunternehmens. Es ist ein erheblicher Unterschied, ob sich der Kunde darüber beschwert, dass die Rechnungsstellung unübersichtlich ist und der bestellte Einzelverbindungsnachweis nicht mitgeschickt wurde, oder ob sich der Kunde beschwert, dass auf seiner Telefonrechnung für mehrere Tausend Mark Telefonate auftauchen, die er nie geführt hat.

„Ich erhielt im Juni eine Telefon-Abrechnung, in der mir sagenhafte 468 SMS-Verbindungen in Rechnung gestellt wurden. Der Schnitt lag vorher und auch nach den Abrechnungen im Juni und Juli bei 130 SMS. Ich bat in einem Fax um Überprüfung der Verbindungen ... Dann bekam ich die Juli-Abrechnung. Angeblich soll ich in dieser Abrechnung 401 SMS gesendet haben. Ich war erschrocken, zumal die Beträge einfach von meinem Konto abgebucht worden waren, ohne überhaupt auf meine Faxe (mittlerweile 5, in denen ich um Klärung bat) zu antworten. Telefonisch erhielt ich von verschiedenen Mitarbeitern die Auskunft, dass es erhebliche Probleme bei der Zustellung der SMS gab. Aufmerksam wurde ich erst recht, als ich mehreren Leuten in meinem Freundeskreis eine SMS aufs Handy schickte, und sie mich anschließend fragten: ‚Warum schickst Du mir eigentlich jedes SMS fünf Mal?' Als ich um eine Detailübersicht der SMS bat, wurde ich abgespeist mit der Antwort: „Das müssen wir gesetzlich nicht erstellen und machen wir auch nicht auf Wunsch. Tschüss!" Ich fiel aus allen Wolken und kündigte schriftlich meinen Vertrag. Bis heute habe ich darauf weder eine Nachricht bekommen, noch wurde meine Karte deaktiviert!"

Herr O. M. aus Wolfsburg, Beschwerde zu einem Telekommunikationsunternehmen

Ein weiteres Beispiel aus dem Automobilbereich zeigt, wie sich die Relevanz der Themen auf die einzelnen Beschwerdesegmente verteilt. Während bei den Premiumherstellern Probleme im Vertrieb im Vordergrund stehen, sind es bei den Massenherstellern eher Beschwerden über die Konstruktion der Fahrzeuge. Die durchschnittliche Gesamtrelevanz der Beschwerden von 24 Prozent bei den Premiumherstellern im Vergleich zu 34 Prozent bei den Massenherstellern zeigt auch, dass die Probleme und Schwere der Beschwerden bei den Massenherstellern deutlich höher sind.

Nachdem im Unternehmen nun sowohl die Frequenz der Beschwerden als auch die Relevanz der Beschwerden analysiert wurde, lassen sich die beiden Faktoren auch gemeinsam darstellen. Die Matrix zeigt dann die Themen, die vom Kunden häufig genannt werden (hohe Frequenz), kombiniert mit den Themen, die für den Kunden wichtig sind (hohe Relevanz). Tendenziell sind das die Bereiche, um die sich das Unternehmen vorrangig kümmern sollte.

Die Analysen zeigen, dass auf Basis der Beschwerden, die ein Unternehmen erhält, sehr interessante Schlüsse und Vergleiche mit Konkurrenzunternehmen gezogen werden können. Um die Daten jedoch für diese unternehmerischen Entscheidungen verwenden zu können, müssen sie valide sein. Sinnvolles Benchmarking zeichnet sich vor allem durch relevante Vergleichspartner und hohe Datenqualität aus. Benchmarkings zu erstellen, sieht im ersten Moment nicht so schwierig aus: „Ein paar Vergleichszahlen von Konkurrenzunternehmen, die aus dem Jahresabschluss oder Pressemeldungen erhältlich sind, ins Verhältnis gesetzt und fertig ist das Benchmarking.“ Damit Benchmarking aber wirklich die Funktion der Entscheidungsunterstützung erfüllen kann, sind valide und detaillierte Zahlen sinnvoller Vergleichspartner notwendig.

Hier zu vergleichbaren Zahlen zu kommen und nicht die sprichwörtlichen Äpfel mit Birnen zu vergleichen, ist nicht trivial. Das Beispiel der Beschwerdenquote in der Computerindustrie zeigt deutlich die Probleme bei der Datenerhebung auf. Angenommen, ein Unternehmen führt eine Befragung von zehn Computerherstellern durch und möchte feststellen, wie viele Beschwerden das jeweilige Unternehmen in den verschiedenen Bereichen erhält. Die erhobenen Zahlen sind meist nur schwer vergleichbar.

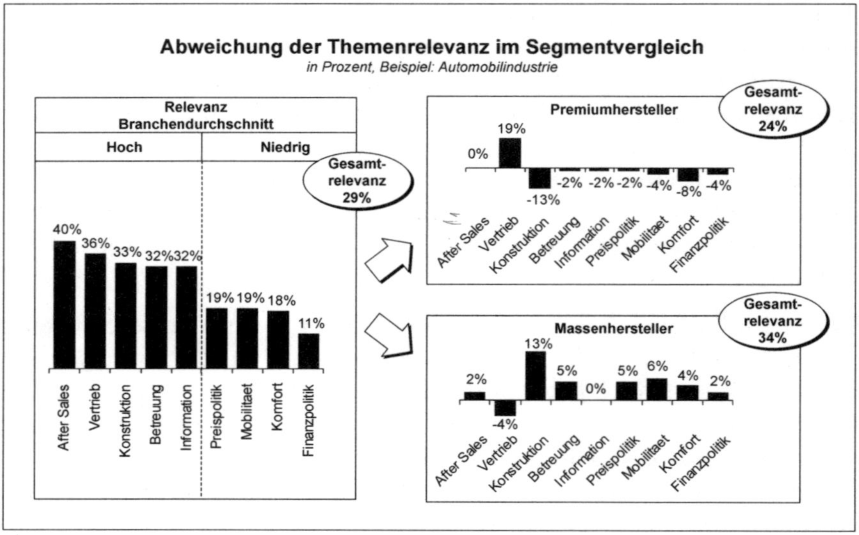

Abbildung 29: Die beiden Branchensegmente haben nicht nur äußerst unterschiedliche Relevanz-Profile, sondern die Meinungen zu Massenherstellern sind auch deutlich schwerwiegender.
Quelle: Vocatus 2002

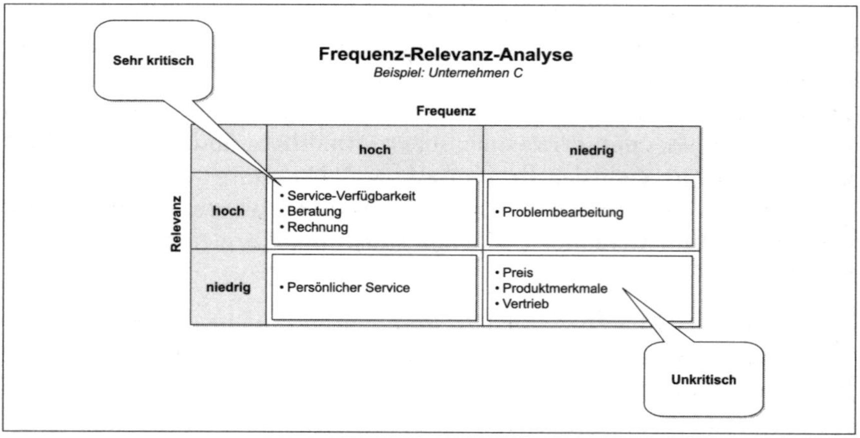

Abbildung 30: Die kritischen Themen sind diejenigen, die vom Kunden häufig genannt werden (Frequenz) und vom Unternehmen als schwerwiegend beurteilt werden (Relevanz), wie hier am Beispiel von Unternehmen C gezeigt wird.
Quelle: Vocatus 2002

Im ersten Unternehmen werden beispielsweise technische Beschwerden bei der Gesamtzahl der Beschwerden nicht mitgezählt, weil sie als Reklamationen behandelt werden. Im zweiten Unternehmen werden die Beschwerden von einzelnen Mitarbeitern per Strichliste erhoben und gelegentlich wird auch mal ein Strich vergessen. Im dritten Unternehmen werden Beschwerden von Key Accounts und anderen Top-Kunden in der allgemeinen Beschwerdenquote nicht mitgezählt, weil sie direkt vom Vertrieb bearbeitet werden. Im vierten Unternehmen wird zu diesem Thema keine Statistik geführt und die Zahlen in der Befragung werden „nach Gefühl" ausgefüllt. Und Unternehmen fünf hat zwar intern zuverlässige Zahlen, gibt aber in der Befragung viel zu niedrige Werte an, um besser dazustehen.

Benchmarkings, die auf einer solchen Basis erstellt werden, können nicht als Grundlage für Entscheidungen genutzt werden. Um zu validen Zahlen zu gelangen, bedarf es einer einheitlichen Methode der Datenerhebung und einer einheitlichen Fragestellung. Nur auf Basis eines hochstrukturierten Prozesses kann gute Datenqualität sichergestellt werden, die sinnvolle Aussagen erlaubt. Bei jeder Benchmarkingstudie muss also die Frage gestellt werden, wie die zugrunde liegenden Daten erhoben wurden und wie valide sie sind.

Hier spielt natürlich auch die Repräsentativität der Daten eine wichtige Rolle. Zunächst einmal ist sowohl für Benchmarking-Studien als auch im Rahmen der reaktiven Marktforschung von Bedeutung, inwieweit die Daten untereinander vergleichbar sind. Wenn die Daten im eigenen Unternehmen über eine andere Methode erhoben sind als die Daten der Wettbewerber, ist eine Vergleichbarkeit tendenziell eher nicht gegeben. Im Falle von Beschwerdeplattformen im Internet ist dies jedoch nicht das Problem, da die Daten von allen Wettbewerbern und auch dem eigenen Unternehmen über dieselbe Plattform erhoben werden und daher eine gute Vergleichbarkeit gewährleistet ist. Es stellt sich aber durchaus die Frage, inwieweit die im Internet erhobenen Daten tatsächlich für alle Kunden des jeweiligen Unternehmens oder der jeweiligen Branche repräsentativ sind.

Die Frage der Repräsentativität wird oft diskutiert, ohne dass genau spezifiziert wird, was mit Repräsentativität gemeint ist. Laut wissenschaftlicher Definition ist Repräsentativität eine Eigenschaft einer Zufallsstichprobe. Eine Stichprobe kann nur dann korrekt als „repräsentativ" bezeichnet werden, wenn sie auf einer Zufallsauswahl basiert.

Innerhalb angebbarer Fehlergrenzen ist es dabei möglich, von der Verteilung bestimmter Merkmale und Zusammenhänge in der Stichprobe auf die Verteilung dieser Merkmale und Zusammenhänge in der eigentlich interessierenden Grundgesamtheit zu schließen. Eine repräsentative Auswahl ist kein exaktes verkleinertes Abbild einer Grundgesamtheit, sondern nur ein näherungsweise genaues Modell.

Um Repräsentativität sicherzustellen muss also zunächst einmal definiert werden, welche Grundgesamtheit für die jeweilige Fragestellung überhaupt relevant ist. Für eine Onlinebank bilden also nur die Personen mit Internetanschluss und einem Bankkonto die relevante Grundgesamtheit. Für einen Hersteller von Luxusautos bilden nur die Personen mit Führerschein und einem bestimmten Mindesteinkommen oder Vermögen die relevante Grundgesamtheit. Gerade im Online-Bereich ist große Vorsicht bei der Auswahl der Zielgruppe geboten. Viele Personen, die sich beispielsweise auf diversen Webseiten für Online-Marktforschung registrieren lassen tun dies vorzugsweise aus monetärem Antrieb. In der Regel erhalten die Teilnehmer für das Ausfüllen eines Fragebogens ein Prämie zwischen 3 und 10 Euro, je nachdem wie aufwendig die Beantwortung des Fragebogens ist. Natürlich möchte der Auftraggeber der Marktforschung nur eine bestimmte Gruppe von Leuten befragen. DaimlerCrysler möchte beispielsweise alle Fahrer der neuen S-Klasse befragen. Wenn man jedoch im Internet auf einer Marktforschungsseite den registrierten Teilnehmern die Frage stellt, ob sie Fahrer der S-Klasse sind, wird man zu seinem großen Erstaunen feststellen, dass die Frage von mindestens der Hälfte der Befragten bejaht wird. Unnötig zu erwähnen, dass dasselbe Spiel genauso mit BMW, Audi, Ford, Opel und jedem beliebigen anderen Hersteller oder Produkt funktioniert. Die Personen, die auf Marktforschungsseiten registriert sind, wollen Geld verdienen und sie wissen natürlich auch, dass sie zu einer Befragung nur dann eingeladen werden, wenn sie vorgeben, das entsprechende Produkt zu besitzen.

Als Kunde eines Online-Marktforschungsinstituts ist also immer darauf zu achten, dass der eigentlichen Befragung erst einmal ein Fragebogen vorausgeschaltet wird, ein so genannter „Screener", in dem zunächst z.B. nach der Automarke gefragt wird und nur maximal eine oder zwei Antwortoptionen möglich sind. Die Verfälschungsgefahr ist dann deutlich geringer, und es besteht eine realistische Chance, tatsächlich nur Mercedes-Fahrer für die eigentliche Befragung zu selektieren.

Auf Internet-Beschwerdeseiten ist die Gefahr dieser Verfälschung der Ergebnisse weniger gegeben. Die Kunden, die hier eine Beschwerde, eine Frage oder einen Verbesserungsvorschlag zu einem bestimmten Produkt eingegeben haben, werden dieses Produkt auch besitzen. Schließlich macht sich niemand die Mühe, sich bei einem Unternehmen über ein bestimmtes Produkt zu beschweren, wenn er dieses Produkt gar nicht besitzt. Ein Verfälschung der erhobenen Daten durch falsche Angaben von Konsumenten scheint daher auf Beschwerdeseiten nicht sehr wahrscheinlich, da das Incentive fehlt, das eine Verfälschung „rechtfertigen" würde.

Die eigentliche Frage der Repräsentativität der Daten bezieht sich aber darauf, ob die Gruppe der Personen, die im Internet Beschwerden eingibt, tatsächlich repräsentativ ist für die Kunden des Unternehmens. Wenn das nicht der Fall ist, macht es keinen Sinn, auf diesen Daten unternehmerische Entscheidungen aufzubauen.

Ein weiteres Beispiel aus der Automobilindustrie: Relevant sind die Benchmarkingergebnisse für die Automobilunternehmen nur dann, wenn die erhobenen Daten tatsächlich einen repräsentativen Querschnitt der Käufer der betreffenden Automobile abbilden. Die Hypothese wäre, dass im Internet vor allem junge Leute surfen und daher die Anzahl der Besitzer von sehr teuren Autos stark unterrepräsentiert sein müssten. Tatsächlich ist das jedoch nicht der Fall. Am Beispiel der Meinungen bei der Internet-Beschwerde-Plattform Vocatus soll der Zusammenhang in der Automobilindustrie gezeigt werden. Die Anzahl der im Internet eingegebenen Meinungszahl pro Hersteller korreliert extrem hoch ($r = 0,91$) mit den Zulassungszahlen pro Hersteller des Kraftfahrtbundesamtes. Das bedeutet, dass die Meinungsschreiber auf der Internet-Website im gleichen Verhältnis alle verschiedenen Autotypen fahren wie die Gesamtbevölkerung. Weder die teuren noch die billigen Autotypen sind über- oder unterrepräsentiert. Das gleiche Bild ergibt sich, wenn man die Bewertung der verschiedenen Automobilunternehmen auf Basis der Internet-Beschwerden mit der Bewertung der Leser von „Auto, Motor, Sport" vergleicht. Ähnliche Ergebnisse ergeben sich auch bei einem Vergleich der Zufriedenheit der Schreiber von Internetbeschwerden und der ADAC-Pannenstatistik.

Genauso wichtig wie die einheitliche Erhebung und Repräsentativität der Daten für das Benchmarking ist auch, sich mit den richtigen Kon-

Externe Validierung der Vocatus -Daten

Externe Quelle	Erhobener Zusammenhang	Empirisches Ergebnis
Kraftfahrtbundesamt	Korrelation von Meinungsaufkommen und Zulassungszahlen	r = 0,91
Auto, Motor und Sport	Korrelation von Zufriedenheit und Leser-Gesamtbewertung	r = 0,92
ADAC Pannenstatistik	Korrelation von Zufriedenheit und Pannenhäufigkeit	r = 0,67

Abbildung 31: Die Korrelation der Vocatus-Daten mit relevanten Branchenkennwerten belegt die Repräsentativität der Analyse auf Basis der Internet-Daten.
Quelle: Vocatus 2002

kurrenzunternehmen zu vergleichen. Nehmen wir als Beispiel den Beschwerdeanteil an der Gesamtzahl an Kundenäußerungen, die ein Unternehmen erhält. Dieser Beschwerdeanteil ist nicht zu verwechseln mit der Beschwerdequote, die in vielen Unternehmen erhoben wird. Die Beschwerdequote ist in der Regel definiert als der Anteil der Kunden, die sich bei dem Unternehmen beschweren von der Gesamtkundenzahl des Unternehmens. Diese Beschwerdequote bewegt sich normalerweise im einstelligen Prozentbereich. An dieser Stelle dreht sich die Analyse jedoch um den Anteil der Beschwerden an allen Kundenäußerungen, die ein Unternehmen erhält. Dieser Beschwerdeanteil liegt natürlich deutlich höher, weil die allermeisten zufriedenen Kunden ihre Zufriedenheit dem Unternehmen nicht gesondert mitteilen. Die folgende Grafik ist daher wie folgt zu lesen: 55 Prozent der Meinungen, die die Comdirect Bank erhält, sind Beschwerden. Die anderen 45 Prozent setzen sich aus Lob und Verbesserungsvorschlägen zusammen.

Der Beschwerdeanteil am Beispiel der Banken und Finanzverbünde zeigt, dass es entscheidend ist, die richtigen Vergleichspartner für das Benchmarking auszuwählen, da sich signifikante Unterschiede zwischen Direktbanken, klassischen Filialbanken und Finanzverbünden ergeben. Hier nicht zu differenzieren, würde die Auswertung verfälschen.

Nichtsdestotrotz stellt das deutlich bessere Abschneiden der Direktbanken natürlich für die klassischen Filialbanken und Finanzverbünde auch eine Herausforderung dar.

Ebenso interessant ist ein Vergleich des Beschwerdedrucks zwischen den verschiedenen Unternehmen einer Branche. Der Beschwerdedruck ergibt sich aus der Kombination des Beschwerdeanteils mit dem Schweregrad der Beschwerde. Auch auf dieser Basis lassen sich interessante Branchenbenchmarks erstellen (vgl. Abbildung 33).

Wichtig ist aber auch, vor lauter Statistik nicht den Einzelfall zu vergessen. Die Statistiken und Benchmarkings, die in diesem Kapitel vorgestellt wurden, basieren alle auf Tausenden von Einzelbeschwerden. Sie zeigen übergeordnete Trends und Abweichungen vom Mittelwert. Aber sie verschleiern im Zweifel auch den Einzelfall. Wie jede Statistik gibt es auch bei einer Benchmarking-Auswertung eine Kehrseite der Medaille. Eine Beschwerdestatistik beispielsweise zeigt sehr anschaulich, wie viel Pro-

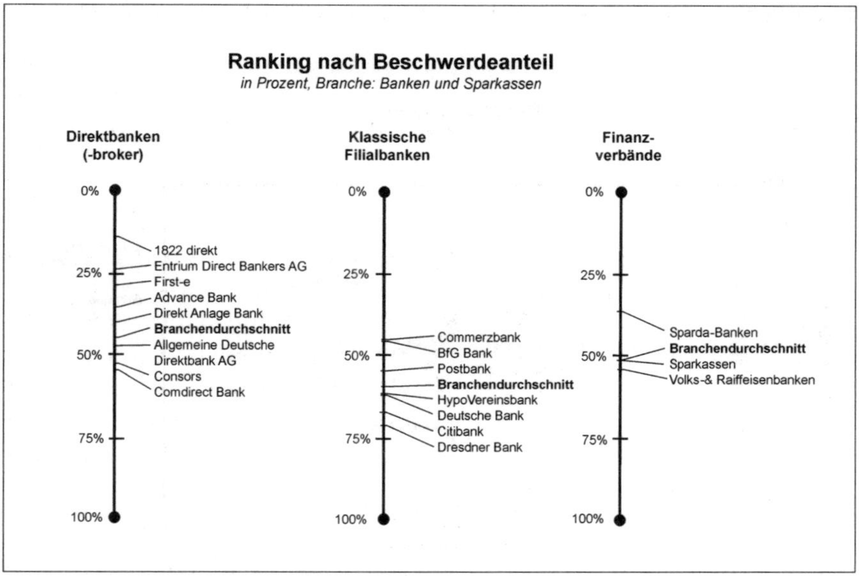

Abbildung 32: Auch innerhalb einer Branche zeigen sich deutlich Unterschiede zwischen den einzelnen Segmenten, die für ein sinnvolles Benchmarking beachtet werden müssen.
Quelle: Vocatus 2001

zent der Kunden sich zu welchen Themenbereichen beschweren und welche Kundentypen welche Arten von Problemen mit dem Unternehmen haben. Sie objektiviert den Einzelfall. Gleichzeitig macht sie damit aber auch den Einzelfall weniger greifbar und weniger real.

Viele Entscheider in Unternehmen haben nie selbst mit den Kunden Kontakt. Und dennoch ist es ein großer Unterschied, ob der Vorstandsvorsitzende eine Beschwerdenstatistik erhält oder einem unzufriedenen Kunden persönlich am Telefon Rede und Antwort stehen muss. Genau aus diesem Grund arbeitet in einigen Unternehmen die gesamte Führungsmannschaft jedes Jahr ein paar Tage im direkten Umgang mit dem Kunden. Dies ist eine hervorragende Methode, um die Führungskräfte wieder mit den tatsächlichen Problemen der Produkte und den Wünschen der Kunden vertraut zu machen.

Die meisten Menschen sind zwar in der Lage, abstrakt zu denken und die Bedeutung einer Beschwerdenstatistik zu erfassen, dennoch wird die Brisanz der Thematik viel deutlicher, wenn die Führungskräfte auch einige exemplarische Beschwerden direkt zu sehen bekommen. Um die

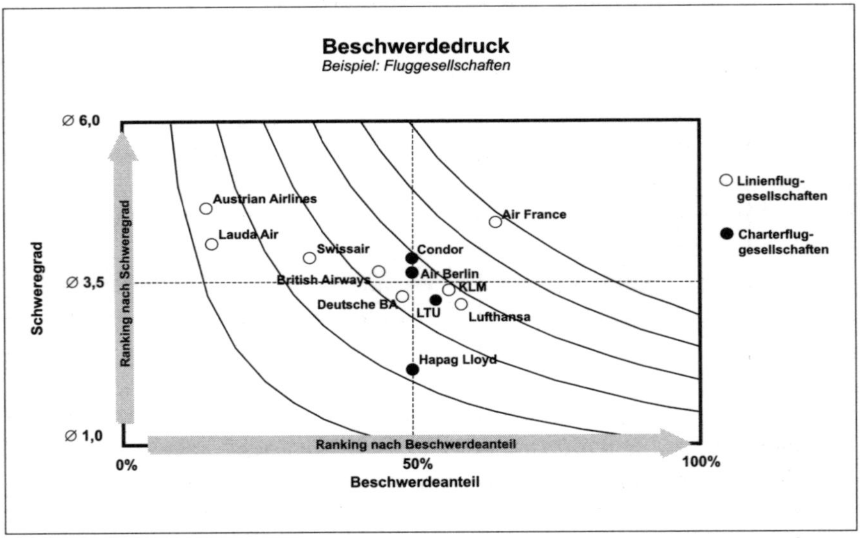

Abbildung 33: Die Kombination von Beschwerdeanteil und Schweregrad der Beschwerde ergibt den Beschwerdedruck.
Quelle: Vocatus 2001

Relevanz der Aussage nicht unter statistischen Datenbergen zu begraben, ist es sinnvoll, immer wieder exemplarische Einzelfälle an Mitarbeiter und Vorgesetzte weiterzuleiten, damit klar wird, dass sich hinter jeder Beschwerdestatistik eine Vielzahl realer unzufriedener Kunden verbergen, die auch einzeln und individuell betreut werden müssen.

Notwendige Veränderungen im Unternehmen

Die Analysen und Benchmarkings zeigen in den allermeisten Bereichen, dass das Problem in der Regel nicht darin liegt, dass ein Mitarbeiter den Kunden unfreundlich bedient hat. Die Probleme ergeben sich in vielen Fällen aus der mangelnden Zusammenarbeit zwischen Abteilungen, fehlenden Schnittstellen zwischen Systemen oder der mangelhaften Ausbildung von Mitarbeitern.

In jedem Unternehmen gibt es eine Vielzahl dieser Schnittstellenprobleme. Die Analyse der Beschwerden hilft, diese Probleme aufzudecken und zu zeigen, was nach Aussage der profitabelsten Kunden die dringendsten Probleme sind. Dadurch können die Bereiche zuerst angegangen werden, die für das Überleben und die Profitabilität der Unternehmen am wichtigsten sind.

Gerade bei Inkompatibilitäten von Systemen im Zusammenspiel von verschiedenen Abteilungen innerhalb des Unternehmens oder bei Problemen in der Zusammenarbeit zwischen verschiedenen Unternehmen ergeben sich Situationen und Probleme, die für den Kunden nicht mehr nachvollziehbar sind. Gerade in der Zusammenarbeit zwischen verschiedenen Unternehmen wird der Kunde oft „von Pontius zu Pilatus" geschickt.

> ***„Vor ca. 10 Tagen habe ich mir von Ihnen über ein Versandhaus einen Laptop für 3100 DM bestellt. Beim Auspacken stellte ich fest, dass weder ein Handbuch noch die Software Windows 2000 vorhanden waren. Die CD mit Windows ist notwendig, wenn ein Fehler auftritt, damit man ihn mithilfe der CD beheben kann, im Angebot des Versandhauses ist diese Software mit im Lieferumfang angegeben. So wandte ich mich an den Hersteller und bekam die Antwort, ich solle mich an den Händler wenden und mein Problem***

schildern. Von dort bekam ich die Antwort, sie seien nicht zuständig, ich sollte mich an ein bestimmtes Call Center wenden. Stirnrunzelnd tat ich das und bekam die Auskunft, ich sollte mich an den Händler wenden. Nochmals dorthin geschrieben mit einer sehr deutlichen Bemerkung, bekam ich wieder den Hinweis, es sei das Call Center zuständig. Man kann sich vorstellen, dass mir nun der Kragen geplatzt ist und ich eine doch deutlichere E-Mail dorthin sandte. Ich bekam ohne eine Reaktion meines Schreibens den Vordruck mit dem Hinweis, mich an den Händler zu wenden. Das nenne ich Service, liebes Unternehmen, wenn ich mich veralbern will, so kann ich das ohne Ihre Hilfe tun. Mir bleibt nun nur noch übrig, den Laptop zurückzuschicken, denn ich sehe nicht ein, dass ich noch bei diesem Preis einige hundert Mark für die Software hinlege, die mir normal zusteht."

Herr G. K. aus Hildburghausen, Beschwerde zu einem Hardwarehersteller

Gerade wenn keine eindeutigen Zuständigkeiten definiert sind, werden Kunden häufig an jemand anderes weiter verwiesen. Dies kann dem einzelnen Mitarbeiter nicht verübelt werden, denn schließlich ist er für das Problem nach seiner Aufgabendefinition wirklich nicht zuständig. Das Problem für den Kunden entsteht dadurch, dass „am Ende" niemand für das Problem zuständig ist. Wenn sich dieses Spiel innerhalb eines Unternehmens abspielt, gibt es für den Kunden immer noch die letzte Möglichkeit, sich an die Geschäftsleitung des Unternehmens zu wenden. Spätestens dann muss man sich mit dem Problem auseinander setzen, weil die Geschäftsführung sich schließlich nicht mit dem Argument der Nichtzuständigkeit aus der Affäre ziehen kann.

Wird die Zuständigkeit jedoch zwischen verschiedenen Unternehmen hin- und hergeschoben, ist die Situation für den Kunden noch viel schwieriger. Der Kunde wird von einem Unternehmen an das andere verwiesen und bekommt keinen Verantwortlichen zu greifen. Auch ein Appell an die Geschäftsleitung bringt hier wenig, weil es auch hier ein Einfaches ist, die Verantwortung auf ein anderes Unternehmen zu schieben. Dieser Fall tritt besonders häufig zwischen Unternehmen und ihren Händlern oder Unternehmen und verschiedenen Zustelldiensten auf. Sicherlich ist hier die Lösung des Problems schwieriger als dies der Fall ist, wenn nur ein einzelnes Unternehmen involviert ist.

Aber auch innerhalb eines Unternehmens können interne Systeme und Prozesse zur Senkung der Kundenzufriedenheit beitragen, wenn beispielsweise ein Kunde immer wieder anruft, sein Anliegen dem Kundenbetreuer mitteilt, dieser ihm auch versichert, dass alles erledigt wird, und dann doch nichts passiert. Der Kunde ist besonders irritiert, wenn beim nächsten Anruf niemand mehr im System etwas finden kann und es so aussieht, als hätte der erste Anruf nie stattgefunden. Sicherlich kann das auch mal an Fehlern von Mitarbeitern liegen. Viel häufiger aber handelt es sich um Systemprobleme, mit denen die Mitarbeiter kämpfen müssen. Insbesondere dann, wenn sich das spezielle Anliegen des Kunden systemseitig nicht abbilden lässt, kommt es zu Schwierigkeiten. Der Mitarbeiter möchte das Problem dennoch lösen und den Kunden zufrieden stellen. Also verfasst er eine handschriftliche Notiz, um später mit vielen Tricks und der Hilfe anderer Abteilungen das Anliegen des Kunden doch noch im System unterzubringen oder ihn anderweitig zufrieden zu stellen. Bei einem solchen manuellen Prozess können Fehler entstehen, die schließlich zu Beschwerden führen. Wenn der Kunde dann anruft, ist im System keine Notiz vorhanden, oder es sind immer noch die falschen Daten verzeichnet.

„1999 habe ich zwei Mobilfunkverträge abgeschlossen: Einen für meinen damaligen Freund als Geburtstagsgeschenk, der auf meinen Namen läuft und einen für mich. Anfang des Jahres trennten wir uns und schickten im Februar ein Schreiben an den Telekommunikationsanbieter, dass sie bitte zukünftig den Rechnungsbetrag des einen Vertrages von seinem Konto abbuchen sollen und auch ihm die Rechnung schicken sollen. Auch bei mir ändert sich die Bankverbindung. Damit beginnt das Chaos. Das erste Schreiben wurde ignoriert, worauf wir im März ein Einschreiben sendeten. Nichts passierte. Ich bekomme eine Mahnung per SMS, rufe sofort an. Bankverbindungen und Adressen werden geändert, aber den ausstehenden Betrag muss ich überweisen. Mache ich. Auch die Daten für den anderen Vertrag sind angeblich geändert. Ich bekomme aber weiter die Rechnungen von beiden Verträgen und nichts wird abgebucht. Dann sperrt man meinem Exfreund das Handy. Ich rufe wieder an, um die Daten richtig zu stellen. Ich muss wieder den Rechnungsbetrag überweisen, weil nach Mahnungen nicht abgebucht wird. Die Rechnungen werden zukünftig an meinen Exfreund gehen, sagt man mir. Als nächstes bekomme

ich eine Mahnung an meinen Namen und es wird mir ein Schufaeintrag angedroht. Ich rufe wieder an. Zur Abwechslung hat man die Beträge der beiden Mahnungen für meine beiden Verträge vertauscht. Jetzt erklärt mir der Mitarbeiter des Kreditservices bei einem erneuten 30-minütigen Telefonat, wie es zu dem Chaos kommt (Stammdaten, nur eine Bankverbindung möglich, bei Problemen wird auf diese zurückgegriffen). Derzeit zahle ich Grundgebühr für das gesperrtes Handy meines Exfreundes. Dabei ist es nicht meine Schuld, dass nie etwas richtig abgebucht wurde."

Frau A. D. aus München, Beschwerde zu einem Telekommunikationsunternehmen

Diese Prozesse in einem Unternehmen grundlegend zu verbessern braucht Zeit und die Projekte involvieren in der Regel viele Mitarbeiter und Abteilungen. Auch gehört diese Aufgabe nicht mehr direkt zum klassischen Customer Relationship Management. Es handelt sich eher um das Aufgabengebiet von internen Organisationsabteilungen oder Unternehmensberatungen. Die Funktion des Beschwerdemanagements liegt darin, als Frühwarnsystem die verschiedenen Bereiche im Unternehmen und auch die Unternehmensleitung auf kritische Problembereiche frühzeitig aufmerksam zu machen. Eine weitere Funktion liegt darin, in den einzelnen Bereichen nachdrücklich auf Veränderungen hinzuwirken. Das Beschwerdemanagement ist sozusagen der Anwalt des Kunden im Unternehmen.

Doch diese Funktion kann das Beschwerdemanagement häufig gar nicht richtig wahrnehmen, weil es in der Gesamtstruktur des Unternehmens nicht die entsprechende Bedeutung hat. Sehr selten nur ist das Customer Relationship Management direkt in einem Vorstandsbereich verankert, meist wird es im Unternehmen eher niedrig priorisiert. Genau hier können die oben beschriebenen Analysen und Auswertungen auch dem Beschwerdemanagement selbst helfen, seine Position im Unternehmen zu stärken und somit die Rolle als Anwalt des Kunden auch wirklich wahrnehmen zu können. Überzeugende Analysen und valide Benchmarkings können dazu beitragen, die strategische Bedeutung und Notwendigkeit von Veränderungen im Unternehmen aufzuzeigen. Gleichzeitig eignen sich solche Auswertungen natürlich auch hervorragend, um Veränderungen im Zeitverlauf aufzuzeigen. Wenn heute 30 Prozent der Beschwerden bei einem Telekommunikationsunternehmen sich auf die Unverständlichkeit oder Fehlerhaftigkeit der Telefonrechnung beziehen und das Unternehmen deshalb laufend Kunden verliert, ist eindeutiger Handlungsbedarf vorhanden. Wenn sich dann ein Projektteam mit der Problematik beschäftigt, analysiert, Empfehlungen erarbeitet und diese dann umsetzt, muss sich dies auch darin zeigen, dass die Anzahl der Beschwerden in diesem Bereich zurückgeht. Ist dies nicht der Fall, haben die Maßnahmen ihr eigentliches Ziel verfehlt. Die kontinuierliche Analyse der Beschwerden im Zeitvergleich bietet so ein unverfälschtes Bild der Kundenwahrnehmung.

Das Unternehmen hat nun also im Idealfall eine Beschwerde von seinem Kunden erhalten, diese Beschwerde zur Zufriedenheit des Kunden beantwortet, die Masse aller Beschwerden analysiert, entsprechende Schlüsse daraus gezogen und mittelfristig Prozesse oder Systeme verbessert. Wer es einmal soweit geschafft hat, sollte nun nicht zögern, diesen Erfolg auch zu kommunizieren. Frei nach dem Motto „Tue Gutes und rede darüber“ können Unternehmen mit einem sehr guten Beschwerdemanagement sich in ihrem eigenen Marketing und über Pressemitteilungen entsprechend positiv vermarkten.

Grundsätzlich ist die Pressearbeit mit dem Beschwerdemanagement eng verknüpft. Es gibt mehrere Ansatzpunkte, Kunden über positive Leistungen des Unternehmens zu informieren.

Öffentliche Beantwortung von Beschwerden

Die erste und direkteste Möglichkeit, mit Beschwerden eine positive PR-Wirkung zu erreichen besteht darin, im Internet veröffentlichte Beschwerden auch öffentlich im Internet zu beantworten. Die Bedeutung der öffentlichen Beantwortung von Beschwerden wurde bereits ausführlich im 2. Kapitel im Abschnitt „Öffentliche Beschwerden im Internet“, S. 72, dargestellt.

Einbeziehung der Kunden bei Problemlösungen

Die zweite Möglichkeit besteht darin, die Kunden aktiv bei der Problemlösung mit einzubeziehen. Wenn sich beispielsweise viele Kunden bei einer Fluggesellschaft über den Sitzabstand, die Bequemlichkeit der Sitze und den Service in der Business Class beschwert haben, und die Fluggesellschaft an eine Überarbeitung der Business Class nachdenkt, dann sind diese Kunden die idealen Ansprechpartner für eine Befragung oder einen gemeinsamen Workshop. Möchte die Fluggesellschaft beispielsweise in verschiedenen Fokusgruppen Vielflieger zum neuen Design der Business Class befragen, bietet es sich an, diejenigen einzuladen, die sich bereits zu eben diesem Thema bei dem Unternehmen beschwert haben und sich folglich mit diesem Thema schon auseinander gesetzt haben. Dies hat mehrere Effekte: Zum einen ist die Rekrutierung der Personen für Fokusgruppen viel einfacher, wenn auf diejenigen zurückgegriffen werden kann, die sich bereits zu diesem Thema geäußert haben. Ansonsten müsste nämlich mithilfe aufwendiger Quotenpläne und Rekrutierungsmaßnahmen zunächst einmal eine bestimmte Anzahl von Vielfliegern aus der Allgemeinbevölkerung selektiert werden, was sehr aufwendig und teuer ist. Zum zweiten sind die Ergebnisse von Fokusgruppen besser, wenn die beteiligten Personen sich für das Thema engagieren und auch Interesse daran haben. Der dritte große Vorteil einer Befragung genau der Personen, die sich zu diesem Thema bereits beschwert haben, liegt darin, dass diese Personen sich von dem Unternehmen ernst genommen fühlen. Sie wissen, dass auch auf Grund ihrer persönlichen Beschwerde im Unternehmen ein Prozess in Gang gesetzt wurde, der mittelfristig zu einer Verbesserung der Dienstleistung für den Kunden führen wird. Dies ist eine der einfachsten und besten Möglichkeiten, dem Kunden glaubwürdig zu kommunizieren, welche Bedeutung er für das Unternehmen hat.

Kommunikation von Veränderungen

Die dritte und wahrscheinlich öffentlichkeitswirksamste Möglichkeit, Veränderungen, die durch Beschwerden ausgelöst wurden, zu kommunizieren, besteht darin, die Erfolge von Veränderungsmaßnahmen zu kommunizieren. So könnte beispielsweise an alle Kunden, die sich über die Unübersichtlichkeit der Telefonrechnung beschwert haben, ein E-Mail mit etwa folgendem Inhalt geschickt werden: „Sehr geehrter Herr Huber, Sie haben sich bei uns am 5. Juli 2001 darüber beschwert, dass die Telefonrechnung zu unübersichtlich gestaltet ist. Wir haben Ihre Beschwerde sehr ernst genommen und die Gestaltung der Telefonrechnung grundsätzlich überarbeitet. Bei Ihrer nächsten Abrechnung werden Sie die Ergebnisse unserer Bemühungen sehen. Wir hoffen, dass Sie damit zufrieden sind und möchten uns noch einmal recht herzlich für Ihre Anregung bedanken. Ihr Telekommunikationsunternehmen."

Um solche E-Mails jedoch überhaupt verschicken zu können, ist es notwendig, dass die Beschwerden strukturiert erhoben werden. Denn schließlich soll dieses Mail ja nur an die Kunden geschickt werden, die sich zur Gestaltung der Telefonrechnung beschwert haben und nicht beispielsweise auch an die Kunden, die sich über die Richtigkeit der Telefonrechnung oder die Zuverlässigkeit des Mobilfunknetzes beschwert haben.

Neben der Kommunikation der Veränderungen an die Kunden können Veränderungen in Richtung mehr Kundenfreundlichkeit auch für die klassische PR-Arbeit verwendet werden und auch im Marketing eingesetzt werden. Denn der After-Sales-Service eines Unternehmens wird heute bereits im Pre-Sales-Bereich immer wichtiger. Da die Produkte immer austauschbarer werden und die Preise für den Kunden in vielen Industrien kein sinnvolles Unterscheidungsmerkmal mehr darstellen, wird der Service nach dem Kauf zum immer wichtigeren Faktor in der Kaufentscheidung selbst.

Idealerweise sollte es natürlich gar nicht erst zu Beschwerden von Kunden kommen, weil alles zur optimalen Zufriedenheit des Kunden funktioniert. Erhält das Unternehmen aber Beschwerden von Kunden, dann ist dies die optimale Gelegenheit, einerseits den Kunden an das Unternehmen zu binden und andererseits einen Verbesserungsprozess in Gang zu setzen, der das aufgetretene Problem in Zukunft an der Ursache bekämpft. Durch jede Kundenbeschwerde wird dem Unternehmen ein Spiegel vorgehalten.

Check-up: Beschwerden auswerten

	Ja	Nein
1. Wird das eigene Beschwerdenprofil mit den Beschwerden der Wettbewerber verglichen?	○	○
2. Werden bei der Eingabe der Beschwerde im Internet zusätzliche Fragen gestellt, die für die Marktforschung ausgewertet werden können?	○	○
3. Werden auf Basis der Beschwerden regelmäßige Auswertungen mit Verbesserungspotenzialen für die verschiedenen Unternehmensbereiche erstellt?	○	○
4. Werden kritische Bereiche und Qualitätsprobleme, die durch Kundenbeschwerden identifiziert wurden, konsequent verbessert?	○	○
5. Werden auch Schnittstellenprobleme mit anderen Unternehmen konsequent identifiziert und behoben?	○	○
6. Werden die Erfolge und die Kundenorientierung des Unternehmens konsequent in der Pressearbeit und im Marketing verwendet?	○	○

Ausblick

Die Analysen in diesem Buch haben gezeigt, dass die Problematik im Umgang mit Kunden-Feedback weniger in der Qualität des Feedbacks oder den Antwortzeiten liegt. Die Schwäche besteht vielmehr darin, dass über zwei Drittel der Anregungen und Beschwerden von Kunden derzeit von Unternehmen überhaupt nicht beantwortet werden. Das übergreifende Bedürfnis zur Verbesserung der Kundenkommunikation ist in vielen Unternehmen jedoch sehr wohl vorhanden und die Erfahrung aus der Unternehmensberatung zeigen, dass in vielen Unternehmen CRM-Projekte derzeit in Angriff genommen werden.

Nicht vergessen werden darf jedoch, dass das in diesem Buch adressierte Feedbackmanagement nur einen kleinen Teil der gesamten Kommunikation mit dem Kunden ausmacht. Die Aufnahme und Beantwortung des Kunden-Feedback ist daher auch nur ein erster kleiner Schritt in die richtige Richtung. Denn eine genauere Analyse der Thematik zeigt häufig, dass die nicht beantworteten Kundenbeschwerden nur ein Indikator sind, der auf ein zugrunde liegendes Problem verweist: Viele Unternehmen sind von ihrer gesamten Unternehmensphilosophie und Struktur nicht mehr an den Bedürfnissen und Erwartungen ihrer Kunden ausgerichtet.

Die Ursachen liegen dabei weniger in der Kompetenz und dem Verhalten einzelner Mitarbeiter, als vielmehr in Prozessbrüchen und Systeminkompatibilitäten und in der fehlenden Ausrichtung auf Kundenbindung. Unklare Zuordnung von Verantwortlichkeiten und fehlende Zielvorgaben tun ein Übriges, dem Unternehmen die Orientierung an den Bedürfnissen und Erwartungen der eigenen Kunden zu erschweren. So stellt sich bei der Analyse des Feedbackmanagements häufig heraus, dass das grundsätzliche Gerüst des Customer Relationship Managements überdacht werden muss, weil es sonst sinnlos ist, einzelne Teilbereiche zu optimieren.

Wichtig ist nun, dass die Unternehmen die Herausforderung „Kunden-Feedback“ aktiv aufgreifen und sie in ein ganzheitliches Customer

Relationship Management integrieren. Schon immer waren diejenigen erfolgreicher, die ein tiefgreifendes Kundenverständnis entwickelt haben und die ihr Geschäftssystem auf hohe Reaktionsgeschwindigkeit eingerichtet haben. Das Internet muss dabei ebenso als valides Medium der Kundeninteraktion betrachtet werden wie beispielsweise der direkte Vertrieb. Und so kann auch das Kunden-Feedback den Unternehmen helfen, sich strategisch neu zu positionieren. Denn wenn Kunden-Feedback systematisch erfasst und ausgewertet wird, zeigt sich, wo aus Sicht der Kunden Verbesserungspotenziale für das Unternehmen bestehen.

Die Autoren

Dr. Gaby Wiegran

Nach dem Studium und der Promotion in Betriebswirtschaftslehre an der Universität der Bundeswehr arbeitete Gaby Wiegran fünf Jahre als Beraterin und Projektleiterin in der strategischen Unternehmensberatung. Sie leitete zahlreiche Projekte zur Prozessoptimierung und strategischen Neuausrichtung bei verschiedenen Unternehmen im In- und Ausland. Vor drei Jahren gründete sie zusammen mit mehreren Kollegen das Marktforschungsunternehmen Vocatus, das sich auf Feedback und Beschwerdemanagement spezialisiert hat. Im Rahmen aktiver und reaktiver Martktforschung werden von Vocatus Unternehmens- und Wettbewerbsanalysen erstellt und Outsourcing-Dienstleistungen im Bereich des Beschwerdemanagements erbracht. Gaby Wiegran ist Autorin des Buches „Custom Enterprise.com“, Beirätin der Fachzeitschrift „eCRM“ und Chefredakteurin der CRM-Fachzeitschrift „Feedback“.
Sie erreichen sie unter: gaby.wiegran@vocatus.de

Gregor Harter

Nach dem Studium der Informatik an der Universität Karlsruhe war Gregor Harter mehrere Jahre in der Automobilindustrie und IT-Branche tätig, wo er verschiedene Projekte zur Systemintegration und Prozessoptimierung leitete. Heute ist er Geschäftsführer der internationalen Unternehmensberatung Booz Allen Hamilton im Bereich Communication, Media and Technology. Außerdem ist er in Europa verantwortlich für das Intellectual Capital Team „CRM“. Das Booz-Allen-Hamilton-Know-how in Europa beruht auf einer Vielzahl von Projekten in den Branchen Automobil, Energieversorger, Finanzdienstleister, Versicherungen und Telekommunikation. Die Aufgabe des Intellectual Capital Teams besteht darin, dieses Know-how zu bündeln und weiterzuentwickeln.
Sie erreichen Gregor Harter unter: harter_gregor@bah.com.

Hinweis

Alle Kundenbeschwerden, die in diesem Buch veröffentlich sind, wurden von den Kunden auf der Internetseite von www.vocatus.de eingegeben und von Vocatus im Internet veröffentlicht und an die betreffenden Unternehmen weitergeleitet.